Aimer, rire et chanter

Odette Laure

# Aimer, rire et chanter

Flammarion

ISBN : 2-08-067386-6

# Préface

Chère Odette Laure,

J'ai conçu qu'il y avait en vous deux personnes : l'une vive, multiple et mobile, celle qui joue, qui est capable de jouer plusieurs rôles et à la limite tous les rôles – l'autre immobile et secrète, contemplative et que j'imagine analogue à « ma mère dans sa vallée ».

Je crois que tous les grands acteurs connaissent ce dédoublement, et que c'est pour cela qu'ils sont grands et souvent plus perspicaces que les autres hommes – dont ils portent la ressemblance. J'ai beaucoup aimé Fresnay, qui m'a fait réfléchir sur ce « dédoublement » nécessaire à l'acteur qui ne peut être celui qu'il représente, et mourir chaque soir, s'il faut « faire » un mourant.

Mon père était passionné de théâtre. Il m'avait fait « jouer » enfant; il me menait à Paris entendre Mounet-Sully. Être « acteur » avait été ma tentation, à laquelle j'ai résisté. Et à l'Académie, j'ai toujours été attiré par mes confrères, comme Pagnol, Achard, Roussin... Je les trouvais plus proches, plus naturels, plus innocents... L'autre jour, parlant avec Roussin, celui-ci me disait qu'il n'était pas surpris de votre intérêt pour la philosophie!

Je vous présente mes hommages et mes vœux. Il y a dans l'art dramatique une secrète mélancolie : quelle est la différence du rire et des larmes? Ma mère disait que «la vie est un mystère triste dont la foi est le secret». Je vous souhaite, à travers les rires, un peu de cette mélancolie créatrice.

Jean GUITTON
de l'Académie Française

À mon cher Michel Christolhomme.
À mon double si précieux Jacques Téphany.
À Thierry Billard, sans qui...
À tous les amis fidèles
qui m'ont témoigné tendresse et affection.

Chapitre premier

# Le Café des Arts

*Je suis de mon enfance comme d'un pays.*
ANTOINE DE SAINT-EXUPÉRY

Mesdames et messieurs, la pièce qui va vous être présentée ici a été jouée pour la première fois le 28 février 1917 au Café des Arts, 345, rue de Belleville, avec, dans le rôle de la p'tite poule, Odette Laure, et dans ceux des parents, des frères, des amis et du petit peuple de Paris, ceux-là mêmes qui supportèrent ses premiers cris, accompagnèrent ses premiers pas, entendirent ses premières chansons, et lui donnèrent son accent et sa voix.

Toute ressemblance avec des personnes et des lieux ayant existé est donc absolument volontaire même si c'est le hasard qui les a rassemblés.

Février 1917. La guerre est à son comble. Les Allemands ont tendance à reculer ces jours-ci sous une poussée britannique, du côté des Ardennes, mais attendons qu'ils repoussent la poussée… Ça fait trois ans qu'ils se repoussent les uns les autres, trois ans qu'ils sont partis la fleur au fusil pour une balade de trois semaines. Depuis hier, on recense les mâles célibataires de seize à soixante ans. Tout est bon pour fabriquer de la chair à canon, la guerre ne fait aucune distinction de classe, de race ou de confession, les plus heureux sont les sourds, ils n'entendront pas venir le shrapnel qui les pulvérisera. Il fait un froid de gueux et la nuit est profonde au-dessus de la ville dont les lumières sont éteintes, défense passive oblige. La patronne du Café des Arts n'est pas du genre à se plaindre : elle est à quatre pattes en train de cirer le plancher de la salle de danse «pour faciliter le travail», comme elle a coutume de dire, et ce n'est pas son état qui va l'empêcher d'être fidèle au poste. Au premier, dans sa chambre, elle s'est préparé un attirail sommaire d'accouchement à domicile. C'est toujours sommaire, avec elle, le domicile. Pour le temps qu'elle y passe, dans sa chambre à coucher... Elle est toujours debout à son labeur et si elle n'avait pas, près d'elle, la tendresse d'un homme qui l'adore, elle le ferait debout, là, son petit, à la guerre comme à la guerre. Après quoi elle soufflerait un peu et puis elle se remettrait aux fourneaux.

On dit ça mais quand faut y aller, faut y aller... La patronne se décide à monter au premier étage soutenue par son mari. Tout est simple, ici. Un baquet de bois tapissé de serviettes-éponges attend le nouveau-né, un brûleur de fonte à trois pieds chauffe l'eau d'une lessiveuse. La sage-femme – *la mère guette-au-trou* – arrive en courant, c'est presque trop tard, le bébé jaillit, il délivre l'accouchée dans un soupir, il se met à crier, le mari le reçoit dans ses bras, c'est une fille, c'est leur première fille. Et ils aiment immédiatement cette p'tite poule qu'ils nomment Odette à cause d'une gentille cliente, Yvonne à cause de la marraine, Marie à cause de la Sainte Vierge. Quelques clients triés sur le volet passent le rideau de fer baissé «pour cause de naissance» et viennent sabrer le champagne.

Dehors il fait nuit noire et moins 20 degrés. Les Américains viennent d'entrer en guerre. Moi aussi. Seigneur, j'étais dans le néant infiniment nulle et tranquille, et vous m'avez jetée dans ce carnaval étrange...

Je suis née un mercredi, jour de Mercure, Hermès pour les Grecs, l'un des douze grands dieux de l'Olympe, dieu de l'éloquence, du commerce et des voleurs, messager et interprète, entremetteur de Jupiter, guide des morts vers les Enfers. Un bourreau de travail, en somme.

Je suis née en février. Le latin *februare* signifie «faire des expiations». Quel programme! Et combien je le respecterai!

Au moment de mon premier cri, Saturne se posait en plein milieu du ciel astral, contribuant sans doute à ce que, plus tard, *Saturne pas rond dans ma p'tite tête.* Cette sombre planète est le grand levier de la vie intellectuelle, morale, spirituelle, mais elle entraîne au détachement et à la mélancolie. Le Soleil, à cette heure nocturne, passait dans le signe des Poissons en posant ses rayons sur l'ascendant Balance. La Lune en Gémeaux veillait sur ma sensibilité, et Mercure en Verseau sur mon intelligence, me prédisposant à l'art de la conversation et de la comédie. Mais la même Lune placée en maison VIII indiquait aussi le veuvage.

J'étais née sous un signe d'eau dans un pays de sources : rue des Rigoles, rue des Cascades, rue de la Dhuis, de la Bidassoa... Tous ces points d'eau chantaient sur la colline de Belleville, grand réservoir de la Capitale, sans oublier le lac Saint-Fargeau, ses barques, ses guinguettes, asséché quelque temps avant ma venue au monde. En bon «Poissons», je serais donc douée de fantaisie, gourmande, dépensière, fidèle – et réciproquement. L'amour serait ma loi, me poussant à agir en saint-bernard ou en Don Quichotte. Loin de m'équilibrer, la «Balance» indécise, velléitaire, aura la haute main sur ma nature émotive qu'une bonté naïve rendra vulnérable et crédule. Mais dans le même temps, et grâce au ciel!, Mercure, ce factotum du zodiaque, établira d'heureuses relations avec l'ensemble du système, une jeunesse prolongée étant le fruit de cette apparente harmonie.

Marie était normande, Henri venait du Mans. Sur des photos sépia, elle porte bravement ses vingt ans, les traits réguliers, le bout du nez redressé, le chignon haut, la taille fine. Elle fait sérieux. C'est qu'on ne pose pas tous les jours chez *«E. Machard, 8, rue de la Roquette, le Génie de la Bastille»*, comme il est tamponné au dos du cliché. Même gravité chez Henri, plus nostalgique que sa femme, peut-être, la bouche en forme de cœur et prête à rire. Il a mis son beau costume pour la photo, veston à revers gansés, col dur en celluloïd et nœud blanc. Cet homme petit et fortement bâti, ce bâtard de hobereau a été conçu en 1866 dans les cuisines d'un château. Quoi de plus naturel que l'adversité pour ce fils naturel? Loué à la ferme dès six ou sept ans, il vécut parmi les bêtes, garçon d'étable. Ces temps d'extrême pauvreté étaient, disait-il cependant, «le bon temps», ceux de son enfance. Les hommes assis étaient servis par les femmes debout. On braconnait, on faisait griller du gibier en douce. Les jours de marché, les maîtres rapportaient un délice campagnard : des harengs saurs. Après en avoir mangé les filets, ils abandonnaient à leurs domestiques les têtes grillées qui, réduites en pâte, devenaient un beurre incomparable sur des tranches de pain bis.

À dix-neuf ans, Henri découvre Paris. Paris éclairé au gaz sans tour Eiffel, ni Grand ni Petit Palais, ni métro ni Sacré-Cœur, mais avec un monument vivant, Victor Hugo – dont Henri accompagnera, derrière la multitude, «le corbillard des pauvres». Garçon de café, il suit les cours du soir armé de la quintessence du savoir : un dictionnaire Larousse. Sur la couverture, une délicieuse jeune fille souffle éternellement sur l'aigrette d'une fleur de pissenlit : «Je sème à tous vents». Henri en récoltera une petite graine : le certificat d'études. La volonté de sortir de sa condition ne lui laisse aucun répit. Il use sa jeunesse à parcourir la ville en tous sens *pedibus-gambis*, pour placer dans les cafés les Bières de la Comète. Une fois l'an, il s'offre une place au poulailler de l'Opéra-Comique, y faisant provision des airs qu'il chantera toute sa vie en se rasant, le matin… *La Dame blanche, La Chanson des blés d'or…*

Henri se maria, fit quatre enfants, et divorça.

Un peu plus tard, dans un bureau de tabac, il remarque la jolie Marie qui vend des cigarettes et des *niñas* à la pièce, des mèches d'amadou, du papier Job, des paquets de «gris que l'on roule entre ses doigts», des carottes de tabac à chiquer débitées sur une balance de poupée… Ils ne se quitteront plus.

Il fallait beaucoup de courage et d'amour à Marie pour épouser un divorcé et par là même renoncer à passer par l'église, et pour accepter dans la corbeille de mariage quatre rejetons dont le père assumait seul la charge.

Henri et Marie étaient de la classe des laborieux, convaincus que leur travail changerait les choses, et ignorant qu'on ne sort pas facilement « du pays des petites gens [1] ». Ils étaient de ceux, nombreux, qui combattent sans récompense. Néanmoins, ils parvinrent à s'acheter le Café des Arts et les *billets de fonds à rembourser* les poursuivront toute leur vie.

Ils étaient en quelque sorte des prolétaires-patrons d'un établissement qui serait aujourd'hui à la mode.

Les bals de barrière étaient fréquentés par une étrange population de demi-soldes et de hors-la-loi qu'on appelait les Apaches depuis que les romans d'Eugène Sue avaient mis à la mode les Indiens du Texas. Dans les bastringues, les souteneurs se cherchaient des magnes parce qu'une fille essayait de changer de protecteur. La jalousie menait le train. Les petits proxénètes réglaient leurs comptes à coup de surin (« ça fait pas de bruit ») et puis, le calme revenu, on en ressuait une au son de l'accordéon à la manière de Max Dearly et de Mistinguett qui venaient de créer la valse chaloupée au Casino de Paris.

La crapuleuse affaire de Casque d'or avait lancé la vogue de ces lieux interlopes qui attiraient les gens de la haute, venus y faire la noce. Les messieurs emballaient les filles de petite vertu. Les femmes du monde emperlouzées jusqu'au trognon, le morlingue suspendu à une chaînette d'or, les tatanes en *soye*, le minet négligemment jeté sur l'épaule, se frottaient en dansant contre la poitrine à Mimile, Gégène ou Bras de fer, frissonnaient de plaisir et gloussaient de peur dans les bras des marlous.

Au Café des Arts, dans la salle du comptoir, Henri, avec fierté, montrait sur le mur des dessins signés Paul de Cock et Alfred de Musset. Estompés par le temps, ils remontaient à l'époque où les dandys, cherchant à échapper à leur monde et à se donner des frissons, s'encanaillaient auprès des grisettes sur les hauts de Belleville. J'emprunterais plus tard au répertoire

1. Jean Guéhenno.

d'Yvette Guilbert une chanson de Paul de Cock, *Ah, quel plaisir quand on vous aime comme ça!* Victor Hugo, dit-on, était jaloux de l'immense succès populaire de ce poète oublié dont un dessin ornait ma première loge d'artiste…

L'ordre public était assuré par un effectif de police réduit pour cause de guerre. Circulant deux par deux, les «hirondelles» – montés sur des bicyclettes de marque Hirondelle, leur cape donnait en effet aux agents de la paix l'allure de ces oiseaux – ne pouvaient suffire à la surveillance de nos faubourgs inquiétants. Le Café des Arts aurait pu sombrer lui aussi dans ce réalisme à la Carco, à la Mac Orlan, si un beau soir le robuste Henri n'avait flanqué deux michetons à la porte en en prenant un par le falzar, l'autre par la liquette, et en les envoyant dinguer dans le caniveau. Cette mémorable bagarre conféra au Café des Arts et à son patron une réputation sans tache et lui conquit une clientèle d'habitués, de braves gens du quartier : Mimile l'épousseteur, Rémy la tomate, Gégène la ficelle, Robert le boiteux, Dédé la meringue, Jojo l'arc-en-ciel, Poitrine d'acier[1]. Tous honnêtes ouvriers de Belleville qui se mêlaient aux Grecs, aux Polonais, aux Arméniens, aux Juifs, aux Ritals, jaspinant un français fleuri d'argot et enrichi de mots étrangers; tous orfèvres en leur petit métier – potiers, graveurs, ferronniers, tisserands, tailleurs, bottiers, sculpteurs.

Quel «musée-imaginaire-du-peuple» on aurait pu admirer au Café des Arts!

À deux pas de là, un artisan soufflait des objets érotiques à l'usage des bordels et, avec le même talent, des bouddhas qui, tout naturellement, étaient exportés en Inde. Ces artisans-poètes aux paluches de génie, formés sans aide sur le tas, soutenus par la passion de l'ouvrage bien faite, aimaient les femmes, leur métier, le vin, le quartier, les copains.

Aristos de mon faubourg, vous vous attachiez au labeur d'une manière si «pépère» que vous pouviez chanter, siffler, boire et donner à croire que vous aviez encore du temps de reste. Sei-

1. Clément Lépidis.

gneurs sans terre, esclaves sans monarque, sujets d'une seule reine, la Fantaisie, nous avons un temps logé à la même enseigne.

Me voici sous la table de la cuisine, dans un panier d'osier. Ma mère est aux fourneaux. Ses jambes vont et viennent devant moi. Je respire un air chaud et odorant. De temps à autre, Maman m'extirpe de ma couche et me donne le sein, et puis, vite, au boulot!

— Bien moelleuse l'omelette de Monsieur Berillon!

— J'ai une saucisse-purée qui va bien.

— Une tête de veau qui marche, une… J'enlève!

Singulière initiation à la parole que ce chant des cuisines qui me berce dans mon couffin! J'étais déjà dans le trou du souffleur, le nez au ras de la scène, humant l'odeur des planches en avant-goût de mon destin.

Le Café des Arts, aussi dit *Les Z'Arts*, se situait entre la rue de Romainville et le passage des Mauxins. La terrasse *en jetait* avec ses guéridons de marbre blanc cerclés de cuivre, ses sièges en cannage coloré. C'était rupin. On avait la meilleure réputation du quartier. Une marquise de verre cathédrale coiffait l'entrée d'un store de toile écrue bordé d'un lambrequin rouge :

CAFÉ LIQUORISTE DES ARTS
SALONS POUR NOCES ET BANQUETS

Cette devanture est mon premier théâtre, mon premier music-hall, avec son rideau, son éclairage, ses miroirs, ses reflets…

Mon grand frère René était préposé à faire la terrasse : du geste auguste du semeur, il recouvrait le sol d'un sablon jaune vif qui donnait un fameux coup de soleil au décor et, comme un danseur, traçait, avec son balai pour partenaire, des arceaux et des arabesques entre les guéridons… Armée de mon arrosoir de petite fille, je poursuivais l'artiste à l'intérieur où il continuait de valser devant les banquettes sur la sciure répandue pour permettre aux chiqueurs de cracher… proprement!

Les spécialités maison étaient annoncées sur la devanture en lettres d'émail et d'or, gravées pour l'éternité sans crainte des changements de prix :

VINS ET LIQUEURS DE MARQUE
RESTAURANT
BOISSONS À EMPORTER
CAFÉ........................ 10 CENTIMES
PLAT DU JOUR
CHOPE..................... 10 CENTIMES
GRANDE CHOPE............ 15 CENTIMES
GRAND DÉBIT DE BIÈRE
APÉRITIFS SECS............ 20 CENTIMES
APÉRITIFS À L'EAU......... 25 CENTIMES
TOUS LES JOURS
LAIT - CHOCOLAT......... 15 CENTIMES
CHOUCROUTE GARNIE

Salle de billards
Vins et bières à emporter
On reprend les vides
W.-C.
Sandwiches
Ici on lit les petites affiches
On peut consulter le Bottin
Bottin Mondain

Les «ouaterclosettes» distinguaient l'établissement d'une option moderne qui faisait chic, quand les lieux d'aisance de la concurrence se trouvaient au fond de maigres jardins ou de courettes obscures, à peine éclairés et ventilés par une ouverture en forme de cœur renversé.

Précédée de son odeur de vidange, surtout par vent favorable, la voiture à Richer était comme le bouc de Jules Renard : on ne la voyait pas qu'elle était déjà arrivée! Ma nourrice m'appliquait sur le nez un mouchoir trempé d'eau de Cologne quand s'approchait la citerne de métal tirée par deux lourds percherons dans un fracas de sabots et de cercles de fer. Les vidangeurs, pareils à des chimpanzés, s'accrochaient au monstre de tôle, caparaçonnés de cuissardes cloutées, sautaient en marche, chargés d'un noir tuyau qui s'enfonçait dans les maisons, les jardins, et vidaient les tinettes en actionnant des pompes, le tout dans un boucan de tarasque... Puis ils s'éloignaient, laissant derrière eux leurs traces fétides, ils brinquebalaient vers d'autres latrines pour remplir la citerne ras la gueule avant d'aller en répandre le contenu dans les jardins des maraîchers... Rien ne se perd, tout se transforme.

Le décor de mon enfance qui surgit devant mes yeux me fait penser à ces jeux de cartons découpés et attachés les uns aux autres. À plat, au repos en quelque sorte, ils ne présentent aucun intérêt. Dès qu'on tire les ficelles, l'image se redresse et fait paraître toute une construction en relief vivement colorée. La vie revient en foule, les souvenirs s'animent et l'esprit enchanté entre en travail, en quête d'un plaisir fugitif. La nostalgie alors est toujours ce qu'elle était...

On entre au Café des Arts par la grande porte à deux battants, celle des jeunes mariés quand il y a noce, ou par la porte du restaurant ornée des brise-bise de dentelle qui gardaient dans leurs plis l'odeur amère de l'amidon.

Après la salle de billard, la salle des banquets où Jojo-la-boulange donnait ses leçons de tango. J'y reviendrai parce qu'on revient toujours au tango.

Le comptoir était à droite, parsemé d'œufs durs et de salières. Mon premier miroir de comédienne était une boule de métal chromé contenant la serpillière à essuyer les tables. Il se trouvait juste à ma hauteur pour me permettre de faire des mines et changer l'arrangement de mes cheveux à la façon des clientes coquettes.

On appelait les employées des Z'Arts : «les filles». Elles étaient à la dévotion de la p'tite poule, et plus que toutes, Bibi. Coiffure en zig zag et chignon à la diable, la tête toujours penchée comme un chien questionneur et les dents longues d'une nurse anglaise, cette naïve ne manquait pas d'esprit. Quand les mauvais plaisants, désireux de la mettre en boîte, lui accrochaient des poissons d'avril dans le dos, queue de cochon, croupion de poulet, elle répliquait du tac au tac :

— Ceux qui m'parlent dans l'dos, c'est mon cul qui leur répond.

Julot, le caviste au front bas, atteint de malaises imaginaires qu'il allait chercher au fond des tonneaux, l'épousa.

— Tout ce que je veux, Madame Dhommée, c'est une p'tite poule comme votre Odette. S'il y a un Bon Dieu, y m'la donnera.

Il la lui donna, et une gentille enfant combla d'amour ce cœur simple, attaché à briquer tout ce qui brille, le dessus du comptoir, le cuivre des guéridons, les chromes des étagères, le perco, les robinets à bière, les syphons bleus d'eau de Seltz... Elle se sentait responsable de la transparence des verres, les mirait face au jour avant de les disposer par rang de taille en me répétant les noms. Et je répétais, comme un perroquet savant : ballons, tulipes, coupes, flûtes, bocks, verres à liqueur, à porto, à Pernod, à vermouth, avec une préférence pour les fonds de «vin qui pique», le champagne, dont je raffole encore.

Maman avait un trône : la caisse. Perchée sur une haute chaise, elle surveillait la salle en lançant ses «bonjour», «au revoir et merci», «au plaisir». Souveraine, elle appelait chacun par son nom en donnant du sourire. Elle écartait sa chaise d'un coup de reins pour ouvrir le tiroir-caisse et le refermait d'un coup de ventre.

Sur ses genoux, j'apprenais à distinguer les sous des centimes alors que s'écrasaient dans mon cou des baisers sonores et que tintait la sonnette de la caisse. Trop rares moments de tendresse avec cette force tendue contrainte à de lourds efforts pour lesquels, en ce temps-là, les femmes au travail ont dû abandonner bien des rêves. Maman, dans ma mémoire, garde le visage rougi par le feu de la cuisinière et les cheveux collés aux tempes par la sueur qu'elle essuie de temps à autre contre le haut de l'épaule.

Cette image entretient en moi une certaine rancune contre le destin de cette femme impeccable [1].

Tôt levée, tard couchée, elle travaillait sans répit. Elle se battait contre une horloge infernale. Le courage l'habitait parce que la peur était sa compagne, la peur de tous les manques. Les pauvres étaient pour elle les « manque de tout ». Elle bourrait ses placards de réserves de peur de manquer de plat du jour, de manquer de pain, elle avait peur d'avoir trop de restes, peur de faire attendre, peur de voir ses enfants tomber malades. Elle nous habillait comme des oignons, ceinture de flanelle, bas de laine, bonnet, cache-cœur, cache-nez – j'en oublie sûrement –, pour éviter les coups de froid et leur conséquence, la tuberculose. Elle m'emmitouflait en un tour de main, et puis soudain, oh ! pas longtemps, elle suspendait son geste pour m'adresser un regard, un regard très bref mais d'une si profonde lueur que j'en palpitais jusque dans mes rêves. Lorsque je la tiendrais un jour entre mes bras pour mourir, je verrais s'éteindre la flamme et soudain apparaître une lueur, oh ! pas longtemps, comme fait un feu qui meurt, jaillit une ultime seconde, et s'apaise à tout jamais.

Un jour, comme pour les gosses de riches, une nounou débarqua de Bretagne pour s'occuper de moi. Une « nourrice sèche », faut-il préciser, car Maman était fière de m'avoir nourrie au sein jusqu'à vingt mois. Cette Marie, qui fut pour moi Mama, était grande à force de se tenir droite et « maigre comme une allumette de la Régie », pour reprendre Julot le caviste qui avait la métaphore galante. Fille-mère, elle avait dû faire-disparaître-la-trace-de-son-péché (affreuse formulation d'une bien triste époque) et s'exiler à Paris pour échapper à la réprobation de son village. Des ruines d'un amour elle fit un mur de silence, mais elle reporta sur moi les trésors de sa maternité saccagée.

Et moi, je l'ai aimée à plein cœur.

---

1. Qu'on me permette d'emprunter cet adjectif, avec la même nuance de respect et d'admiration, à la dédicace des *Fleurs du Mal* : « Au poète impeccable, au parfait magicien [...] Théophile Gautier. »

Si Mama avait en priorité la charge de la p'tite poule, elle donnait la main à tout.

— En v'là une qui ne s'écoute pas, disait Papa.

Elle se reposait en tricotant à toute vitesse, dans un cliquetis d'aiguilles d'acier, des bas de laine affreusement piquants qu'on attachait avec des cordons reliés au corset. Elle portait en semaine une simple blouse de satinette noire à plis religieuse et un bonichon à ailerettes en coton blanc qui faisait ressortir son teint tanné comme un marin de haute mer. Le dimanche, elle arborait son costume régional. Elle se serrait la taille dans un incroyable carcan : un corset en coutil baleiné. Elle en accrochait les cordons au pêne de la fenêtre puis, à petits pas répétés, s'éloignait, se tortillait, se retortillait, jusqu'à faire se rejoindre les deux bords à la limite du supportable. Venaient ensuite le cache-corset à manches longues, le caraco de velours noir, une paire de jupons écrus et une jupe de soie noire ourlée de velours pour donner poids et noblesse à l'ensemble. Elle m'habillait comme elle, la taille bien marquée aussi, malgré l'épaisse ceinture de flanelle obligatoire. Les dimanches frileux, nous enveloppions nos épaules d'un châle à franges retenu par un camée. Claquetant dans nos sabots cloutés pour la messe à la chapelle des Otages, ça devait être spectacle peu ordinaire de voir déambuler dans les rues de Belleville la fière Bretonne et sa minuscule réplique.

La rude paysanne était coquette. Elle raffolait des tabliers en taffetas couleur gorge-de-pigeon, des velours frappés améthyste, des soies puce couvertes de tulle noir pailleté. Elle recevait de Bretagne, comme autant de messages de ses amies restées là-bas, des coiffes lorientaises de dentelle amidonnée aux motifs toujours plus fins, aux transparences arachnéennes.

J'aurais préféré porter les nattes de la petite fille des Chocolats Meunier plutôt que de subir la piqûre des épingles à bout perlé :

— Il faut souffrir pour être belle. Si tu ne bouges pas, je te mettrai du sent-bon.

Activant la petite poire recouverte d'une résille du vaporisateur en verre taillé façon cristal, elle chantait un air à la mode :

*À toutes les femmes je fais battre le cœur (pouet, pouet)*
*Avec un p'tit coup de mon vaporisateur (pouet, pouet)*
*J'suis l'béguin, j'suis l'béguin de Mamzelle Germain (pouet, pouet)...*

Les gouttelettes odorantes et fraîches me glissaient dans le cou et nos rires achevaient cette toilette des grands jours.

L'après-midi, la cuisine était notre domaine. Une énorme cuisinière rutilait de tout son brillant Miror et ronronnait doucement. Pendu au robinet du bain-marie, un petit seau recueillait le tic-tac agaçant des gouttelettes brûlantes. Cette bonne chaleur était propice à la cuisson du biscuit de Savoie. Mama cassait les œufs sur le bord d'un saladier, clac, clac, et jonglait avec les coquilles pour séparer les blancs montés ensuite en neige légère et magique. Je ne me lassais pas d'observer l'étonnante métamorphose. À quoi s'ajoutait l'odeur si douce du bâton de vanille...

— Mama, je veux mettre les nuages!

Aucun jouet ne me donnait autant de plaisir : j'accédais à l'univers des grandes personnes, obsession de mon enfance! Comme de bénignes sorcières au-dessus de leur chaudron, nous accomplissions dans un processus immuable l'*apparcie* [1] du gâteau. La main forte et rustique touillait avec délicatesse la pâte crémeuse, la transformait en ruban doré qu'elle glissait dans un moule à côtes, verni de beurre. Mes petites menottes qui savaient à peine tenir une fourchette se révélaient d'une grande habileté à recueillir les résidus de crème sur le rebord du saladier. Un régal... Les cristaux de sucre au fin goût de vanille craquaient sous mes dents. J'étais un petit Lucullus à jamais perdu dans les arcanes de la gourmandise. Un merveilleux parfum se répandait doucement et mes narines expertes annonçaient sans erreur :

— Mama, c'est cuit!

---

1. Expression consacrée : composition d'une recette.

Tel un prestidigitateur, Mama tirait alors du four noir un soufflé odorant, brun dehors, blond à cœur, blessé en son milieu... Un chef-d'œuvre. Nous l'avions fabriqué avec un art, une délicatesse de touche, une connaissance du dosage et une invention proches de l'inspiration amoureuse. C'est ainsi que Mama fit de moi une gourmande portée sur le goût immodéré de ce que l'on appelait, dans l'antique cuisine, «les plats de douceur».

On construisit sous le règne de Louis-Philippe une barrière de défense de la ville. Les *Fortifs* ne sont plus aujourd'hui qu'un souvenir dans la mémoire de quelques vieux Parisiens. Nous aimions nous y promener le dimanche en compagnie des familles d'ouvriers, y regarder paître les ânes, les vaches, les chèvres. Porte des Lilas, devant le bâtiment de la Caisse d'Épargne, les gosses jouaient au palet : il s'agissait d'expédier une balle métallique dans la gueule d'une grenouille aussi grande que moi et qui, telle une gorgone, semblait garder l'entrée du Marché aux Puces.

— N'allez pas trop traîner de ce côté-là, c'est malsain pour la petite, recommandait ma mère.

Mais la nounou bretonne ne pouvait résister aux séductions des stocks américains...

Sur des couvertures à même le sol, s'alignaient des objets disparates, surtout des reliques de la guerre qui venait de s'achever : obus devenus vases, décorations, médailles, masques à gaz, revolvers réformés, musettes, éperons, casques à pointe et casques de poilus, cagoules contre l'ypérite... Les chiffonniers dépassaient les poissardes dans l'art d'injurier le client. On en faisait jeu, et le procédé faisait florès chez les bourgeois qui prenaient plaisir à venir se faire engueuler par Aristide Bruant, le soir, au cabaret du Chat Noir, avec *Nini Peau d'chien.*

Mama s'était fixé pour pieuse mission de sauver de la honte des objets abandonnés comme des Christ sans croix ou des Vierges portant un Enfant Jésus sans bras ni jambes. Elle s'imaginait que de telles profanations portaient malheur. Elle en avait une malle pleine cachée sous son lit pour conjurer le sort.

Marché aux puces… L'expression me poussait logiquement à croire que l'on y vendait ces mêmes petites bêtes que l'on trouvait gratis dans les poils de notre chienne, Finette, mais je ne vis jamais la célèbre Sabrina, «dompteuse de puces», venir y faire quelque acquisition pour enrichir sa ménagerie… Une fois engagées dans ce parcours interdit, nous traversions un labyrinthe de guinguettes et de hangars construits à la hâte en vue des ripailles dominicales, dans des odeurs de moules marinières, de bigorneaux, de vin blanc et de frites. Le bruit d'un orchestre sortait d'une bâtisse en planches. Soldats et jouvencelles se poursuivaient en riant «de ce rire énervé des femmes qu'on chatouille». Un manège de chevaux de bois tournait sur l'air d'un limonaire… De la caserne des Tourelles, nous parvenait la sonnerie mélancolique de l'appel. C'était aussi pour nous le moment de rentrer. Le bruit, l'odeur des lampes à acétylène, le parfum des berlingots et de la barbe à papa, l'effluve des beignets me faisaient chavirer l'estomac. Mama m'achetait une sucette à la menthe pour me «donner bon goût», elle m'offrait un ballon rouge que je laissais échapper à l'intention d'une petite sœur imaginaire qui habitait les nuages… dans une chanson serinée par les chanteurs des rues :

*Ne me gronde pas petite mère chérie*
*Je l'ai fait exprès*
*J'ai choisi le plus beau*
*Regarde il s'en va*
*Vers ma sœur chérie*
*Qu'est au ciel là-haut…*

Rapportant le traditionnel pain d'épice sur lequel le marchand avait inscrit mon prénom en sucre filé, nous prenions le chemin du retour, chargées du butin de nos trouvailles, pissenlits sauvages et fleurs des prés pour Maman. Et puis mon père me faisait prendre un bain de pieds au gros sel :

— Tu as pris un bon bol d'air, ma p'tite poule? Alors, *à schlof* (au lit).

Mama invoquait avec moi sainte Anne, patronne des Bretons, avant de faire claquer un baiser, plusieurs baisers, pour attendre le passage du marchand de sable.

Bonne nuit, Mama, bonne nuit ma douceur, mon lait de poule qui guérit du mal de dents, bonne nuit mon cœur, tu bats au rythme de ta montre pendue à ton cou et tu me souris à me donner confiance dans la vie… D'ailleurs, c'est toi qui m'as conduite pour la première fois à l'école, et c'est toi qui me rassureras lors de ma puberté :

— Eh oui, ma p'tite poule, te voilà grande fille maintenant.

Cette fille de ferme était plus libérale que mes parents, plus *moderne.* Elle me protégeait tout en favorisant mon besoin de liberté, elle gardait les billets doux de mes premiers flirts. Elle m'accompagnera bien plus tard aux concours d'amateur du Poste Parisien et du radio-crochet dont l'animateur était le marquis de Cassagnac, alias Saint-Granier…

— Est-ce vous, Madame, qui avez conseillé à cette petite d'auditionner avec *D'une prison* [1]?Cen'est pas son genre, mais elle a de la présence et ça ne s'apprend pas. Ramenez-la moi la semaine prochaine avec une chanson drôle.

Puis, se tournant vers moi :

— Avec la petite gueule que vous avez, Mademoiselle, vous ne ferez jamais croire à personne que vous mourez d'amour.

J'ai pourtant bien failli, mais c'est une autre histoire…

La semaine suivante, j'emportai le premier prix avec *La Bergère tyrolienne* dont les *trouloulaïtou* atteignaient des sommets poétiques.

C'est encore Mama, intuitive mais silencieuse, qui douta la première du bien-fondé de mon mariage. Agrippée à la poitrine sur laquelle je m'endormais enfant, débordant de la peine que je cachais à mes parents, je pleurais mes illusions… Son regard dur blâmait le jeune mari volage :

— Mais enfin, cette petite, comment peut-on ne pas l'aimer?

1. Poème de Verlaine, musique de Reynaldo Hahn.

La seconde guerre nous sépara, elle retourna en Bretagne, nous ne devions plus jamais nous revoir. Elle écrivit à sa patronne des lettres banales, demandant des nouvelles d'un peu tout le monde. Les lettres s'espacèrent puis la correspondance cessa. Moi-même, je ne répondis point, toute à mes amours du moment et pleine de l'ingratitude indifférente des jeunes gens... Il me restait d'elle une médaille d'or, une photographie, un chapelet de nacre, un tablier de gala. La soie en est brûlée, la photo est jaunie, la médaille a été volée. Il ne me reste rien de ma nounou. Il ne me reste rien de Mama que ce que je viens d'en dire pour essayer de la rendre vivante.

Nous allions souvent visiter une famille de réfugiés qui habitait, si l'on peut dire, dans la zone misérable des Fortifs. Mon père, sujet aux rhumatismes, avait recours aux soins du père Buzinski. Ce Polonais décoré de la croix de guerre française pratiquait une thérapie que l'on qualifierait aujourd'hui de médecine douce, à l'aide d'un appareil électrique de son invention.

Pour atteindre ces gens «de petite périphérie», comme les appelait déjà saint Vincent de Paul, nous devions traverser la zone pouilleuse des Lilas. Les bicoques construites avec des débris de toutes sortes, renforcées, retapées à la diable, suaient l'infortune. Des tuyaux de cheminées perçaient les toits comme des membres coupés, crachant au ciel indifférent des fumées malodorantes. Çà et là, des inscriptions dérisoires : «Défense d'entrer sous peine d'amende»...

Le logis des Buz', une maison de poupée entourée d'un jardinet, était le moins sinistre. Pour entrer, les grandes personnes devaient se baisser. Inversement, je me sentais dans un abri à ma mesure. Sur un adorable fourneau en forme de cœur et bas de pattes, l'ingénieuse Madame Buzinski parvenait à cuisiner la popote de sa nichée. Un samovar brillait, transfuge d'un passé heureux et qui avait, posé sur le buffet, une présence de tabernacle.

J'aimais beaucoup Madame Buzinski. L'adversité n'avait en rien entamé sa bonne humeur. Elle se distinguait par une espèce de mystérieuse sérénité et une manière apaisante de sourire. Une légère claudication augmentait à mes yeux son attrait, et je m'entraînais à l'imiter quand je me trouvais seule. Invariablement, Madame Buzinski offrait à ma nourrice une tasse de thé, pendant-que-Petite-Odette-irait-jouer-avec-les-enfants. Le thé n'avait pas droit de cité aux Z'Arts, et Mama ne voyait dans cette eau teintée que du «pipi de chat». Mais elle sacrifiait au rite parce qu'il préludait à une séance de tarots de Marseille.

De quels vains espoirs ces deux braves femmes pouvaient-elles bien se bercer? La réfugiée polonaise prédisait-elle le bonheur à l'éminente représentante des «gens sous condition [1]»? Enfin, elles se plaisaient ensemble, et Madame Buzinski ne devait pas manquer d'imagination...

Prophéties terminées, nous devions rentrer avant la tombée du jour. J'avais peur de traverser à nouveau le *no man's land* des Fortifs. Peur que Mama ne me perde en route, comme un de ces chiens étiques qui nous rôdaient autour, pauvres bêtes abandonnées cherchant leur pitance dans les ordures où les chiffonniers étaient à leur affaire. Nous croisions ces derniers fouillant, explorant les détritus avec un long ringard fourchu, séparant le bois du fer, la laine de la soie, les os du papier... Le crépuscule rendait encore plus poignants ces tableaux de misère. Des vieilles, débordantes d'obésité alcoolique, comme échappées de quelque sabbat, s'engueulaient avec leur conjoint du fond de leur cambuse, entrant, sortant, se pourchassant à coups de torchon ou de balai. Encore abrutis par un lourd sommeil, des hommes sans pudeur urinaient devant nous. La marmaille crasseuse, morveuse, le cul à l'air, jouait avec ce qu'elle pouvait trouver par terre. Mama me tenait fort la main, cependant que j'éprouvais une honte à hâter le pas : ma peur le cédait à une émotion plus forte. Je me sentais attirée vers ceux que je fuyais. Répugnance et compassion se disputaient en moi, «amie du peuple et froissée à son contact»... Chaque fois je ressentais ce profond tiraillement, que ma nourrice ne comprenait pas très bien :

1. Nom donné au personnel à domicile, plus tard transformé en «gens de maison».

— Cette petite, je ne sais pas ce qu'elle a, chaque fois qu'on va chez les Buz' et qu'on traverse la zone, on ne peut pas la tirer de là...

Le Père Buzinski venait donc à domicile appliquer son traitement électrique. Ses yeux brillaient avec bonté dans une abondance de barbe et de cheveux en désordre. Il gardait à la bouche une pipe qui gargouillait à chaque bouffée et dont le fourneau représentait une tête de barbu jovial toute pareille à la sienne.

— Trrrop de sucrrrre, Monsieur Dhommée, trrrrop de sucrrrre et de soucis...

Après quoi il prescrivait des décoctions de plantes qu'il transportait dans sa musette de soldat : stigmates de maïs contre les rhumatismes, queues de cerise pour favoriser les mictions, mille-pertuis pour la circulation, presles et reines-des-prés bonnes pour tout... J'avais droit, moi aussi, à ma séance : nue, tournée et retournée comme une volaille qu'on présente à la flamme, je m'engourdissais délicieusement sous la torpeur de l'appareil à air chaud, bercée par le doux accent qui roulait si bien les *r*.

— N'oublie jamais, ma p'tite caille, ce qui rrrrend la peau plus douce, ce sont les carrrresses.

Et il riait sous sa barbe.

Après son départ, la chambre conservait l'odeur des plantes médicinales. Leur parfum ajoutait encore à mon plaisir...

Le rappel de cette innocente volupté réveille le souvenir de mon premier voyage à New York, en 1953. Je vais y rejoindre l'homme dont j'ai le moins guéri. Au sortir de l'aéroport, je suis emportée dans une auto immense, inoubliable. Durant le parcours qui nous mène au Waldorf-Astoria, nous gardons le silence. Lui, mon amour, pose sa main sur ma cuisse. Nous sommes impatients. Il sait mon goût des roses, la chambre en est fleurie. Je hume ma félicité à la soie de leurs pétales. Leur parfum même est un langage. *Rose, ô volupté de n'être le sommeil de personne sous tant de paupières closes*[1]... La mesure du temps

1. Rainer Maria Rilke.

abolie… Le jour et la nuit inversés… Ma mie… Mon amour… Et quand l'amant cesse d'exprimer son délire et sa plainte, l'exquise odeur des roses retient encore quelque chose de ces instants qui font croire au bonheur.

— Au jus là-d'dans!

Le rideau de fer du Café des Arts vient de se lever dans un barouf rebondissant, efficace réveille-matin manœuvré par mon père en tricot de corps. Ma nourrice est la première à rappliquer, les mains couvertes de pommade Cadum contre l'eczéma des lessives. Maman descend ensuite, aux prises avec la fermeture de son éternel camée, suivie des deux fistons engourdis de sommeil. Je ferme la marche.

Le percolateur brille de tous ses feux en se reflétant dans la glace qui couvre tout le mur opposé. Nous sommes seuls, silencieux et un peu endormis, dans cette salle aux miroirs rutilants. Nous n'étions pas riches et pourtant ce décor était splendide. L'eau versée par mon père dans le percolateur avait un glouglou très particulier qui résonnait dans le ventre de la machine de même que le plouf! de la détonation quand s'allumait la rampe à gaz. Papa remplissait le filtre de café moulu et, le long d'une petite colonne de verre, montait la dose témoin de liquide noir. Bientôt l'appareil crachait un jet de vapeur avec un sifflement aigu et l'arôme du café envahissait doucement l'espace, mêlé à celui des croissants chauds nichés dans des corbeilles d'osier.

En ces petits matins, l'hiver quand il faisait encore nuit, l'été quand l'aube se hâtait de laisser place au jour, la salle gardait un peu des mystères du sommeil. Puis les choses elles-mêmes semblaient sortir de leur torpeur, les chaises renversées sur les tables figuraient une forêt de branches sans feuillage. Sur le marbre d'un guéridon, les tasses, les bols, les pots de café chaud et de lait, la soucoupe de beurre, de saindoux, la terrine de rillettes, produisaient leurs sons engageants. Maman traçait une croix sur le pain de la pointe de son couteau, avant de le couper. Des planches du parquet montait l'odeur acide de javel combattant les senteurs aigres de tabac refroidi, de bière, de vin et de champignonnière venues de la cave. Les portes ouvertes laissaient entrer l'air frais du matin mêlé aux effluves de crottin lâché par les chevaux des maraîchers. La « Sita » arrosait la chaussée faisant se lever un parfum d'orage. Les bruits de la rue augmentaient. Un instant encore, nous étions ensemble, peu bavards, mais intimement ensemble… L'irruption des premiers clients n'avait pas encore éparpillé le cercle tant aimé. J'avais autour de moi tout mon monde, celui qui suffisait à mon bonheur. C'était à qui me prendrait dans ses bras, sur ses genoux, le seul désagrément étant celui du café au lait auquel j'opposais une résistance farouche, surtout quand se formait, à la surface, une peau marronasse à donner la nausée.

— Je vais le boire, moi, ce café au lait, ça ne me bouchera pas le derrière, disait, en entrant dans le Café avec « les filles », Julot le caviste au grand dam de Maman.

Profitant de l'arrivée du personnel, je glissais de ma chaise comme une boule de chiffon pour échapper au café crème, j'allais me réfugier dans le giron de ma nourrice. Pour me rendre à ma bonne humeur, elle jouait avec moi à faire des bouilles devant le percolateur qui nous renvoyait l'image déformée de nos grimaces. Maman nous enjoignait de nous calmer. Chacun, tour à tour, allait à son poste et la journée de travail commençait.

Le Café était alors rendu à son anonymat impersonnel, débordant d'activité.

Un lieu destiné à la foule a des silences de chapelle quand il est privé d'elle. Il semble vouloir vous dire quelque chose. Profane ou sacré, le service du bedaud, du garçon de café ou du régisseur de théâtre, procède de la même attention : la mise en place, la lumière, la musique, les fleurs, les accessoires, le pain, le vin, le missel, le menu ou la brochure, tout concourt à l'ordonnance d'une fête. Messe, banquet ou spectacle, ne s'agit-il pas d'une communion ?

Quand le public arrive, fidèles, clients ou spectateurs, il apporte avec lui la diversité des destins, des voix, des façons d'être, des vocabulaires… Au Café des Arts régnait l'esprit *parigot* qui s'est éteint avec les derniers argotiers. Molière, dit-on, chez le barbier Gély, n'en manquait pas une. Eh bien ! il aurait trouvé aux Z'Arts un terrain d'observation des plus fertiles, une incessante *commedia dell'arte* devant laquelle mon esprit et mes sens avides apprenaient la vie. C'était un grand théâtre d'alternance avec sa troupe permanente où chacun, à tour de rôle, tenait le devant de la scène, pour un grand premier rôle, un emploi secondaire, une figuration, voire une courte apparition. Ce lieu de plaisirs honnêtes, les noces, les bals, les banquets, entretenait en moi un goût toujours renouvelé du jeu et de l'accueil, tandis qu'une maturité précoce m'exerçait aussi à la solitude dans la foule. J'étais à la fois spectatrice et actrice. Je vivais ainsi, sans le savoir, dans une situation paradoxale qui me conduirait, plus souvent qu'à mon tour, à me retrouver... le cul entre deux chaises.

Une seule personne consultait le Bottin, et pas l'ordinaire, s'il vous plaît, le *mondain* : la Mère Mayard. C'était une matrone fatiguée par les grossesses à répétition, le corsage avachi, la colerette percée de plus de trous que de broderies, vêtue à longueur d'année d'une robe de serge couverte d'un tablier à bout de couleurs à force de lavages. Elle donnait parfois un coup de main au service, en extra. C'était un ramasse-tout. Ses poches étaient pleines de noyaux de cerises qu'elle suçait comme des bonbons en les faisant voyager entre ses chicots. Par habitude, elle crachait dans ses mains pour aplatir les mèches rebelles d'un misérable chignon, ou dans un coin de son tablier pour débarbouiller un de ses nombreux gnards. D'un revers de paluche, hop!, elle se remontait les *roberts* dans le soutien-gorge. Les mains croisées en prière sur la bouche, à la manière des bigotes adorant l'Enfant Jésus, elle s'extasiait devant ma petite personne :

— Viens me faire un mimi, ma p'tite poule!

Avec quelle ardeur je m'échappais de ses étreintes et de la gratouille de son menton barbu *comme un pâté de ménage moisi*[1]! Sa vilaine odeur d'urine me soulevait le cœur. On la

1. Jules Renard.

voyait parfois le dos collé au poulailler, dans le jardin, pisser tout debout au grand dommage de ses charentaises.

Elle ouvrait donc le Bottin mondain et pointait au hasard un numéro de téléphone. Dès qu'elle obtenait un correspondant, elle commençait ses jérémiades, déballait tout un bazar mélodramatique (au vrai, elle vivait dans le mélo), reniflait un chagrin exagéré tout en nous adressant un clin d'œil de connivence. Du grand art! Elle finissait toujours par arracher la promesse d'une aumône qu'elle devait ensuite aller chercher à domicile.

— C'est bien des riches!

Son mari, Louis Mayard, était unijambiste – une gangrène mal soignée. Il fréquentait assidûment le Picolo, rendez-vous des chiffonniers de la Porte de Montreuil accolé, ô ironie, au château d'eau. On y consommait sans retenue le pousse-au-crime, le gros-qui-tache, le pinard, quoi. Quand le Père Mayard avait fait le plein, il disparaissait des jours entiers, assommé quelque part par sa biture. Au retour, il engrossait son Eugénie avec une belle indifférence pour la paternité. Il avait dû être bel homme, mais son visage transpirait l'alcool et ses yeux délavés, envahis de fibrilles rouges, lui donnaient un air abruti.

Pendant ses absences, la Mère Mayard promettait :

— Moi j'vous l'dit, si jamais y'r'vient, faut pas qu'i'm'touche. Ni avec c'ui-là ni avec un aut', ou alors faudrait qu'il l'ai(t) en or!

Nénette, une gentille fille, l'aînée de la descendance Mayard, une bouille marrante déjà en mains, collée avec un manœuvre, revint un soir plus tôt que d'habitude de son travail. Elle trouva le manœuvre dans le lit de sa mère. Elle se précipita aux Z'Arts faire le récit de sa déconvenue avec tous les détails d'une verdeur que la décence interdit de transcrire. C'est alors qu'un plaisantin lui lança sur le ton de l'évidence :

— Faut pas t'plaindre, ma Nénette, ça prouve qu'il l'a en or!

Les Z'Arts furent secoués d'un rire homérique. Zola revu par Alphonse Allais! On but à la santé de ceux qui l'avaient en or et Nénette en tira plus d'orgueil que de honte.

La comédie qui se jouait au Café des Arts pouvait parfois tourner à la tragédie. Le Père Jouasse avait été surnommé Pain fendu parce qu'une pâle cicatrice partageait son abondante chevelure en deux hémisphères. En posant les carreaux d'une verrière, une vitre lui était tombée sur la tête. La plaie, large d'un doigt, resta sans repousse, prélude au malheur qui allait faire de lui une épave.

Il avait eu pignon sur rue. Une enseigne annonçait de loin sa boutique de marchand de couleurs : une palette aux teintes érodées traversée de pinceaux. La devanture était bariolée de dessins géométriques. Nous allions chez lui faire le plein de produits d'entretien dans l'odeur âcre de javel, de cristaux de soude, de cire et de térébenthine. Jouasse était un commerçant sérieux et serviable, un peu buveur, un peu fumeur, quand un jour, voulant profiter de la déclivité de la rue pour faire démarrer son tacot, il poussa celui-ci, qui lui échappa. Un gamin qui traversait la chaussée en courant, trébucha et vint heurter la roue avant. Blessé à la tête, l'enfant mourut quelques heures plus tard. Le Père Jouasse dut vendre la boutique pour payer les poursuites. Depuis, vers les six heures du soir, il se traînait jusqu'aux Z'Arts…

Il faisait peine à voir dans sa longue blouse blanche maculée de taches de couleur, sa grosse tête et ses mains agitées d'un branle permanent. L'ail, mêlé à l'alcool et au tabac gris, lui donnait une haleine de lampe à souder. Il n'était pas le seul soûlot du Café, mais sa solitude m'inspirait de la compassion, malgré mon dégoût.

— Ah, la bonne gosse, murmurait-il parfois…

En partant, il effleurait mes cheveux d'une imperceptible caresse. Il me fixait du regard dépossédé et sans éclat, comme lavé, de ceux qui boivent pour oublier. La vue d'un enfant le rendait malade… Il quittait le Café d'un pas hésitant, lourd d'un fardeau, dans une sorte d'épaisseur et de silence. Cette silhouette accablée intriguait mon jeune esprit…

De l'avis général, le plafond de la grande salle était le joyau du Café des Arts. Des nuages diaphanes émergeaient çà et là d'un azur transparent. Des guirlandes d'aubépines, de liserons, de volubilis, encadraient ce ciel *si bleu, si calme,* traversé d'hirondelles. Une corniche aux rechampis dorés à la feuille bordait cet infini. Il ne manquait que quelques angelots pour obtenir un paradis de style baroque...

Moins par nécessité que pour rendre service au Père Jouasse, Papa chargea un jour son fils de raviver le bleu du décor. Mais les mauvaises fées s'étaient penchées sur le berceau de Riri avec une particulière application : ce grand sifflet rachitique aux allures d'insecte trimballait l'atavisme paternel. Bègue et myope comme une taupe, son visage n'exprimait rien, sauf peut-être le jour où il entra dans le Café bardé d'ustensiles de peinture comme pour une croisade en terre promise.

Mais quand la guigne s'est accrochée à une famille, elle ne la lâche plus...

Riri exécuta sa besogne avec le plus grand soin mais bientôt la peinture fonça en séchant, le clair azur vira à l'indigo, les ramilles se mirent à flotter dans l'obscurité, les nuages prenaient une tendance orageuse, les hirondelles s'enfonçaient dans des nuées funèbres... Catastrophe! Papa poussa une colère... bleue, et Maman pleura son plafond. Les clients se passèrent le mot : ils entraient dans le Café le col relevé, les bras serrés sur la poitrine et, levant le nez au plafond, persiflaient :

— Brrr! Il se prépare un drôle d'orage aujourd'hui...

Ajoutant dans un grand rire :

— Sacré Riri! Tu bégaies donc aussi du pinceau!

Devant le désarroi du malheureux, Papa lui commanda de lessiver au plus vite son barbouillage. Les quolibets continuaient à pleuvoir plus dru que l'orage annoncé. Riri épongeait furtivement ses yeux aussi souvent que le plafond, tout en essayant de se justifier :

— C'est cu... cu... curieux, sur le p... p... pot ya-ya-yavait pou-ourtant ma-a-rqué cou-cou... couleur... fraîche.

Le coup de grâce lui fut donné par son père.

Le Père Jouasse s'était redressé, en entrant dans le Café, pour affronter l'adversité, l'ironie, et puis, voyant l'étendue des dégâts, ne pouvant que constater l'incapacité de son fils, laissa tomber ses épaules et reprit son éternelle attitude d'accablement. Il dit un mot dont je ne compris pas tout de suite le sens mais qui me blesse encore par la profondeur de son mépris :

— Insignifiant.

Et il sortit, définitivement vaincu.

Comme il se doit, les trois mousquetaires des Z'Arts étaient quatre et disputaient de tout, ce qui donnait un but à leurs interminables parties de manille coinchée, de belote ou d'écarté. L'armistice, les luttes syndicales, Landru, les indemnités de guerre, les grands problèmes de l'époque se réglaient à coups de brèves de comptoir.

Le plus prolo des quatre, Monsieur Robert, portait un gilet ouvert sur une chemise sans col, les manches remontées par un élastique comme ses pantalons trop larges par des bretelles. Il les étirait à l'extrême quand il se préparait à lancer une annonce assassine. À quoi pouvait bien penser ce fabricant de talons de chaussures pour dames («Pied mignon, pied fripon») quand il décorait les bottines des élégantes? Aux femmes qu'il ne posséderait jamais, sans doute, car, côté conjugo, il était gâté!

Madame Robert présentait, entre autres disgrâces, une grosse verrue poilue au coin de la bouche qui méritait son qualificatif de poireau. Et avec ça, acariâtre comme il n'est pas permis. Son mari devait user de tous les subterfuges pour venir jouer aux Z'Arts, et, en particulier, du téléphone. Du Café, on envoyait quelqu'un lui dire qu'on le demandait «au bout du fil», et il accourait rejoindre les trois ostrogoths. Madame Robert finit par éventer la mèche et fit installer le téléphone à la maison.

Les petits yeux de Monsieur Serte, dit Gras du bide, se perdaient dans la broussaille d'énormes sourcils, plantés oblique, à la Méphisto. Avec le petit bruit des lèvres qu'on fait pour appeler un chat, il récupérait dans ses moustaches tombantes la mousse de la bière qu'il consommait abondamment. Aussi, je me précipitais pour l'embrasser dès son arrivée; ce qu'il prenait pour un élan n'était qu'une précaution contre l'affreux baiser mouillé qu'il n'aurait pas manqué, sans cela, de m'infliger un peu plus tard.

— C'est que moi, je me suis fait tout seul, répétait-il.

— Eh bien, tu t'es raté, lui balançait Julot.

Gras du bide fut le dernier fermier du Pré-Saint-Gervais. Il y élevait des vaches laitières. Le dimanche il m'apportait, dans un panier de poupée, des cœurs à la crème tenus au frais sur des paillons...

Le troisième ostrogoth, Monsieur Toisnon, s'appelait en réalité Hubert Toisnon de la Mésanderie, allongé par ses trois autres compères en Hubert-Toisnon-de-la-Mésanderie-du-guidon-de-la-bécane-à-Jules. Toisnon avait quitté la douceur angevine de ses ancêtres pour installer des comptoirs aux colonies. Il avait fait fortune dans l'ivoire-des-éléphants-d'Afrique, destiné aux touches de piano, boules de billard, objets d'art et bijoux. Par quel hasard ce richard avait-il échoué chez les purotins de Belleville? Chapeau de feutre, bottines de daim, cravate en soie, gilet chamarré, manchettes amidonnées et amovibles qu'il déposait sur la table pour jouer, le rupin portait beau. Et des dents de tigre pendaient à sa chaînette en or! Ce grigri supposé stimuler sa virilité ne devait pourtant pas être bien utile à ce coureur de jupons renommé et, quand il manquait à l'appel des trois autres, c'est qu'il était «allé faire la noce». J'éprouvais un sentiment de dépossession en entendant cette expression : quoi! Toisnon se mariait sans moi? Présage d'un penchant qui me coûterait bien des tourments : je me croyais déjà des droits sur l'objet de mes désirs...

Toisnon incarnait l'exotisme, l'Afrique, les éléphants, le luxe. Il possédait un répertoire inépuisable d'histoires extraordinaires auxquelles je n'entendais qu'une évidence : le monde ne se limitait pas au village de Belleville. Et, pour s'en aller le visiter, quelle meilleure monture pouvais-je imaginer que la Panhard-Levassor du séduisant beloteur qu'un chauffeur briquait dessus, dessous, à la grande admiration de mes frères.

— Quelle bagnole!

Le quatrième mousquetaire, Monsieur Malaury, originaire de Belgique, avait été refoulé par l'invasion allemande. Il s'était engagé dans la Légion étrangère puis, la guerre finie, avait monté une fabrique de chauffe-eau à l'enseigne de l'Ochod. Il venait au Café avec son calot et sa capote kaki constellée de médailles, et racontait inlassablement sa guerre. Il ponctuait toutes ses phrases d'un savoureux «pour une fois savez-vous». À la cinquième tournée, il re-racontait la bataille de la Marne, à la sixième il pleurait de vraies larmes sur ses camarades tombés au champ d'honneur. Il s'en prenait, pour finir, aux planqués et aux tire-au-flanc de l'arrière. Non qu'il voulût passer pour un héros : il ressassait sa guerre comme pour se convaincre qu'il était bien revenu de l'enfer et qu'il vivait désormais dans la banalité d'une tranquillité tant espérée…

Les joueurs de cartes parlaient souvent de la guerre sans faire attention à la p'tite poule :

— Elle est si petite, elle ne comprend pas.

Mais chaque mot me parvenait, chaque image s'imprégnait en moi… La guerre… Ce mot me faisait horreur. Il roule toujours en moi comme un tambour macabre.

La p'tite poule était une *enfant de la guerre.* Plus tard, je serais une épouse de la guerre… Connaîtrai-je une autre guerre avant de quitter ce monde?

La chambre des parents, au premier étage, était reliée à la caisse par un téléphone intérieur, un simple tuyau de caoutchouc muni à chaque extrémité d'un cornet acoustique. Cette pièce assez grande ouvrait par deux fenêtres, côté soleil, sur la rue de Belleville. Il y régnait un provisoire qui durait. On ne s'attardait que pour dormir dans ce décor banal à pleurer qui n'invitait pas à la paresse : des chaises à dossiers sculptés de chimères en relief, une table ronde, un lit d'acajou dans le style Arts déco provincial. René, mon frère aîné, dormait dans une pièce séparée, mais Raymond et moi partagions cette chambre avec les parents. Raymond dormait dans un lit à barreaux de cuivre ornés de boules brillantes auxquelles il accrochait ses vêtements. Pour moi, un petit lit-cage aux torsades de fer peintes. Au cours des années, ce lit changea plusieurs fois de couleurs, accompagnant ainsi chaque saison de mon jeune âge…

Un crucifix barré d'un rameau de buis béni surplombait le lit des parents. Ce signe douloureux n'était pas le seul à m'inspirer de la tristesse : chez nous, ce n'étaient pas les deux larrons qui entouraient le Christ, mais le portrait de la sévère grand-mère Dhommée et celui du pauvre Émile, mon demi-frère, gamin de vingt ans disparu sans sépulture au Chemin des Dames, au lieu dit La Ferme de Navarin.

Bien des fois on rapporta ce drame devant moi. Je m'imaginais alors que les Dames étaient des sorcières se délectant du sang de jeunes soldats qu'elles retenaient enfouis au fond de la terre. La curiosité m'apprit, beaucoup plus tard, que Louis XIV avait fait paver le Chemin des Dames afin d'éviter les chaos d'un chemin défoncé aux dames de la Cour rendant visite à l'enfant royal en nourrice. Ce qui tendrait à prouver que l'enfer est, en effet, pavé de bonnes intentions.

Il me fallut encore bien des années pour admettre qu'Émile n'était pas ce *Soldat inconnu* qui repose au pied de l'Arc de triomphe. Et lorsque, bien plus tard encore, en 1984, je jouai au Théâtre des Arts-Hébertot, sous la direction de Jean-Laurent Cochet, la belle pièce d'André Obey : *Revenu de l'Étoile*, je tenais le rôle d'une mère de deux soldats portés disparus. Au fonctionnaire venu m'informer de l'horrible nouvelle, je répliquais :

— Disparus? Oh! Disparus… Mais qu'est-ce qu'ils en font, dites? Qu'est-ce qu'ils en font là-bas? On les leur donne… On les leur donne et puis ils vous rendent… Rien.

Des spectateurs, en me félicitant, s'interrogeaient :

— Vous n'avez pas connu un tel drame dans votre existence. À quoi faites-vous appel pour nous émouvoir de la sorte?

Je n'avais aucune difficulté à retrouver en moi l'effroi des heures sombres incessamment racontées, ressassées par les pauvres gens du Café des Arts.

La table de nuit contenait le trésor familial : louis d'or monté en broche, chaîne d'où pendait une main de Fatma porte-bonheur, camée de Maman, trois médaillons contenant la première mèche de cheveux de chacun des enfants, une épingle de cravate en forme de fer à cheval, une boîte de bonbons au miel, une chevalière d'homme garnie d'un chaton armorié, deux étuis de lorgnons, une montre à gousset, un chapelet, un thermomètre médical.

Un verre rempli d'huile et contenant un disque de celluloïd d'où sortait une mèche brûlait la nuit. Une lueur vacillante projetait sur les murs des ombres agitées qui, parfois, montaient jusqu'au plafond, créant de sombres silhouettes qui effrayaient mon premier sommeil. Cette veilleuse guidait nos yeux endormis si quelque exigence physique nous forçait à traverser la pièce sans en troubler le repos. Le bruit des *coulettes* nocturnes dans le seau hygiénique, l'odeur d'alcali quand on en soulevait le couvercle mêlée aux vapeurs d'eau de javel et de grésil, frappent encore ma mémoire olfactive.

Il arrivait que Papa ouvrît devant moi un noir coffre-fort dont les trois boutons de cuivre brillaient dans l'obscurité. Ce puits à mystères s'entrebâillait comme en un ralenti de cinéma libérant une *odeur-du-dedans.* Indifférente à une partie de son contenu, dossiers d'affaires, liasses de billets, rouleaux de pièces de monnaie, journaux du 4 août 1914 barrés d'une manchette noire : *L'Allemagne déclare la guerre à la France*, je réclamais le droit d'ouvrir les écrins contenant la croix de guerre d'Émile et la médaille militaire.

— Ma p'tite poule, tu sais, on ne joue pas avec ces choses-là…

Il refermait le coffre, doucement, et ses yeux brillaient derrière ses lorgnons. Cher père, si émotif! Il croyait aux amours honnêtes, au bonheur du devoir accompli, à l'avenir dans le travail. Aussi le petit coffre-fort, *la maison des sous* comme disait Raymond, ne contint-il jamais de fortune!

Au printemps, un petit homme boiteux puant l'ail à plein nez installait son matériel dans le jardin. Puis il montait dans la chambre et, d'une indiscrétion pour moi scandaleuse, il prenait nos matelas à bras le corps, les jetait dans le jardin, les éventrait un à un d'un grand coup de couteau, un couteau immense et long… Ensuite, plongeant le bras comme dans les entrailles d'un animal, il vidait la laine sur une table où son aide-bourreau actionnait une sorte de râteau qui débourrait les moutons de laine. Ce crime rituel se perpétrait dans une lumière de flocons légers et me procurait une sensation tragique.

Mais le soir même, je dormais comme un ange.

## Chapitre II

# Viens dans ma rue !

*Moi, je suis du temps du tango*
*Où tous les durs étaient dingos*
*De cette fleur du guinche exotique…*
JEAN-ROGER CAUSSIMON

À l'emplacement de l'actuelle piscine des Tourelles, se trouvait la caserne du 31$^{e}$ régiment d'infanterie dont les recrues comptaient au nombre des figures familières des Z'Arts.

Le commandant Fabiani, Corse grand teint, me faisait peur : les deux rangs de décorations qui barraient sa poitrine avaient tout pour me séduire, mais une prothèse de bois gantée de cuir remplaçait sa main gauche, lui servant d'appui pour poser sa boîte à rouler les cigarettes. De sa main valide, il sortait de sa poche une blague à tabac en caoutchouc rouge. Il en écartait les bords comme les pétales d'une fleur, extrayait le tabac par pincées, les répartissait sur le rebord du couvercle, puis il ouvrait la boîte, appliquant sur la partie entoilée une feuille de papier La Croix dont il me faisait lécher le côté gommé. À moi de jouer… Je rabattais le couvercle du boîtier, clac, et une cibiche toute blanche et bien roulée sortait de la boîte magique. Puis, de ma petite menotte experte, roulant la meule d'un briquet d'amadou, j'allumais mon ouvrage, inconsciente du danger que je faisais courir aux moustaches du commandant.

Un demi-siècle plus tard, moi qui n'ai jamais fumé de ma vie, j'allais devoir confectionner une cigarette chaque soir pour les besoins de la pièce de Maria Pacôme, *On m'appelle Émilie.* Au côté de Maria, je jouais le rôle d'une clocharde, retrouvant sans peine, et avec quelle aisance!, les gestes de la petite «fille à soldats» que je fus, parfois, aux Z'Arts...

J'avais un préféré : mon ami sénégalais, Sidi.

*À cheval sur mon bidet*
*Quand il t'otte il fait des pets*
*P'out p'out p'out cadet!*

Sidi me retenait de ses longues mains noires en me faisant sauter sur ses genoux. Dans sa vareuse de gros drap kaki qui me grattait les cuisses, il avait l'air d'un pelochon surmonté d'une chéchia rouge vif. Sourd aux protestations de ma mère, il me projetait dans le vide, aussi haut que ses longs bras le permettaient, et j'en redemandais toujours. Puis il me reposait sur le comptoir, sensation glacée, cette fois, les talons dans le vide. J'attirais à moi sa face luisante comme un soleil noir où riboulaient ses yeux bombés. Mes doigts menus dans ses cheveux, je murmurais des mots venus de l'insondable langage enfantin :

— Ti Mimi, va!

J'ai gardé, sensible au creux de ma main, le chatouillis de sa tignasse crêpue chargée d'une odeur de musc.

Sidi était l'ordonnance du capitaine Rémi.

— Moi toujou'défend'captain Émi. Si quéqu'un touché captain Émi, moi coupé cabèche!

Captain Émi, «mon soldat bleu»...

Le sourire en biais, il se regardait parler devant le miroir, satisfait de contempler son agréable quarantaine.

— Tu es mon amour d'enfant, me disait-il en me soulevant de terre.

Et je me nichais dans son cou tiède et parfumé. Je le trouvais magnifique et doux, j'étais prise de beauté «comme on est pris de vin»... Le goût de l'uniforme, sans doute...

Alors, quand défilait la fanfare du régiment avec, à sa tête, mon capitaine, quelle fête! D'autant qu'elle ne passait jamais devant les Z'Arts sans faire quelques minutes de surplace, comme pour saluer les amis d'une aubade à rompre les caisses. La rue en était secouée, le soleil jouait dans la poussière soulevée par toutes les mâles galoches, l'orphéon nous emportait dans une lumière de paradis victorieux! La musique ranimait dans la foule l'orgueil cocardier. En tête du cortège, le tambour-major manipulait sa canne empanachée avec une adresse de jongleur. Pour les Z'Arts, il se dépassait : dans un effort prodigieux, il lançait la canne au-dessus du nuage de poussière, elle décrivait une splendide arabesque avant de retomber à une vitesse vertigineuse, et il la récupérait en un tournemain sensationnel. Les musiciens, l'œil rivé tour à tour sur le chef, sur le petit carton fixé à l'instrument ou sur la canne virevoltante, vous embarquaient de ces *Marche lorraine*, de ces *Sidi-Brahim*, de ces *Sambre et Meuse*, à faire un patriote de l'anarchiste le plus endurci. Des murmures flatteurs accompagnaient la virile prestance du capitaine Rémi, cambré comme un matador. Bruits! Odeurs d'hommes en marche! Clameurs! Bravos! Propos échangés au-dessus de ma tête! Pluie de sons! Lumières! Chers musiciens militaires, je ne puis me résoudre à voir, derrière vos buccins héroïques, l'affreuse guerre en marche, et j'ai toujours, à votre passage, les poils au garde-à-vous…

Aux derniers accents de quelque *Madelon*, le défilé se refermait comme un livre d'images et disparaissait au loin, dans la descente de la rue de Belleville, jusqu'à ne plus être, bientôt, qu'un point bleu nimbé de soleil et d'une musique lointaine, déjà, comme le souvenir.

À chaque salle du Café des Arts son style.

À la salle du comptoir les grosses blagues, les nouvelles du jour, les petits blancs secs et les cafés arrosés, les disputes passionnées entre piliers de bistrot qui refont le monde devant les soucoupes empilées au fur et à mesure des : « Patron, remettez-nous ça! »

La salle de restaurant devenait salle de jeux jusqu'à l'heure de l'apéro autour de parties de jacquet, de zanzi, de dames, de dominos, de belote, de manille ou d'écarté. Cartes à jouer, damiers, sous-main, encriers, annuaires et journaux fixés dans leur hampe de bois (avant de finir accrochés à un clou dans les W.-C.) étaient rassemblés au fond de la salle, à côté d'une cabine téléphonique capitonnée, s'il vous plaît.

C'est dans cette salle que je reçus mes premières leçons de choses, que j'acquis mon premier vocabulaire, que je m'attachai mon premier public ravi par mon talent d'imitatrice. En prenant soin de souffler dessus pour influer sur le sort, je faisais rouler les dés dans le cornet qui résonnait avec un bruit sec et creux, puis je les lançais sur le tambourin du zanzi. Comme les grands, j'appelais «cocu» le gagnant alors que le perdant devait «les allonger». Je singeais aussi à la perfection le beloteur triomphant qui tapait du poing sur la table en abattant les cartes :

— Je coupe, atout, ratatout, et dix de der!

— Cette petite Odette, disait la voisine marchande de chaussures, qu'elle est délurée pour son âge, on voit bien qu'elle a sucé le lait d'une cafetière!

La troisième salle, la salle de billard, offrait une ambiance toute différente. De la lumière à l'ombre et du bruit au silence (seulement troublé par des chuchotements et le toc toc mat des boules se heurtant), le passage se faisait immédiatement. L'éclairage au gaz, avec ses lampes à manchon fragiles comme des ailes de papillon, venait de céder la place aux lampes électriques dont la lumière tombait droit sur le tapis vert. Les joueurs, bizarrement armés de leur épée de bois, demeuraient dans la pénombre. Ils m'autorisaient parfois à leur passer le carré de craie bleue destiné à éviter le dérapage des queues de billard. Certains me soulevaient à la hauteur du boulier pour marquer les points. Au-dessus des guéridons, le règlement se trouvait clairement affiché :

Ici on joue au jour et à la lumière
Défense de masser-lever
Un accroc dans le tapis sera compté 20 francs

Les jours d'affluence, les joueurs ne pourront garder le billard plus d'une heure
Consommation obligatoire

Cette salle pleine d'ombres silencieuses et lentes, éclairée d'une sorte de soleil vert, exerçait sur moi une irrésistible attraction, surtout lorsque s'y trouvaient «mes belles». Elles passaient là des après-midi entières, feuilletant *Le Rire* ou *La Vie parisienne* (aux dessins osés), *L'Illustration* et les romans-feuilletons, les irremplaçables *Travaux des dames et des demoiselles.* Tandis que leurs «hommes», Charles Clary et Lucien Frapier, disputaient des parties prolongées, elles faisaient des «patiences», se tiraient les cartes, tout en dégustant force vermouth-cassis et porto maison...

— Voilà notre p'tite poule, notre poupée vivante!

Un gros poêle cylindrique donnait, l'hiver, en ronronnant, une bonne chaleur qui m'engourdissait, prisonnière des genoux de mes belles amies. Elles n'étaient pas comme les autres femmes du quartier, ça non! Elles n'étaient pas comme ces femmes lourdes dans leurs jupes tombant au ras du sol, toutes coiffées pareil avec leur chignon relevé, et le fichu croisé sur la poitrine. Mes favorites étaient élégantes et parfumées. Et puis, elles posaient pour des cartes postales sentimentales.

Suzy m'enchantait par sa chevelure sombre et son teint mat d'ardente Espagnole. Elle se voulait «émancipée». Le regard cerné de khôl, qu'on appelait «de la fatalité», ses cheveux noirs aile de corbeau encadraient des joues d'un rose de porcelaine, des dents éclatantes de blancheur humide, des lèvres délicieusement ourlées en forme de cœur souligné d'un trait de «raisin à lèvres». Une mouche au coin du sourire ajoutait à la séduction comme une invite au baiser. Des chapeaux-cloches, du genre corbeille de mariage, lui tombaient sur les sourcils qu'elle épilait, ô scandale! Le couturier Poirier venait de libérer les femmes de leurs corsets et les jolies formes de Suzy habitaient voluptueusement des robes de crêpe sombre qui laissaient voir, quelle audace!... ses chevilles. Un boa noir frémissait autour de son cou à chaque mouvement. Elle le rejetait en arrière comme un «envol d'orgueil». Fière de ses mains, elle les agitait pour un oui pour un non, triturant un long porte-cigarette d'ivoire ou polissant ses ongles transparents. Je n'en perdais pas une miette lorsqu'elle «se refaisait une beauté» : d'un petit poudrier extrait d'un sac en mailles d'argent, elle sortait une houppette naine dont elle effleurait ma joue. Avec la tige de verre d'un minuscule flacon, elle me gratifiait d'un peu de son inoubliable parfum d'héliotrope et de vanille, «le plus indispensable des superflus», même aux «douloureux moments où l'argent fait défaut [1]»…

Toute malice et sourire dehors, la voilette tendue sur un petit nez frémissant, Hermance, en contrepoint de Suzy, habillait flou son corps léger et se parfumait à *L'air embaumé* de Rigaud. Des cheveux blonds et courts, qu'elle venait audacieusement de sacrifier à la mode, laissaient apercevoir de ravissantes oreilles aux longs pendentifs, qui ponctuaient ses rires d'un petit bruit charmant. Assise au creux de ses tendres mousselines, je murmurais son nom, pour le plaisir :

— Hermance… Hermance…

Je découvrais la magie des mots. J'éprouvais pour eux de telles dispositions que mon père mettait en garde ses clients :

— S'il vous plaît, pas de gros mots devant la petite.

Car je ne perdais rien à entendre…

Charles Clary, dit Charly fesses bleues parce qu'il essuyait ses doigts bleuis de craie sur sa poche revolver, avait l'habitude de tomber la veste, de l'accrocher au perroquet d'acajou, avant de se retrousser les manches, de faire claquer ses incroyables bretelles, de se choisir une queue de billard, de se frotter les mains avec la certitude de «mettre une de ces culottes» à son adversaire qu'il en ferait des cauchemars. Le feutre mou sur l'arrière du crâne, il exécutait en effet une série des plus brillantes et ces dames applaudissaient.

Lucien Frapier, ancien boxeur aussi nommé Nez plat, possédait quant à lui un style de torero. Il exécutait sa passe préférée

1. Colette.

dos au billard, cambré, faisant glisser la queue de billard au bas de ses reins… Silence…

Un soir, il toqua, la boule dévia… et manqua son but.

— Putain!

C'est alors que j'invitai hardiment Charly fesses bleues à donner l'estocade :

— Alors, tu joues au billard, nom de Dieu, putain!

Comment ma mère se trouvait-elle là? Je fus soulevée de terre comme un sac de chiffons et gratifiée d'une fameuse fessée, la seule que je reçus de toute ma vie. J'étais si étonnée que je ne pleurai même pas.

— Allons, laissez-la-nous, Madame Dhommée, laissez-la-nous…

Mes deux idoles, Hermance et Suzy, me reprirent sous leur protection, mais je crois que je pris garde, désormais, à ne plus dire de gros mots. Naturellement, je n'avais aucune idée de l'activité de mes champions, souteneurs patentés, ni de mes amies, hétaïres du promenoir du Concert Mayol où elles «faisaient le pilon» :

— Mets vingt sous dans mon bas, mon gros mignon…

Cela faisait une belle jambe… à caresser, pour le gros mignon en question, un monsieur bien, pour sûr, qui faisait mine d'apprécier le contre-ut du ténor et les grivoiseries de la diseuse.

Peu m'importe l'honorabilité de mes deux reines : Hermance et Suzy se confondent dans mon souvenir avec mon ingénuité. Elles aimaient simplement et gentiment la p'tite poule qui se lovait dans la moiteur parfumée de leur corsage. Pour regarder le spectacle de ma petite enfance, j'étais installée au plus doux, au plus odorant balcon qui se puisse imaginer.

Et le bal qui se donnait aux Z'Arts valait le jus, quand Margot langue d'amour y guinchait!

— C'est une belle plante, disait Maman.

Et tous de trouver «gironde» cette femme de robuste stature, aux chairs épanouies, de la couleur laiteuse des presque rousses, le large visage couronné d'une généreuse et indomptable chevelure. Dans son regard provoquant, jouaient des nuances de gris strié de vert et de jaune, à la façon des chattes de gouttière, et toujours un peu cernés, «bordés de reconnaissance», comme on disait à Belleville. Bonne comme le pain, elle rendait de menus services au moment des coups de feu, le mot leste et l'esprit polisson. Margot pouvait rivaliser de force avec un homme et porter deux caisses de bière à bout de bras. Le jour où des ivrognes s'avisèrent d'importuner les consommateurs, elle en ajusta un avec une boule de billard, lui fendit la lèvre et les perturbateurs détalèrent devant cette walkyrie. Le soir de cet exploit, enhardie par son succès et de plus en plus excitée par l'hilarité générale, elle amorça un cancan et, d'un coup de pied au ciel, découvrit le haut de ses cuisses musclées, sanglées de jarretières roses.

— Ces gigots-là, mes enfants, s'exclama Gégène avec ce ton parigot qui n'appartenait pas seulement au grand Carette, ces gigots-là c't'à moi. Avec des p'tites pommes de terre autour, je ne donnerais pas ma part au roi.

Gégène avait pour Margot les yeux de Tristan pour Iseut. Il avait enlevé à un autre homme cette beauté digne de Rubens, avec ses rondeurs et ses poignées d'amour. Planqué comme mécanicien pendant la guerre, il avait régularisé la relation :

— Un combattant peut laisser une veuve, pas une concubine.

Il avait fini par aller au feu, comme les autres, et par en revenir mutilé, comme beaucoup d'autres…

*Pauvre Gégène revient de guerre*
*Tout doux…*
*Tout amoché tout mal foutu*
*Pauvre Gégène est revenu*
*Tout doux*

Il fallait la comprendre, notre Margot, quand elle riait un peu trop fort ou quand elle dansait à perdre haleine avec Jojo la boulange : son homme avait perdu sa virilité. Jojo, aussi nommé Gueule d'amour, était plutôt bien de sa personne, blondinet, distingué, et si bon danseur qu'il s'était autoproclamé « maître du tango », d'ailleurs avec raison. Et le dimanche, avec la Margot, ils se livraient à des démonstrations renversantes.

Assise par terre dans un coin de la salle de noces, blottie contre un mur comme une chatte curieuse, je ne perdais pas une miette de ce fascinant ballet...

La mine de suppliciés amoureux du martyr, le front barré d'un noir sourcil, ils commençaient par une marche en avant – car jamais le macho ne recule. Et soudain, la grâce les envahissait... Les jambes se nouaient, se dénouaient, à droite, à gauche, décrivant des doubles huit, les pieds se croisaient, trépignaient, esquissaient, renonçaient puis repartaient, frappaient du talon sèchement avant de s'élever à nouveau... Subitement ils se figeaient, puis un, deux, trois, quatre, ils se remettaient en marche les bras tendus comme une flèche ou rassemblés sur le cœur. Ils formaient un seul corps que rien ne pouvait désunir, pas même les ratés du phonographe qu'il fallait remonter de temps à autre. Les cheveux de Margot lui collaient aux tempes, son chignon glissait, glissait, et lorsque Jojo lui faisait, pour finir en beauté, « le coup des reins cassés », toute la chevelure se libérait et tombait en chute, la tête à la renverse, la gorge tendue, le bras abandonné... Apothéose! J'étais envoûtée par ce rythme obsédant, ces syncopes, ces accélérations et soudain ces langueurs, cette simulation amoureuse, par le souffle humain du bandonéon et sa plainte lyrique qui meurt et qui renaît, qui va, se refuse, et se donne...

Loin de Belleville, d'autres établissements plus chics que les Z'Arts étaient destinés aux rombières un peu mûres et frippées, mais emperlouzées jusqu'aux oreilles pour dissimuler des ans l'irréparable outrage. Des danseurs mondains y jouaient les *latin lovers.* Beaucoup plus tard, un ami très cher m'avouera que, pour arrondir ses fins de mois de chanteur débutant, il avait, un temps, fait le danseur mondain. La confidence eût été mince s'il n'avait ajouté qu'il s'était acquis une flatteuse réputation en garnissant sa poche de pantalon d'un petit pain viennois. Un soir que nous dînions chez Maurice Chevalier, me présentant la corbeille de pain il murmura :

— Vous auriez peut-être préféré un petit pain viennois?

Tango! Tango! Quand tu nous tiens...

J'étais une petite fille lorsque Carlos Gardel, le *niño* toulousain, chantait en lamento l'amour déçu, la mère abandonnée, l'ami trahi. Il était de ceux que le destin choisit pour faire rêver les cœurs simples, troubadour de l'éternelle aventure amoureuse. Son image, sa voix, le son de ses bandonéons se confondent dans ma *p'tite tête* avec celle de Margot et Jojo, qui tanguent, tanguent, tanguent, dans un mouvement de sublime abandon...

Et quand vient me troubler la nostalgie des disparus que j'ai aimés, il m'arrive de fredonner...

*Adios muchachos, compañeros, de mi vida...*

Ces moments sonores, ces personnages éclatants, ces scènes de comédie musicale avaient en quelque sorte pour contrepoint les silences du Chinois. De «notre» Chinois.

Un pas bavard, un silencieux. Jamais il ne nous aurait chanté *Nuit de Chine.* Les yeux bridés, le teint safran, chaussé d'espadrilles comme un fil-de-fériste, plus que mince, étroit, dans sa vareuse noire et stricte, il portait d'une main une petite valise, et de l'autre une sorte d'éventail qui se consumait lentement, laissant s'échapper la fumée parfumée des papiers d'Arménie! La valise contenait des statuettes d'ivoire, des imitations de jade sculpté, des rouleaux de soie peinte, des coupelles de bois verni, des bijoux de corail, des bracelets de verroterie, des boucles d'oreilles en forme de grappes de raisin, des services à thé à peine plus grands que celui de mes poupées, des boules de verre où flottait, dans la neige, de minuscules poissons, des paysages lilliputiens... Mais surtout, surtout, des éventails à transformation : un léger coup de poignet, hop!, deux boules apparaissaient, hop!, trois boules, hop!, quatre boules... Encore plus fort : armé de petits ciseaux, sans même regarder ses doigts, le sourire au beau fixe, il repliait une nappe en papier, y pratiquait quelques découpes et hop, hop, hop!, une trame ajourée apparaissait, où s'entrelaçaient des barques, des pagodes, de graciles pantins...

— Pas cher... Pas cher...

De table en table, il vendait sa camelote, ses coupons de soie, ses chimères brodées, puis, commerce fait, l'exotique attirail rentrait dans la valise comme par magie et le Chinois repartait du même pas silencieux laissant derrière lui des senteurs orientales...

Une sacoche toute pareille à la sienne, et que nous appelions «la valise du Chinois», nous a suivis tout au long de notre vie familiale. Nos parents s'en servaient pour y ranger ce qu'ils avaient de précieux. Après leur mort, j'y découvris, dissimulée sous des cartons de dentelle, une mince correspondance : pendant le temps de leurs fiançailles, mon père avait écrit des vers avec son sang. Sur un papier quadrillé jauni par le temps, couraient des caractères rouge pâle, presque cuivrés. Je les serrai entre deux cartons de vieille dentelle sans les lire. J'osai ajouter mes propres lettres d'amour et refermai pour toujours ce secrétaire si simple et si précieux. Quand j'irai à mon tour rejoindre les miens, je prendrai la valise du Chinois pour faire mon dernier voyage. Puissé-je entrer comme lui en silence, non plus au Café des Arts, mais dans ce qui sera sans doute le Grand Café du Paradis...

Deux autres «belles» accompagnèrent mon enfance : l'une m'apparut «pour de vrai» à la tête d'un splendide attelage; l'autre faisait partie des récits obsédants de ma mère, car nous vivions lentement et l'on se répétait beaucoup. Blagues, propos et anecdotes étaient sans cesse rapportés, et je garde de cette époque le souvenir d'une inlassable répétition...

À deux pas des Z'Arts, rue des Haies, se déroula le drame qui rendit tristement célèbre Casque d'or. Par analogie, les habitués du Café avaient baptisé Casque d'ébène une brune épanouie qui, bizarrement, s'intéressait à ma petite personne. Le luxe de son attelage, un rutilant cabriolet de bois vernis, ameutait les curieux. Les deux chevaux qui le menaient, tous grelots sonnants, croupes frémissantes, fous d'ardeur, avaient le poil aussi brillant et les crins aussi lustrés que les cheveux de la dame. Elle les relevait en boule sur le haut de la tête, ménageant deux guiches sur les oreilles comme l'exigeait le style gommeuse. Et avec ça, bien plantée, de la croupe au balcon. Julot, admiratif, faisant allusion au buste prometteur de la belle, dessinait dans l'espace deux courbes suggestives et s'écriait :

— La bougresse! Vise un peu les roberts!

Un *amant* accompagnait toujours Casque d'ébène. Le mot *amant* ne me disait rien, mais le personnage ne me plaisait pas. Petit, couperosé, ce râblé tenait les brides d'une main ferme. Vêtu d'une longue blouse de toile noire, un mouchoir à carreaux noué autour du cou, de larges pantalons resserrés aux chevilles, il s'agissait sans doute d'un maquignon. Chacun s'habillait alors selon les usages et les besoins de sa profession. Ce couple insolite, arrivant avec son mystère, s'arrêtait devant la terrasse du Café, me faisait signe d'approcher sans jamais daigner descendre de voiture...

— On fait seulement un détour pour voir la p'tite et lui déposer quelques friandises...

Montée sur le marche-pied, j'étais heureuse de l'intérêt qu'on me portait, mais la soupçonneuse Bibi survenait, me prenait dans ses bras et recevait à ma place le cadeau qui m'était destiné.

— Par pitié, Madame Dhommée, ne laissez pas la p'tite manger les bonbons de ces gens-là! S'ils allaient nous l'empoisonner?

Un coup de fouet, et les deux coursiers, piaffant comme des danseurs espagnols, emportaient nos étranges visiteurs. J'aurais aimé, alors, me glisser entre ces inconnus venus d'ailleurs pour découvrir ce que c'était : aller loin...

— Les garçons, n'allez pas vous promener trop loin, nous avons besoin de vous pour l'apéritif...

Loin...

Étaient-ce ces rues qui ne sentaient plus le crottin de cheval et que l'on commençait à éclairer à l'électricité? Étaient-ce ces pays dont Monsieur Toisnon relatait les mœurs si différentes des nôtres et d'où lui parvenaient les défenses d'éléphants?

— Si ça n'était pas si *loin*, disait Maman, j'irais bien voir la devanture des Bouillons Duval.

Duval, comme mon père, faisait dans la limonade, mais, plus avisé, il eut l'idée de servir à toute heure, et à un prix dérisoire, un bouillon de viande réputé délicieux et nourrissant. La foule se pressait devant son établissement, rue Bergère. Julot dénigrait cette réussite de milliardaire :

— Pour sûr, vendre de la flotte avec des os qu'ont bouilli d'dans pour pas même le prix d'un apéro, c'est fortiche. Encore, s'il y mettait du vin!

— C'est la jalousie qui vous fait parler, rétorquait Maman.

Chère Maman... Dans sa simplicité, elle tenait depuis son enfance des «cahiers». Non pas un «journal» comme il était de mode – la pauvre n'en aurait jamais eu le loisir, mais toute une documentation hétéroclite, recopiée d'une écriture tranquille, entrecoupée de cartes postales, de fleurs séchées... Accueillie toute petite dans une famille aisée, elle avait appris à herboriser et à chanter auprès de Monsieur et Madame Fouilleul. Contrainte d'aller gagner sa vie à Paris, elle avait emporté ses cahiers de plantes et ses cahiers de chansons, de cantiques, de prières, et plus tard elle ouvrit un cahier de cuisine. Elle y recopiait les recettes de Brillat-Savarin, de Curnonsky, d'Escoffier, de Montagné, de Mademoiselle Rose. En hommage aux illustres visiteurs de l'Exposition universelle de 1900, ces maîtres queux avaient baptisé leurs spécialités : consommé madrilène, foie gras à la Souvarof, aspics de homard à la russe, côtelettes de langouste à la Victoria... La modestie de la patronne du Café des Arts interdisait d'aussi glorieuses appellations sur ses menus, mais ses plats courte sauce et son poulet chasseur pommes noisettes lui firent une réelle renommée.

Julot ne donnait pas toujours dans la dentelle.

— Petite Odette pourrait «faire» sur la table, son papa trouverait encore que c'est du gâteau.

N'empêche, aux coups de feu des déjeuners, j'avais intérêt à me faire petite.

— Ne reste pas dans nos jambes, ma p'tite poule, va jouer dans le jardin.

Aller dans le jardin alors que le grand spectacle du repas venait de commencer, pas question!

— Allez, allez, ne reste pas dans la fumée!

Des amoureux s'échangeaient des grains de raisin bouche à bouche, je trouvais cela joli…

— Va dans le jardin, on te dit, ma p'tite poule, Raymond va rentrer de l'école.

Raymond, le miraculé de la famille… Il était venu au monde le pylore [1] fermé. Le beau bébé se mit rapidement à dépérir. Il devint si maigre que, pour le langer, on le soulevait avec des bretelles de toile fine. En désespoir de cause, le médecin de famille, le docteur Broca, proposa de faire absorber à l'enfant, nuit et jour, et toutes les dix minutes, une cuillerée d'eau sucrée et une cuillerée de lait. À chaque absorption, il fallait le peser au gramme près. Le pylore s'ouvrit lentement, le bébé ne refusa plus les têtées, il devint superbe (et le préféré de Maman, quoi de plus naturel?). Tout au long de cette lutte émouvante, et afin d'éviter toute contamination, on avait installé le bébé dans un hamac suspendu aux branches du marronnier du jardin, qui s'inscrivit pour toujours dans la mythologie familiale comme «l'arbre du miracle».

Le bébé au pylore étroit devint un robuste bonhomme qui fit de sa petite sœur, dès qu'elle sut marcher, courir et parler, son inconditionnelle complice. Je le suis restée.

— Les gosses, on vous a déjà dit de ne pas jouer dans la salle de restaurant pendant le service! Allez! Filez au jardin!

Nous passions par un perron abrité par une véranda et descendions quelques marches. Dessous, se trouvait la résidence de Zidore, un trou sombre où j'avais situé le cachot de l'abbé Faria et du comte de Monte-Cristo. Zidore était un gentil goret qui tenait du chien pour la docilité et de l'agneau pour la naïveté. Destiné au sort de ses semblables, il prospérait lentement et sûrement : un restaurant, pour un porc à l'engrais, c'est un quatre étoiles. Il se roulait dans sa fange, fouillait à coups de groin son auge débordante, mangeait comme un cochon, pardi,

1. Orifice faisant communiquer l'estomac avec le duodénum.

mais, une fois rassasié, nous faisait l'honneur de trottiner lourdement vers nous, d'un flanc sur l'autre, pour happer avec une délicatesse de marquise les peaux de banane que nous lui donnions. Il se laissait étrier, bichonner et mettre au cou le ruban de mes cheveux. Un amour de cochon! Lorsque, poussé par le malicieux Raymond, il faisait une incursion dans la salle de restaurant, son triomphe était assuré. Et chacun d'apprécier les progrès de son embonpoint, les promesses de ses grasses entournures… Notre compagnon de jeux échappa longtemps à la lame du bourreau, mais son destin était écrit. Le charcutier vint sur place faire son office. On avait pris la précaution de me mettre à l'écart. Mais comment ne pas entendre les cris qu'il eut pour mourir? Des cris d'enfant… Ma première terreur, que bientôt les jeux de la grande lessive venaient effacer…

Je devais faire une drôle de lavandière, un sac de jute retenu à la taille par une ficelle en guise de tablier! Une énorme lessiveuse réservée au «blanc» et posée sur un brasero lâchait par sa cheminée une eau savonneuse à l'odeur de soude. Près de la Mère Mayard, je barbotais dans le baquet aux «couleurs». La vieille et l'enfant, côte à côte, manches retroussées, doigts rosis et amollis d'humidité, échangeaient des éclaboussures, les savons nous fuyaient des mains, nous éclations de rire et ma nourrice interrompait la rigolade :

— Assez flâné, Mère Mayard! Et la p'tite poule qui se mouille le ventre!

Elle m'emportait parmi les nappes et les draps qui séchaient au soleil et donnaient au jardin des allures de port encombré de voiles.

— Je serais le voleur, tu serais le gendarme!, criait Raymond.

Je poursuivais mon frère à travers une forêt d'étoffes claquant dru sur nos visages, nous mouillant de leur fraîcheur à l'odeur de javel. Un pan de nappe sur la figure, comme une Bédouine derrière son *tsohar*, je riais, mi peur, mi plaisir.

Les «filles» avaient pour habitude d'étendre leur linge personnel au fond du jardin, à l'écart des regards indiscrets, sans doute. Finette, notre chienne, s'en prenait à ces dessous avec force aboiements, et les filles accouraient pour sauver leurs jupons ou tenter d'allonger quelque taloche au petit diable. Papa ne tardait pas à apparaître pour engueuler cette meute piaillarde, je me mettais à pleurer et, pour me consoler, la scène s'achevait sur la balançoire : les fesses à cru sur la planche râpeuse, désespérément accrochée aux cordes mais délicieusement abandonnée au vertige, je m'élève au-dessus du mur mitoyen, j'aperçois un instant les toits alentour, déjà je ferme les yeux car le cœur me chavire pour repartir de l'autre côté, et j'entends une voix, tout près, et qui s'éloigne, et qui revient, et qui s'éloigne encore et qui revient encore, avec le bon sourire de mon père qui me tend les bras et me relance, et me balance, et me rassure…

*Ne pleure pas petite chose*
*Sèche tes larmes dans mes bras*
*Tu feras un beau rêve rose*
*Pendant que je chanterai tout bas*
*Ne pleure pas petite chose…*

Notre jardin était aussi extraordinaire que celui de Trenet. L'inspiration, l'imagination de mon frère en faisaient un jardin de poète où se mêlaient la *commedia dell'arte*, le western et le fantastique. Deux ou trois chaises couchées reliées par des ficelles et attelées à Finette constituaient le plus sûr des traîneaux. Nous allions sur les chemins du rêve, bordés de palais, de forêts, de bandits, de sauvages. Raymond s'attribuait tous les rôles pour défendre sa «princesse», sautait, caracolait, hennissait, pourfendait, mourait, ressuscitait, se blessait, mais-c'est-pas-grave-ah! – ne-t'inquiète-pas-ah! – je-résisterai-quand-même-ah! – j'ai-mal-ah! – aide-moi-à-me-remettre-en-selle, et il repartait au galop sur le pur-sang Finette… Chevauchée! Que de victoires nous avons remportées, Raymond! Surtout le jour où nous avons heurté le grillage du poulailler… Dans un entremêlement indescriptible de chaises, de draps, les volailles affolées s'envolèrent de tous côtés dans des myriades de soleil et notre père survint en trombe :

— Nom de Dieu, qu'est-ce qui m'a fichu un gamin pareil? Et la p'tite! Mais il va nous la tuer, un de ces jours! Et ces chaises neuves pour le banquet, nom de Dieu de nom de Dieu!

Sacré Raymond! Notre père le surprit un jour en train de viser – faut-il souligner : en faisant pipi? – le trou des tonneaux qu'on venait de rincer. Le paternel lui adressa un tel coup de pied au derrière que le gamin fut projeté par-dessus toute la longueur des barriques. Vol plané digne d'un Icare des banlieues.

Dans le même temps, Gaby Morlay passait son brevet de pilote :

*Je voudrais voir votre z'oiseau*
*Votre z'oiseau quand il plane...*

La Grande Guerre avait conduit à Paris nombre de réfugiés. Nos parents accueillirent un vieux couple de Tourquenois aussitôt adoptés et baptisés «grand-père et grand-mère du Nord». De même, une jeune Vosgienne s'attacha à notre famille avec tant de cœur qu'elle devint pour tous «la bonne Marthe». Maman, estimant que les Z'Arts avaient besoin d'une cave, décida d'en creuser une sous le parquet de la salle de danse. Marthe adhéra au projet avec l'enthousiasme qu'elle mettait en toutes choses dès lors que Madame Dhommée y croyait. À coups de pioche, de pelle, de brouettes remplies à ras bord et vidées au fond du jardin, de maux de reins aussi, les deux femmes s'adonnèrent à ce travail démentiel pendant deux semaines, méprisant les plaisanteries de mauvais goût du genre :

— Et comment vont vos trous, mesdames?

Leur travail fut soudain interrompu par la résistance d'une pierre qu'il fallut gratter, dégager, contourner... Un crâne! Marthe s'enfuit dans le jardin, Maman resta pétrifiée dans la cave, contemplant avec effroi le crâne à ses pieds tel un Hamlet des faubourgs. D'ailleurs, Monsieur Toisnon plaisanta fort à propos :

— Creuser ou ne pas creuser, là est la question.

Une question plus délicate se posait : comment faire en sorte de ne pas ébruiter la macabre découverte? La rumeur ne tarderait pas à transformer les Z'Arts en une véritable Auberge Rouge, un coupe-gorge, un repaire pour les malfaisants des barrières…

Maman eut encore le courage de dégager un tibia et quelques autres débris, grand-père du Nord étaya le trou, construisit une voûte, donnant à ce coin sombre des allures de fraîche catacombe. On dansa désormais au-dessus d'une cave mystérieuse.

Nous autres, les enfants, étions les propriétaires de la rue. Ceux qui n'ont pas dessiné de marelles sur le trottoir, qui n'ont pas joué à la balle au mur, au désespoir des concierges furibardes, ceux qui n'ont pas pataugé dans les caniveaux ne sauront jamais ce que «parigot» veut dire. Le vieux cantonnier chargé d'ouvrir les vannes, et que je ne sais quel génie des lieux avait magnifiquement baptisé Neptune, poussait l'eau devant lui armé de son trident, un balai en tiges de bouleau, orientant le courant par la seule vertu d'un sac de toile roulé comme un saucisson. Nous faisions naviguer des bateaux de carton sur ces fleuves impétueux. Le vaisseau d'Ulysse, le célèbre «Sucre Say», fonçait vers l'égout comme vers Charybde et Scylla, et il était englouti par la bouche de métal aux sinistres éructations. Nous ignorions tout des océans, des mers, mais il nous suffisait d'un ruisseau pour parler de tempête.

La rue ne présentait aucun danger pour la p'tite poule. Passait-il une automobile? Le nombre des curieux aurait suffi à me protéger. J'allais donc en toute liberté à la découverte d'un autre jardin extraordinaire.

Monsieur Pluche, le photographe, ne changeait pas souvent sa vitrine, grâce à quoi j'ai appris que les photos ne délivrent pas d'emblée leurs secrets. Le bébé sur sa peau de chèvre, la communiante ou la mariée dans des jardins à la française, le quidam accoudé au pilastre brisé, moi-même en costume breton, un bouquet de roses à la main, nous souriions à la recherche d'une contenance, exprimant bien davantage la peur de notre vide. L'œuvre de Monsieur Pluche n'a jamais cessé de me «travailler» : j'ai manipulé tant d'épreuves photographiques dans ma vie professionnelle, oui : d'épreuves, d'images faites pour plaire, plaire aux autres et si peu à soi-même, pour faire croire et faire semblant...

— Une artiste comme vous, Odette, allez!, un beau sourire, s'il vous plaît, la Rédaction n'acceptera pas cette mine trop sérieuse, vous êtes la p'tite marrante avec sa frimousse de Gavroche...

Et l'on cède, et l'on rit, et clic, et clac, ou plutôt *claque*, comme si à chaque mensonge, à chaque pose, à chaque effort pour n'être pas soi-même, je devais prendre une gifle... On ne garde pas les photos, ce sont elles qui nous gardent. Elles ont tout le temps pour elles. Miroir, mon beau miroir...

Elles finissent en effet par vous dire une méchante vérité.

Plus loin, la pharmacie de Monsieur Corriez m'offrait un bouquet d'officine à jamais disparu. Trois énormes bocaux remplis de liquides bleus, jaunes, rouges, et dans lesquels je me reflétais à l'envers, garnissaient la devanture. Un thermomètre géant semblait monter la garde à l'entrée. Le pharmacien, blouse blanche, barbiche, binocle, jouissait d'une considération égale à celle du médecin, mais cet adepte du vermifuge Lune était détesté de Raymond qui l'appelait le «vieux chnoque». Dans la boutique, des réclames vantaient les bienfaits du Sirop Idiataïque pour la toux, de l'eau de Vals jaillie de montagnes ensoleillées... Les pastilles Valda, d'un vert brutal, le diable de Cappiello crachant des flammes grâce à l'ouate thermogène garantissaient des hivers sans rhume. Moderne énigme byzantine, Bébé Cadum gardait dans son sourire le secret du bonheur : fille ou garçon?...

Plus loin encore, la blanchisserie Delplanque laissait échapper, au ras du trottoir, des bouquets de fumée blanche à l'odeur de carbonate. Dans la vapeur des pattemouilles, les jeunes ouvrières pépiaient et chantaient en s'accompagnant de coups de battoir. Quel garçon n'en pinçait pas pour Nini la blanchisseuse? Elle était belle à voir quand elle partait livrer les commandes fraîchement repassées. Elle avait une façon de marcher aguicheuse et quand elle se sentait observée elle *tortillait duc'*. Plus d'un matou rêvait de lui conter fleurette.

Nini quitta Belleville pour une place de femme de chambre à Passy, chez une «bourgeouèze». Elle retrouvait ses «anciens» pour les bals de 14 Juillet, pas fâchée de leur en jeter plein la vue, vêtue des robes élégantes «que Madame ne mettait plus». Elle avait toujours, à fleur de joue, deux adorables faussettes. Intéressée seulement par l'effet qu'elle produisait sur les autres, une certaine gravité dans son regard démentait sa crânerie. Là-bas, dans les quartiers chics, les plaisirs étaient-ils aussi trompeurs que dans la chanson?

Le matin, la rue s'animait lorsque la bonne odeur du pain frais de Monsieur Berthelot chatouillait les narines. En ce temps-là, le pain, chez le peuple, môssieur, était la base de l'alimentation. On l'utilisait, c'est le cas de le dire, à toutes les sauces, en panade, mouillé de bouillon, de vin, d'eau blondie par l'ail et l'oignon roussi, ou ramolli dans du lait sucré pour les petits. Vers dix heures, Monsieur Berthelot remontait du fournil, aussi fariné que son pain de campagne. Pieds nus dans des sandales de cordes enfilées à la diable, pantalon de coton à rayures bleues et blanches, tricot de corps d'où s'échappait une drôle de touffe de poils raides et poudrés de blanc comme ses moustaches, ses avant-bras, ses trous de nez, il paradait. Il pouvait être fier de sa boulangerie, carrelée de faïence décorée qui racontait l'histoire du grain de blé jusqu'à la panification, avec, en figure centrale, *L'Angélus* de Millet...

Mais la boutique la plus animée, la plus haute en couleur, n'était-elle pas la rue même? Voilà beau temps que je ne cherche plus d'où me vient mon timbre haut perché; poussée par mon goût pour l'imitation, j'ai très tôt répété les cris des marchands ambulants...

— Beau cres-... son d'fontai-ai... ne!... San-an-té du co-o-o-rps!... Mouron-on pour les p'tits z'oiseau-eaux!... Mar'jan d'tapis! Jiffon! Verraile-à-vendre! Bo-d'lapin! Bo-bo-bo-d'lapin!

Courbé entre les brancards de sa voiture à bras attelée par les bretelles, le chiffonnier tirait, tirait de toute la force de ses jarrets courtauds un invraisemblable bric-à-brac. Vitriers, rempailleurs, rémouleurs, ramoneurs s'égosillaient tout au long de ces paisibles et laborieuses journées. Le grelot des chevaux des petits suisses Gervais, la trompe puissante des vins du Postillon, la clochette du triporteur du planteur de Caïffa, l'orgue de Barbarie et son vieux singe en tenue d'opéra formaient l'orchestre de ma rue joyeuse, de ma plus belle époque, peut-être, incessamment tissée de saynètes bouffonnes et tragiques. La vie, pas bégueule, ne se refusait pas, alors, au mélange des genres…

Le chemin des abattoirs de la Villette passait par la Porte des Lilas. Lorsque le flux sans reflux des animaux fatigués par l'ascension de la rue de Belleville s'avançait vers le Café des Arts, un profond sentiment de pitié et d'angoisse s'emparait du faubourg. Les animaux savent qu'ils vont mourir. Les flancs pressés les uns contre les autres dans une solidarité morbide jusqu'au terme de cette ultime transhumance, une masse sombre de bêtes, une marée animale, montait vers moi. J'étais pétrifiée derrière les vitres, cachée dans les brise-bise de dentelles à la senteur d'ampoix. Ma révolte se doublait de ma phobie de tout ce qui se présente en nombre. Les moutons, une croix peinte sur l'échine, bêlaient interminablement. Les bergers qui les accompagnaient s'annonçaient de loin par des airs de pipeau. Les chiens virevoltants faisaient respecter l'ordre et les pavés de bois résonnaient comme des tambours funèbres. Une odeur d'écurie encombrait l'atmosphère.

Un gros bœuf éperdu de liberté se détacha un jour du troupeau, fit demi-tour, et s'enfuit par les trottoirs. Le bouvier lancé à sa poursuite faisait vainement claquer son fouet, les chiens sautaient à la gorge et aux jarrets de l'animal… Corrida du désespoir! Le bœuf s'engouffra dans la boutique du tailleur. La tête passa, mais les flancs restèrent coincés dans l'encadrement. Le tailleur, paralysé par la vision fantastique du Minotaure dans sa boutique, resta pétrifié devant les naseaux fumants. Il fallut faire sauter le chambranle pour libérer la bête et mettre fin à l'étrange tête-à-tête, à la grande joie des badauds. Je me trouvais parmi eux, je m'étais échappée des Z'Arts pour voir l'événement de près. Lorsque le bœuf apaisé rejoignit le troupeau, il leva au ciel un regard immense et tragique de bête traquée. Ces prunelles injectées de sang voulaient-elles m'interroger sur la cruauté des hommes? Longtemps je ne pus chasser l'image de la pauvre victime solitaire, pas plus, sans doute, que Monsieur Bergougnian celle du bœuf encadré dans la porte de son échoppe. On l'avait assis sur la banquette de molesquine, on essayait de lui rendre la parole... Les explications qu'on tentait de lui donner ne pouvaient que l'enfoncer dans sa stupeur :

— Ce n'était rien, Monsieur Bergougnian, ce n'était qu'un bœuf dans votre boutique.

Maman, très savante en plantes médicinales, fit croquer au malheureux des morceaux de sucre imbibés d'alcool d'arnica et la circulation sanguine se rétablit sur le visage du tailleur. Le lendemain, il reprenait son éternel ouvrage, assis sur sa table, en tailleur, pardi, le dos calé contre des piles de tissus, le pouce coiffé d'un dé ouvert. Il brodait à une vitesse de machine des boutonnières au cordonnet. Mais le beau, c'était de le voir soulever sa petite calotte, gratter sa tignasse et, ô merveille, projeter dans l'espace à une distance prodigieuse un jet de salive jaunâtre qui allait immanquablement atterrir dans un plat rempli de sciure. Julot, connaisseur, appréciait :

— Ça c'est d'un chiqueur! Faut l'faire!

Pour les grandes occasions, fêtes, mariages et bals populaires, Papa annonçait qu'il allait «donner toute la sauce» – ou «la gomme», au choix. Et pour le 14 Juillet, les devantures, les fenêtres déployaient leurs oriflammes.

*Le vent secouait les enseignes*
*À grands coups sourds comme des beignes* [1]...

La foule débridée envahissait la rue. Non sans difficultés, l'omnibus Saint-Fargeau - Louvre se frayait un passage jusqu'à

1. Francis Carco.

l'octroi de la Porte des Lilas où les derniers gabelous « faisaient l'intérieur [1] ». Le peuple des petites gens éprouvait le besoin d'oublier les misères de la guerre. Il en manquait plus d'un à l'appel. Pour ces rescapés qui purent jouir de leur vie épargnée, la Belle Époque jetait ses derniers feux.

Et pour moi, quelle folle époque! En quelle année étions-nous? Je me souviens d'avoir voulu éperdument apprendre à danser et j'étais haute comme la table!

14 Juillet au Café des Arts... Je ne vous dis que ça...

La multitude bavarde, bouge, s'agite et rit. Les garçons de café, torchon sous le bras, portent des plateaux surchargés et s'efforcent de caser tout le monde. Ça déborde sur les trottoirs, sur la chaussée, devant les porches des maisons, les devantures des boutiquiers... C'est un amoncellement de canettes, de baquets de bois remplis de glace pilée arrosée de gros sel et recouverts de sac de toile humide. Belleville et Ménilmontant se métamorphosaient en dancings géants. *Il y a bal dans ma rue*, chantera un jour ma compatriote, Édith Piaf. Sous les guirlandes de papier et les lampions, nuit et jour, tout le quartier dansait. Mazurkas, polkas, valses et javas invitaient les cœurs et les corps.

« Paris chahutait au gaz », a dit Jules Laforgue...

Sur une estrade en planches au milieu de la chaussée, les musiciens dominaient la foule. *Sous les ponts de Paris, Tout le long de la Tamise, Je cherche après Titine, L'Hirondelle du faubourg, Elle est toujours derrière...* Quelquefois, pour changer, de vieilles chansons étaient reprises en chœur, ou des couplets militaires, ou encore des romances soutenues par l'accordéon mélancolique...

*C'est au son de l'accordéon*
*Que Nénette a connu Léon*
*Et que j'ai rencontré Fernande...*
*Et bien souvent je me demande*

1. En d'autres termes, les douaniers débusquaient dans l'omnibus les passeurs d'alcool ou de denrées taxées.

*Si c'était vraiment pour Fernande*
*Et non pas pour l'accordéon*
*Que mon cœur battait pour de bon*[1]...

Accordéon, dit piano à bretelles ou biniou, tu nous faisais faire le tour de la terre!

La foule des danseurs était en majorité composée d'ouvriers et d'ouvrières. Certains portaient encore leur blouse de travail et leurs savates, d'autres s'étaient endimanchés mais avaient tombé la veste. Bras de chemise retroussés, bretelles qui remontent haut le falzar, on guinchait comme des possédés. Canotier de paille en arrière ou casquette sur l'œil, les hommes se font matamores. Les délicats, pour épargner le contact de leur main moite, posent sur l'omoplate de leur cavalière un mouchoir à carreaux. Il fait soif, bonne affaire pour les bistrots. Une odeur forte, mélange de parfum bon marché, de poussière, de sueur, d'ail et de bière, plane sur le grand bal populaire. Des gosses intrépides se faufilent et singent les danseurs. Un vieux couple se risque... L'homme veut prouver qu'il peut encore lever la jambe, plus accroché à sa vieille qu'il ne la guide; la vieille femme sourit, intimidée du succès qu'on leur fait. Les jeunes filles, qui-sortent-avec-leurs-parents, reluquent du côté où guinchent les couples enlacés. Elles cultivent leur «fleur bleue» et les rêves se déchaînent tandis que la demoiselle attend, émue, à l'écart, celui qui tarde à l'inviter. Dans les bras d'un inconnu, on est chaste, on se refuse, mais les yeux implorent : «Insiste!» C'est le jeu renouvelé de la chatte et du matou... Les mecs roulent les mécaniques, les filles ricanent bêtement. Chez les bourgeois on se fait la cour sur un parquet brillant; ici, sur le pavé, on dérape et on fait du plat à une belle môme. Pas de doux regards; on mate à s'en faire péter les quinquets. Parmi les adolescentes embarrassées de la timidité des humbles, se détachent des jeunesses que l'on sent bouillir de débordement vital. Les hommes qui les reluquent à distance ne s'y trompent pas. C'est l'audace d'un détail vestimentaire, l'exubérance d'une poitrine

1. Toujours Carco...

sous les dentelles, un ravissant mouvement quand la musique recommence... Ces beautés du diable ont besoin de rires, d'étreintes, de folichonneries. On les sent toute impatience...

Prix Goncourt en 1919, Marcel Proust écrivait : *Je ressentis devant elle le désir de vivre qui renaît en nous chaque fois que nous prenons conscience de la beauté et du bonheur.*

Qui sait si Marcel Proust n'est pas pour quelque chose dans le choix de mon prénom qui dit bien son époque? Le temps des femmes du demi-monde, des demi-castors [1], des cocodettes [2], d'Odette de Cléry, plus tard Madame Swann... Mais je ne suis qu'Odette de Belleville...

Et le jeu de l'amour et du hasard se poursuit.

Un jaloux se déprend de sa bonne amie, les vapeurs fauves des poitrines dégraffées incitent à la grivoiserie, il se prépare quelques cuites sévères, la foule est pleine de mouvements, de cris, de musiques... Liesse populaire! Ce n'est pas tous les jours qu'on prend la Bastille, pas vrai? Batailles de serpentins, de confettis, de boules de papier mâché! Masques, coiffures, déguisements, feux d'artifice! La belle rouge! Vise la bleue! Zieute le bouquet! Et pendant tout ce temps, j'allais des uns aux autres, je me glissais partout, excitée comme une puce, oui! j'étais la puce des 14 Juillet de Belleville, celle qui s'échappait dès qu'on l'attrapait et qui n'en manquait pas une.

— Tu bois une goutte avec nous, la p'tite poule?

La p'tite poule sirotait à s'en rendre un peu malade, mais elle allait, libre! libre! comme la zizique, et déjà si seule dans la foule...

La fête terminée, Papa roulait dans du papier de soie les drapeaux, les guirlandes, les lampions et tous les accessoires de fête, qui allaient ensuite reposer dans des caisses de bois jusqu'au prochain 14 Juillet...

Aux Z'Arts, c'était à croire que Dieu avait créé le sixième jour pour les noces.

---

1. Homme élégant se voulant représentatif du type grand bourgeois.
2. Femmes libérées...

Le mariage de Pierre et Juliette commença comme tous les autres. La salle de danse fut arrangée pour un immense banquet. Des tables sur tréteaux étaient disposées en L. Bibi, Marthe, Mama, ceintes dès potron-minet d'un impeccable tablier blanc, les recouvraient de grandes nappes. J'étais autorisée à déposer quelques pièces du service de faïence aux contours filetés d'or, des couverts d'argent ravivés au blanc d'Espagne, des verres de cristal que Bibi se vantait de faire briller comme du diamant. Devant le couvert, elle déposait une boutonnière de fleurs d'oranger. Mon frère René calligraphiait sur de petits cartons le nom des convives et, sur des menus, l'ordre d'entrée en scène des plats. La desserte disparaissait sous les assiettes, les bouteilles, les drageoirs. La pièce montée de choux caramélisés et coiffée d'un petit couple en pâte d'amandes couronnait l'ensemble.

Les garçons d'honneur poursuivaient la mariée pour se disputer son voile qu'ils débitaient ensuite en lambeaux porte-bonheur. Elle faisait mine de se dérober, de s'échapper avec des cris offusqués, et finissait par tomber en riant dans les bras du plus hardi. J'éprouvais toujours une gêne bizarre devant ce rapt consenti, comme atteinte par l'offense à ce voile blanc si fragile et déchiré…

Après l'apéro servi au comptoir, l'accordéon rameutait toute la bande. Je me heurtais à une forêt de jambes, d'éclats de voix, d'exclamations… Chacun cherchait sa place, puis les «Santé!» fusaient de toutes parts à l'intention du couple abasourdi. L'arrivée des premiers plats calmait l'atmosphère, mais les mioches turbulents et indifférents au repas entretenaient l'agitation. Dans le brouhaha, les jeunes mariés, mains unies sous la table, semblaient encore plus silencieux et dépassés. Et puis, lentement, au moment du café, l'effervescence le cédait à la torpeur. C'était le moment choisi par le boute-en-train pour y aller de son histoire ou de sa chansonnette. D'autres chanteurs s'en mêlaient, confondant les couplets, oubliant les paroles, forçant leur voix avec des «la-la-la-la…» Les hourras succédaient aux bravos. Quand faut rigoler, faut rigoler…

C'est au mariage de Pierre et Juliette que je fis mes débuts sur les planches, au vrai sens du terme puisqu'on me hissa sur une table.

— Une chanson! Une chanson! Une chanson!

Juliette avait été la fiancée de mon demi-frère, Émile, le soldat inconnu dont mes parents cultivaient le souvenir dans leur chambre. Elle resta liée à nous comme si nous étions sa belle-famille. C'était quelqu'un, Juliette! Infirmière aux armées, patriote décorée de la croix de guerre, cette blonde aux yeux pers, forte en gueule et qui fumait du gris, était revenue du front juste à temps pour assister mon père le jour où il fit enregistrer ma naissance à la mairie. Elle avait voulu demeurer fidèle au souvenir du soldat tué et rester une «veuve blanche». Mais le hasard, un nouvel amour, la délièrent de son serment.

— Une chanson! Une chanson!

Les chansons... Quelle place elles auront tenue dans ma vie! J'appris mon répertoire d'un colporteur qui passait certains soirs, à l'heure active de l'apéritif. Il trimbalait un éventaire d'«articles de Paris», peignes, houppettes, petits miroirs cerclés d'une poussière de strass, anneaux d'oreilles, bijoux fantaisie, colliers Técla sur leur coussin de velours, garnitures de cheveux signées Auguste Bonaz. La vestimenture du bonhomme en imposait, copie conforme de celle d'Aristide Bruant : bottes de cuir enserrant le pantalon jusqu'aux mollets, cape noire, feutre à larges bords et écharpe rouge. Je l'aurais reconnu rien qu'à l'odeur d'apprêt de son costume en velours côtelé. Le buste en première ligne, il appuyait son chargement contre la colonne d'entrée et, voluptueux, il déshabillait sa guitare de son enveloppe d'alpaga noir. Quelques accords pour apaiser le tumulte, puis un coup de griffe, et les cordes vibraient... Sa sensualité ne m'échappait pas (les petites filles sont déjà des femmes), et je fus, pour toujours, ensorcelée par le chant de la guitare soutenant la voix humaine...

Il buvait du rouge. Sa moustache en paquet de tabac trempait dans le verre. En un demi-tour de langue, il y récupérait les dernières gouttes de vin, puis, regaillardi, reprenait ses complaintes. Flatté d'avoir été comparé à Vanny Marcoux, il adoptait des poses de professionnel. Une profonde aspiration lui faisait gonfler le ventre, et sa belle voix barytonnante emplissait les deux salles. Ses sonorités de poitrine me renversaient et j'ai toujours le cœur en valse à l'écoute des voix populaires... Encore plus quand le timbre est voilé! Des voix de plainte et d'ironie, des voix qui traînent, et qui se moquent, et qui sont tristes...

*On dit que j'ai la voix qui traîne*
*Quand je chante une rengaine*
*C'est vrai...*

Après Mistinguett, Piaf devait reprendre :

*Ça vous rentre dans la peau*
*Par le bas par le haut*
*C'est physique...*

Yvonne Georges, Fréhel, Arletty, Damia prolongeaient les finales en dégueulandos longs comme des goélands... Et si, parfois, je traîne un peu, c'est qu'au fond de mon gosier s'est logé l'accent de Paname.

Pourtant, j'aimais aussi l'accent toulousain de mon colporteur :

*Les papillons de nuit se brûlent à la flân-mme*
*Comme au feu de l'amour se brûlent toutes les ân-mmes...*

Les mimiques de ce colosse me sidéraient. Il ouvrait une bouche immense où s'élevait et s'abattait une langue qui détaillait superbement chaque mot et laissait voir, au moment de la note tenue, une glotte tremblottante...

C'est ainsi que j'appris la musique, en écoutant mon colporteur et ses chansons d'amour. Cette musique, pour nous, c'était toute la musique. C'est pourquoi j'ai longtemps – et peut-être toujours? – chanté «à la feuille». L'oreille était mon premier instrument, et c'est à elle que je dois d'avoir retenu tant et tant de mélodies populaires et de chansons à faire pleurer Margot.

Et Odette?

Fidèle à mon maître le colporteur, j'obtins mon premier succès sur une table des Z'Arts, dans *La Femme à la rose*, aux liaisons z'incompréhensibles pour moi :

*Dom Juan mettait par son souri-i-i-re*
*Le cœur des femmes z'en émoi*
*Le cœur de l'homme est mon empi-i-i-re*
*La famala-roseu-c'est moi!*
*Et le soir dans l'ombre fleuri-i-ie*
*Je cherche de nouveaux z'amants*
*Et ma sérénade en foli-i-ie*
*Les retient passi-i-ionnément…*

On imagine l'effet produit par ce bout de petite fille dans ce répertoire insolite… Encore! Encore! Réclamée, saturée de baisers un peu avinés, je reprenais…

*Qu'est-ce qui dégotte le fox-trot et le shimmy*
*Les pas z'english, la scottish et tout ce qui s'ensuit,*
*C'est la java, la vieille mazurka du vieux Sébasto…*

Et de rouler des hanches! Un tabac!

Ce fut un beau mariage, vraiment, que celui de Juliette…

Un peu à l'écart, grand-père et grand-mère du Nord tenaient compagnie à deux tantines du Berry, maigres, maigres…

— Dame! Nous deux, on tourne à rin. On nous fondrait, rest'rait même pas une poupée!

Mes «belles» aussi étaient de la fête. Suzy était vêtue d'une robe de crêpe noir dont l'élégance flattait la cérémonie. Les longues franges qui garnissaient le bas de sa jupe accompagnaient sa démarche d'un flottement étrange. Elle semblait plus grande, et plus triste, aussi…

Soudain le marié se déchaîna. Fils d'un grand chocolatier, beau gosse et tête un peu brûlée, ce fou d'automobile aurait voulu faire chansonnier, mais… chocolat! N'empêche : il imitait Dréan, Georgius, Maurice Chevalier, avec des chansons qui demeurent inscrites au panthéon de la poésie universelle : *Ah, les p'tits pois, les p'tits pois, les p'tits pois! (c'est un légume bien tendre), Tagada trompette, Enfin j'ai une auto,* et cet autre succès éternel :

*Si tu n'veux pas payer d'impôt*
*Cach'ton piano, tes castagnettes*
*Et ton banjo…*

Place enfin à la sauterie…

Les tables étaient repoussées contre le mur, les chaises disposées comme pour un spectacle, et la gambille commençait. Il me reste de ce jour une photo : j'ai l'air effaré! Je subis depuis des heures un tintamarre de crécelles, je suis couverte de serpentins, j'ai bu trop de «petites gouttes de champagne», je devrais être au lit depuis longtemps… Mais non, la vie est courte, je lutterai contre le sommeil jusqu'au bout de la nuit et, sur la piste, les couples cherchent à imiter le beau Jojo qui les initie aux danses modernes. Finies les polkas de papa! Aux accents du jazz-band, on gesticule des fox-trot et des shimmy… Bientôt la mariée se fatigue. Elle m'assied près d'elle, sur la banquette de molesquine, toutes les deux soûles d'un doux engourdissement…

— Mon Dieu! Et la p'tite qui n'est pas encore couchée!

On allait m'emmener…

— Laissez-la-moi encore un peu…

*Mon Dieu, mon Dieu…*
*Laissez-le-moi encore un peu*
*Mon amoureux….*

J'étais contre le cœur de la jeune mariée. De Juliette… Ses cheveux défaits me caressaient le visage. Je respirais le monde.

La *note juste* chantait en moi, à laquelle il me faudrait consacrer tant d'efforts pour accorder ma vie...

Je m'endormis, sans doute, et le silence a maintenant tout enfoui.

Juliette, Mama, Bibi...
Les joyeux habitués des Z'Arts...
Mes parents...
Tous ont franchi le seuil du silence et du mystère.
Puissent-ils se réjouir ensemble parmi les dieux!

Chapitre III

# Rue des Prairies

*Moi je ne sais qu'aimer*
*car j'ai si peu de temps.*
VICTOR HUGO

La nécessité d'un repos bien gagné décida mes parents à vendre le Café des Arts, si bien que la famille Dhommée se retrouva subitement dans une ambiance beaucoup plus calme, celle d'un petit pavillon, 81, rue des Prairies. Nous étions en 1922.

Rue des Prairies, Porte des Lilas… Paris, ma province…

Notre maison dominait de trois marches une courette grillagée bordée de bacs de troènes et de fusains. À gauche du perron, un cagibi couvert de lierre servait de remise pour ma patinette et la bicyclette de mon frère René. Les vieux journaux s'entassaient près des fagots de petit bois et des sacs de boulets de charbon qui nourrissaient l'avide salamandre de la maison. Aux murs, des planches chargées de bocaux, de boîtes de conserve et de toutes sortes de réserves, donnaient une allure d'épicerie à ce fourre-tout. Un vieux pot de fleurs était rempli de brosses à dents usagées qui servaient à l'entretien des espadrilles d'été. Quelle corvée, cette mode des chaussures blanches! On mouillait la petite brosse, on la passait ensuite sur une craie à chaussures, on étalait enfin la pâte sur la toile… Quel pataugis, si l'on mettait trop d'eau! En séchant, les lacets déposaient des traces de poudre blanche sur les chevilles. Pour ça, c'était le pied!

Inspirée par le film *La Case de l'oncle Tom*, j'organisais mes ventes d'esclaves dans la pénombre du cagibi : les boulets de charbon «Bernot» incarnaient les pauvres Noirs, mes poupées les odieuses maîtresses à qui je filais des raclées pour les punir de leur comportement qui m'avait tant fait pleurer dans le film.

Rue des Prairies je découvris la vie de famille, le bonheur de se retrouver tous les cinq réunis autour de la table sous la lumière d'une suspension à gaz. J'entendais parler parfois de la *hesseffilleau* [1], d'un certain Tardieu ou d'un autre Paul Boncour, mais je ne m'intéressais qu'aux séducteurs de cinéma, à Jean Murat, Jacque-Catelain ou Henri Garat, tandis que mes frères échangeaient des dialogues empruntés à Arsène Lupin ou Rouletabille.

— Mange, ma p'tite poule...

Du bouillon, j'extrayais des pâtes en forme de lettres, ou bien je quadrillais ma purée avec une fourchette.

— Mange, ma p'tite poule, si tu ne manges pas, tu ne grandiras pas.

Prédiction accomplie.

Je dois mes premières lectures à un ami de mon père qui m'offrait chaque année un beau livre relié et illustré : *Le Monde merveilleux des insectes* de Fabre, *Sans famille* d'Hector Malot, *Jessie la petite maîtresse de maison*, ou la série des *Bécassine*, dont je raffolais : enviant le sort de la petite Loulotte, je rêvais d'une riche grand-mère comme Madame de Grandair... J'attendais aussi avec impatience *L'Illustration* hebdomadaire avec ses images sépia. Le numéro du Salon d'automne ou de Noël offrait de superbes reproductions détachables.

Une des rares traditions luxueuses que se permettait mon père, à Noël, tenait dans l'offrande à ses clientes des petits sacs de chocolat de la Marquise de Sévigné. Si je pouvais toucher,

1. Voilà bien ce qu'entendaient mes jeunes oreilles quand il était question de la SFIO...

palper, là, le brocard du tissu précieux où se nichait en médaillon l'effigie de la marquise, c'est la vie même qui reviendrait à moi à pleines mains, à pleine bouche gourmande...

Mes parents avaient l'âge d'être mes grands-parents. Ils en avaient l'indulgente tendresse cependant qu'un sens moral et des principes d'un autre temps accusaient encore leur âge. Ils étaient inquiets, redoutaient de ne pouvoir m'accompagner longtemps dans la vie, conscients et émus qu'ils étaient d'avoir réussi une enfant de tardive naissance. Réussi? Voire... Mon frère aîné était très beau, le second avait un charme fou. Avec moi, on sentait la fatigue...

1922 : Papa a repris sa représentation en bières, René poursuit son apprentissage de mécanicien, et Raymond est inscrit à l'école des frères de la rue de Charonne.

L'après-midi, j'ai Maman pour moi seule...

Je croise encore tous les jours Maman dans le miroir, les yeux sans cesse habités d'un sourire. Elle m'a légué ses deux sourcils si fins qu'on les croit épilés, deux pattes courtes, et des mains de femme honnête comme me le dira un jour un ami psychologue. Je la retrouve aussi dans certaines inflexions de la voix et aussi, hélas, dans une propension au pessimisme, mais je n'ai pas son courage, sa force, ni son dévouement, pas plus que sa taille élancée; elle n'exploitait pas ce privilège, trouvant la coquetterie une manie coûteuse. Cependant elle m'achetait toujours des vêtements de la meilleure qualité, considérant que «c'est le bon marché qui coûte cher». Parvenue à la retraite, elle passa beaucoup de temps à tricoter des petites robes pour les pauvres. Elle en encombrait tout le dessus d'une desserte tant elle tricotait vite et bien. Je ne crois pas avoir rencontré femme plus maternelle au sens du sacrifice et du dépouillement. Elle fut une épouse aimée, une vieille dame vaillante et discrète, mais aussi, je le crains, pas assez visitée par sa fille trop occupée de ses amours. Elle est morte en souffrant. Il m'est souvent arrivé de m'adresser à elle... Pourquoi faut-il comprendre si tard que l'amour d'une mère est unique?

Quand elle cousait, si elle ne chantait pas, elle me racontait sa jeunesse. Placée en Normandie comme servante chez un couple de bourgeois aisés, ceux-ci l'avaient considérée comme leur propre fille. Elle hérita la croyance chrétienne de Madame Fouilleul. Monsieur Fouilleul, qui «savait la botanique», lui apprit à herboriser. Plus tard, elle m'enseigna à son tour le nom des herbes au cours de nos promenades :

— Vois ces petites étoiles jaunes, il en pousse partout, ce sont des mille-pertuis, souveraines pour cicatriser les plaies ouvertes. J'ai sauvé la jambe d'un paysan tombé d'une meule de foin sur le tranchant de sa faux. L'os était à découvert. Eh bien! les macérations de mille-pertuis l'ont guéri.

Elle qui était si peu allée à l'école devenait alors intarissable et savante : «Le parfum du mille-pertuis – *Hypericum perforatum* – ressemble tant à celui de l'encens qu'on s'en servait au Moyen Âge pour chasser les démons.» Elle connaissait les vertus de nombreuses plantes et si j'ai oublié le nom de celles dont elle pressait le jus pour ôter mes verrues, je sais toujours reconnaître les tendres pousses de pissenlit et le pourpier sauvage qui entrent dans la composition des plus succulentes salades.

Elle possédait une machine à coudre. Une Singer. Ce n'était point un signe extérieur de richesse mais, au contraire, un moyen d'économiser en ravaudant pour la maisonnée et en confectionnant les vêtements les plus simples. Avant de s'installer devant ses bobines de fil et un gros œuf en bois pour repriser les chaussettes, Maman soulevait le store en macramé qui voilait la fenêtre. Accrochée à sa Singer comme un coureur à son vélo, elle chantait au rythme du pédalier. Assise à ses pieds sur un petit banc, ses cahiers de chansons cartonnés rouges sur les genoux, je répétais après elle mélodies, cantiques et complaintes... Les pages quadrillées, jaunies, l'effort de l'écriture en pleins et déliés, les barres des *d* retournées d'une manière désuète, les majuscules bouclées, témoignaient des quarante années qui nous séparaient. Elle avait consigné dans ces cahiers les paroles de chansons transmises oralement. Toutes étaient mélancoliques... Ma préférence allait à *La Chanson des dernières feuilles* que je réclamais toujours et qui attisait mes larmes.

— Ne sois pas triste, ma p'tite poule, disait Maman, les chansons c'est comme au cinéma, ce n'est pas tout à fait vrai.

Pour moi, il n'y avait que ça de vrai!

— Chantons-en une autre!...

*Sur le pont du nord*, les enfants désobéissants se noyaient... Des *Prisons de Nantes* on ne s'évadait jamais... D'attendre en vain son bel étranger, *La Jeune Indienne* perdait la raison... *Les Petits Pavés* brisaient les vitres de l'infidèle... Le *Pauvre Mendiant d'amour* avait l'âme effroyablement torturée... Et quand le petit garçon arrivait à l'hôpital avec ses *Roses blanches*, sa maman venait de mourir... Quelle hécatombe! Et que de larmes!

— Crois-tu qu'c'est beau, hein? disait Maman.

C'était beau, mais c'était triste!

Tout au long de ma vie, la chanson m'a aidée à retrouver des émotions d'enfance, à ressusciter ces moments sensibles éclairés de bonheur insouciant. «Partout où l'on chante, tu peux entrer», dit Goethe. C'est par la chanson que j'entrerais dans la vie, et c'est par la chanson que je retrouve aujourd'hui la couleur du passé.

Pas toujours pratiquante mais profondément chrétienne, ma mère m'instruisait d'une foi populaire et naïve. La prière du soir était liée au câlin qui précédait l'endormissement :

— Maman, fais-moi la chaise...

Avec une bonne grâce qui la menait à l'ankylose, elle m'installait entre ses jambes, une cuisse repliée en guise de siège, un bras incurvé servant de dossier. Inextricable relation, nœud de toutes les questions, de tous les fantasmes, nid de toutes les douceurs, berceau de quiétude avant que la séparation... Dans un méli-mélo de chemises de nuit, lovée contre la rondeur de sa poitrine, délicieusement engourdie par sa chaleur et son odeur inoubliable de noisette chaude, je répétais après elle la prière de l'Ange Gardien...

Mon Ange, déjà, mon Ange, toujours...

*Bonsoir, mon ange, c'est à vous que je me recommande,*
*Gardez-moi cette nuit comme vous l'avez fait ce jour;*
*Mettez-vous à la porte de mon cœur et ne laissez rien entrer qui puisse vous offenser, ainsi soit-il.*

Le lendemain, c'est par une chanson que le jour nouveau commençait :

*Lorsque le soleil hâte mon réveil*
*Je saute vite en bas et je chausse mes bas.*
*Je prends mon corset, déroule mon lacet*
*Et j'appelle Maman qui vient en m'embrassant…*

Bientôt j'apprends le piano…

Afin de me permettre d'atteindre le clavier, mon professeur, Madame Desbois, dévisse le tabouret jusqu'au cran limite et, en se penchant, laisse apercevoir une poitrine ronde partagée par un sillon où se niche une perle, très exactement une *goutte.* J'aime bien Madame Desbois, elle est blonde, frisée, met du sent-bon, s'habille belle, parle avec un accent du Midi plein de soleil :

— Bonjour Madameudomé, allez-vous bie-in?

Madame Desbois me fait cadeau d'un cahier au format surprenant, rempli de ronds blancs et de ronds noirs – plus petits. Certains sont reliés par des queues et perchés sur des lignes comme des hirondelles sur les fils électriques. Il paraît que ce sont des notes, rondes, noires et croches, inscrites sur leur portée et que je suis en train d'apprendre le solfège pour pouvoir jouer des « morçô ». C'est quand même drôle que Papa mette un bon « morçô » de beurre dans son potage, que Maman réclame toujours le meilleur « morçô » chez le boucher et que je doive aujourd'hui jouer un « morçô » de piano!

— Petite Odetteu apprin mieux les morçô que les gammeu…

Redescendue de mon perchoir, Madame Desbois retrouve toute sa verve au cours de la traditionnelle dégustation du «petit doigt de porto» que Maman lui offre pour clôturer la leçon :

— Votre porto, Madameudomé, c'est Môôzart qui me goulaille!

Petite, je l'ai toujours été. Passons sur la coquetterie d'avouer mon âge, la Fortune voulant que mon apparence démente mon acte de naissance : cette complaisance servira davantage à finir mon histoire qu'à la commencer…

Brève de taille, comme l'écrit Colette, c'est ainsi que je m'offre aux regards des autres, mais c'est aussi le cercle dont je me sens souvent prisonnière. La petite, dans une famille, c'est la plus jeune et je l'étais chez les Dhommée, autant par l'âge que par la dimension.

Dhommée peut s'écrire avec une apostrophe : d'Hommée. Un d'Hommée, lui aussi originaire du Mans, nous écrivit un jour aux fins d'enrichir ses recherches généalogiques en affirmant que nous devions utiliser l'apostrophe et que *hommée* ou *homet* signifiait «petit homme». Décidément, je ne pouvais échapper à la fatalité qui me faisait petite. Croyant trouver dans l'apostrophe un motif de noblesse, notre belle-sœur, Marceline, éprouva une certaine satisfaction. Je la moquai. Tout être humain ne sort-il pas du ventre de sa mère? Les rois eux-mêmes ne sont-ils pas souvent des usurpateurs ou des bâtards? N'accordons de noblesse qu'aux gens de cœur.

Un de mes amis, lui-même aussi bien «né» que possible, relate que la princesse de B., avec un humour que les moroses lui reprochaient, faisait sans mystère le portrait d'un sien cousin. Et de dire (il faut lire ce qui suit en glissant la langue entre les dents comme pour le *th* anglais, car la princesse avait un cheveu sur la langue) :

— Mon *th*er Ro*th*er, ne me parlez pas de *th*e freluquet fin de ra*th*e, il a dû être fait le matin, à reculons, *th*ans amour, moitié foutre, moitié pipi.

Ce noble langage me venge un peu de mon grand-père : l'un des descendants du comte D'., que la télévision a rendu populaire dans *La Dame de Montsoreau*, usant de son droit de cuissage, fit un enfant à sa cuisinière. Cet enfant clandestin était mon père. Si la probité, l'application au travail et la tendresse sont de nobles vertus, alors Papa était noble et n'avait pas besoin de particule.

Il trouva en ma mère une égale en labeur et en courage résigné. Leur seule noble motivation fut de conquérir pour leurs enfants une condition sociale meilleure que la leur. Quand il m'arrive de pleurer leur absence, je me dis que c'est peut-être mieux ainsi, car enfin… ils se reposent.

Les jeux de petite fille m'intéressaient moins que les inventions de Raymond. Le goût de l'aventure tourmentait ce garçon, le cinéma le combla, au-delà de toute mesure. Ses idoles étaient les héros de cape et d'épée. Les capuchons de pluie lui tenaient lieu de cape et la règle noire d'épée. À la récré, il revivait les scènes du ciné de jeudi, jouant tour à tour le traître ou le bon. Dans son école de garçons, les rôles de femmes étaient tenus par les blonds ou les frisés qui se roulaient en boule du papier journal sous la blouse en guise de poitrine.

Avec les premiers westerns, l'arrivée des gangsters de la prohibition, Paul Muni dans *Scarface*, le goût évolua ; après avoir défendu la veuve, l'orphelin, et sa reine et son roi, Raymond changea de clan : il jouait désormais les maudits, les graines de prison, les bagarreurs. Plus de *happy end* mais une hécatombe de macchabées… Le Père Noël fut énergiquement invité à changer de fournisseur et une armurerie commença d'envahir la maison : panoplies d'Indiens, uniformes de shérif, fusils, revolvers à eau, à flèches ou à pétards reléguèrent au cagibi tambours, cerceaux et toupies d'antan. Il ne peut emporter ses accessoires dans la cour de récré ? Qu'importe ! La main devient pistolet, l'index lié au majeur figure le canon, le pouce la gachette, les deux derniers doigts se replient sur la crosse et la règle-épée devenue mitraillette arrose la bande rivale ! La conviction des belligérants était soulignée par les « ta ! ta-ta-ta ! » qui accompagnaient leurs combats comme la bande-son du film. Les volontaires de la mort tombaient à la renverse en se tenant *le bide* à pleines mains et en poussant des cris d'agonie épouvantables sans quoi c'était-pas-d'jeu.

Ray – diminutif américanophone – possédait un pistolet à flèches. Il connut la gloire de Douglas Fairbanks le jour où l'une de ses fléchettes atteignit un de ses camarades en plein front. C'était déjà pas mal… Voici la fin de la récré. Ni l'agresseur ni la victime ne parviennent à décoller la fléchette-ventouse. Dans la dissipation générale et après quelques essais infructueux, le maître parvient à décrocher l'engin mais hélas, en arrachant un peu de peau avec. La mère de la victime déposa une plainte contre la brutalité du maître, Ray écopa de huit jours de *colle* et d'une dérouillée paternelle, l'arme fut confisquée. Mais Ray fut désormais pour ses *potes* le « tireur d'élite ».

Cette virile réputation ne l'empêchait pas de jouer avec moi. Toujours en partance pour des pays imaginaires, nous voyagions, accompagnés de ma nombreuse famille de poupées de porcelaine entassées autour de nous dans une caisse à savon, autrement dit notre carrosse. En brinquebalant sur le sol inégal de la cour, les poupées se brisaient parfois contre les parois de la caisse, leurs joues éclataient, leurs yeux roulaient hors des orbites béantes semblant me fixer d'un amer reproche, effrayante vision qui me paralysait de terreur. J'en pris le dégoût des poupées.

Quant à mon instinct de maternité… Lorsque je les étreignais avec passion, mes poupées me rendaient coup pour coup, pinçant mon bras coincé dans l'articulation du genoux de porcelaine. Ces pantins stupides et ingrats furent donc tous abandonnés au profit d'un singe en peluche tellement plus docile et doux au toucher. Je le baptisai Philippe; il eut le privilège de partager ma couche bien au-delà de l'âge de raison, le veinard.

Alors qu'il me soignait pour un faux croup, le bon docteur Broca, en pénétrant dans ma chambre, faisait entrer avec lui une fraîcheur qui sentait bon le dehors. Maman le suivait avec une serviette et une cuillère qu'il appuyait sur ma langue en me demandant de faire ah… Il posait sa tête toute froide contre ma poitrine et je respirais ses cheveux. Il palpait mon ventre de ses grandes mains glacées, s'arrêtant par endroits en faisant toc-toc, puis recommençait l'opération dans mon dos.

— Tousse, petite, tousse... Fort... Respire... Ça va mieux... Continuez les badigeonnages, Madame Dhommée...

L'horreur. J'en ai encore des haut-le-cœur.

Près de la fenêtre, haut placé sur la sellette, un vase en oberlé contient un bouquet de roses-thé. Je crois savoir que les enfants naissent dans les roses, donc je veille : les enfants qui vont naître seront tellement minuscules qu'on risque de ne pas les voir et de les blesser. Dans mon livre d'images, Gulliver endormi est encerclé d'une foule d'hommes si petits qu'ils ne peuvent être nés que de boutons de roses : ils se tiennent à califourchon sur ses doigts, ils grimpent sur son front comme sur une montagne, accrochés à ses lèvres, devant le gouffre de sa bouche entrouverte... Intrépide, je quitte le lit fiévreux, je grimpe sur une chaise et je baise doucement chaque fleur. Ma bouche s'émeut au contact velouté des pétales parfumés. L'apparition ne peut plus tarder, ils vont naître... Frileuse, je rejoins ma couche et je guette, ma couverture sur le nez. J'attends, j'attends, j'attends, et je m'endors avant d'être déçue...

Les roses n'ont pas cessé d'exercer sur moi une fascination renouvelée. Leur vue m'est aussi douce qu'une présence aimée. Nous avons, elles et moi, une complicité et je ne serai pas étonnée qu'elles me livrent bientôt le secret qu'elles m'ont refusé enfant.

Chaque matin, prisonnière des genoux maternels, il fallait affronter le supplice de la brosse et du démêloir qui tirent trop fort en arrivant au bout de la mèche. Après une longue délibération, il avait été décidé qu'on me couperait les cheveux. *Elle s'était fait couper les ch'veux,* disait la chanson...

Sur un fauteuil rehaussé de Bottin, enfouie sous une cape de toile blanche, me voici partagée entre le plaisir de devenir une petite fille à la mode et la sensation détestable des ciseaux qui mordent et glacent comme un couperet, de la tondeuse qui achève rudement la besogne. J'ai toujours ressenti un certain malaise devant les cheveux de femme jonchant le sol des salons de coiffure; cette image porte en elle quelque chose de funèbre, le travail de la beauté éphémère contre la mort, sans doute. Et pourtant, c'est avec bonheur que j'apprendrai, vingt ans plus tard, l'art de la coiffure.

Maman trop émue a chargé Papa de me conduire au sacrifice. Au retour, je m'accroche à lui avec l'impression de me promener toute nue.

— Ah! pleurniche Maman, ses cheveux, ses cheveux!

Et Papa de lui remettre une grosse mèche soyeuse couleur de châtaigne et serrée par un cordon, que Maman conservera précieusement sous un médaillon.

Vite! Je veux mesurer mon effet sur mòn joli voisin. Naturellement, je suis amoureuse. Il a mon âge et sa blondeur bouclée lui fait une auréole comme aux anges des images pieuses. Ses yeux sont deux boules bleues et brillantes, comme prêtes à pleurer et protégées de paupières diaphanes ourlées de cils qui s'abaissent à la manière des poupées dormeuses. Quand nous jouons à la marelle sur le trottoir, l'Ange trace le ciel avec une craie bleue, l'enfer avec une rouge, les cases avec une blanche. Mais le premier Ange fait homme de mon existence n'est pas seul : une cousine ne le décramponne pas. Elle m'énerve avec ses robes du dimanche et sa manie de le prendre par la main pour rentrer dans le-beau-pavillon-d'en-face, un peu mystérieux, aux fenêtres garnies de vitraux qui ne laissent rien deviner de l'intérieur. Sur le perron, une «bonne» en tablier blanc appelle les enfants. Envieuse et jalouse, je les vois disparaître et mon Ange, l'ingrat, n'a même pas remarqué ma nouvelle coiffure...

La grande occupation de cette petite enfance, l'événement miraculeux chaque fois recommencé et jamais décevant, fut le cinéma. Dès notre installation rue des Prairies, Maman, qui avait été privée de tout loisir au Café des Arts, fut prise d'une boulimie cinématographique.

Chaque jeudi après-midi, elle nous emmenait, Raymond et moi, au Gambetta-Palace. Les après-midi du dimanche (ces après-midi qu'on nomme *matinées*) étaient réservées soit au

Zénith, rue Malte-Brun, qui deviendra plus tard le Théâtre de l'Est parisien puis le Théâtre de la Colline, soit au Gambetta-Étoile où passaient des *attractions.*

Rue Belgrand, la façade du Gambetta-Palace était habillée d'affiches et plongeait d'un pan de mur dans la descente de la rue des Gâtines. La cabine de projection donnait sur cette dernière par un vasistas d'où s'échappait le bruit si caractéristique du dévidage des bobines. En se haussant, on pouvait apercevoir le faisceau de lumière blanche qui sortait de la boîte magique et je trouvais naturel que mes idoles, réduites à cet état de poussières agitées et brillantes, apparussent en formes humaines sur l'écran. Images fluides comme la pensée, chargées de forces troublantes...

Le cinéma fut vécu par mon jeune esprit comme une véritable initiation : ma sensibilité fut comme envahie par ces images captives. Par ses *happy ends* toujours recommencés, il me fit croire à une morale propre à combler mon besoin d'absolu et de perfection. Là, le bon triomphait du méchant, la beauté dominait la laideur, la vertu trouvait sa juste récompense et la mort devenait rédemptrice. J'entrai à cœur ouvert dans un paradis aux divinités éphémères.

La sonnette ininterrompue du début de séance se faisait entendre jusqu'au milieu de la place Gambetta.

Le public du jeudi, à majorité enfantine, s'entassait dans un hall étroit et débordait sur la rue en une queue interminable, par tous les temps. On pouvait attendre de longues minutes et faire preuve d'une infinie patience en rêvant devant les photos du *film de la semaine* ou de celui de *la semaine prochaine*, et plus encore peut-être devant l'affiche du film promis *prochainement...*

Debout dans sa guérite vitrée, la caissière tentait d'endiguer le flot désordonné des jeunes spectateurs. Le cou étiré comme une poupée de son, elle houspillait les resquilleurs d'une voix de tête :

— Petits voyous, vous ne me la ferez pas!

Les places «d'orchestre avancé» étaient le fief des bébés gorgés de biberons, bâillonnés de sucettes et provisoirement endormis dans les bras de leurs jeunes mères venues se payer une dose de rêve. Les bambins livrés à eux-mêmes changeaient constamment de place pour le plaisir de faire claquer les sièges de bois.

Maman nous offrait le luxe des «premières corbeilles». Pour y accéder, nous empruntions un escalier tapissé de velours rouge. Dès l'entrée, on pénétrait dans une odeur de bonbon anglais, celle du désinfectant. La montée s'effectuait avec recueillement : des photos ornaient les murs, la plupart des artistes étaient réunis par couple suivant les succès communs ou les mariages à sensation... Toute une famille, unie et belle! Douglas Fairbanks et Mary Pickford – la petite fiancée du monde –, Rudolph Valentino et sa femme, Natacha Rambova, Reginald Denny et Janet Gaynor, Carole Lombard et Dick Powell, Greta Garbo et John Gilbert, Gloria Swanson, alors épouse de Wallace Berry et qui devint plus tard la première artiste américaine de renom à convoler avec un authentique aristocrate français, le marquis de La Falaise que lui souffla Joan Bennett... Il y avait encore Norma Shearer : mariée au producteur Irving Thalberg, elle posait souvent en compagnie de Leslie Howard. Lili Damita, la jolie Française, et le non moins séduisant Errol Flynn représentaient l'un des mariages les plus réussis d'Hollywood. Une autre Française, Claudette Colbert, posait tout contre Ronald Colman. Charlie Chaplin et Jackie Coogan étaient eux aussi de l'exposition grâce à leur triomphe dans *The Kid*...

Au sommet de l'escalier, le miracle hebdomadaire allait encore s'accomplir. Le cache-poussière de Maman roulé en boule pour me rehausser sur mon siège de velours, j'attendais avec une ferveur mystique. L'obscurité brutale qui tombait sur la salle calmait presque instantanément le chahut qui m'incommodait tant, et je pouvais enfin entrer dans la nuit artificielle sur les notes d'un piano.

Tout commençait en effet par le piano qui reste lié à cet âge du cinéma. Ce pianiste qui déversait sans répit sa musique, ce piano aujourd'hui si désuet faisaient oublier le bruit de l'appareil et adoucissaient l'extravagance du jeu muet des artistes. C'est l'absence de piano qui rend désormais ridicules ces œuvres anciennes.

Quand un incident interrompait la projection, le pianiste retrouvait sa vocation de virtuose en interprétant des pages classiques dans la plus parfaite indifférence de notre public de quatre sous.

L'annonce de l'entracte n'avait d'autre effet que de libérer des sifflets inouïs puis un roulement de galoches, un claquement de fauteuils de bois répété à l'infini, cependant que sur l'écran un petit groom souriant inscrivait dans le bon ordre les lettres du mot E.N.T.R.A.C.T.E. C'était un effarant tohubohu : les gosses déchaînés et braillards couvraient l'appel aigu des ouvreuses chargées de corbeilles de pochettes-surprises, de bonbons acidulés, de pastilles à la menthe, de nougats, de caramels et d'oranges (le frigolo et l'esquimau Gervais n'avaient pas encore fait leur apparition).

Préférant échapper au vacarme, Maman nous emmenait audehors nous régaler d'une tarte aux pommes feuilletée, spécialité du boulanger de la rue Belgrand. Dès que la sonnette retentissait à nouveau, tout ce petit peuple se bousculait pour rendre ses « cartons de sortie » ; maniés par des menottes crasseuses, collantes de sucreries, ils devenaient intouchables de semaine en semaine et pour tout dire répugnants. De nouveau installée sur mon fauteuil de velours, je retrouvais non sans désagrément l'odeur acide des enfants mal tenus mêlée à celle des pelures d'orange, et bientôt réapparaissait le petit groom sur l'écran qui effaçait une à une les lettres écrites auparavant, mais cette fois en commençant par la dernière : E.T.C.A.R.T.N.E... Le lion de la MGM ouvrait aussitôt après une gueule immense sur un rugissement muet et le miracle reprenait...

Non, je ne vous ai pas oubliées, mes belles dames du muet, Pola Negri, Lilian Guish, Nathalie, Constance et Norma Talmadge, Kay Francis, toutes parées de plumes de boa et d'accroche-cœurs ! En dépit des saisons, des heures et des lieux, la mousseline vous seyait dès le matin, le turban soulignait le bel ovale de vos visages, le fourreau de satin épousait vos formes parfaites de croqueuses de diamants… Rudolph Valentino, Yvan Mojouskine, Ramon Novarro et quelques autres élégants gentlemen (de préférence en tenue de cheval) succombaient à vos charmes. Troublantes phalènes qu'attiraient toutes les lumières, vous vous élanciez vers tout ce qui brille, honneurs, succès, fortune, plaisirs, et vous retombiez mortes après avoir brûlé vos ailes.

Aux femmes fatales (parmi lesquelles les Françaises Sarah Bernhardt, Huguette Duflos, Ève Francis, Tania Fedor, Françoise Rosay, Arlette Marchal, France Dehlia, Gina Manès, Alice Field, Véra Corène, Suzy Vernon…), je préférais les femmes enfants, les Mary Pickford, Bebe Daniels, Renée Adorée, Marion Davies… À l'inverse des brunes séductrices, vous paraissiez petites, fragiles, douces, timides, blessées…

Et vous étiez blondes! Vous pouviez être capricieuses et intrépides comme la *It girl* [1] Clara Bow, la *vampa baby star*, que l'on disait *miss Dynamite*, la frimousse éveillée, les cheveux en broussaille, le sourcil fortement dessiné au-dessus d'un regard malicieux. Jeune pouliche en liberté, vous fûtes le premier amour de Gary Cooper. Dans un saloon, entourée d'une bande de chercheurs d'or que vous repoussiez hardiment, tendue d'ardeur et d'impatience, vous attendiez votre héros vainqueur. Pour donner plus d'éclat à votre bouche pulpeuse, vous arrachiez d'un geste vif la rose piquée dans votre chevelure et l'écrasiez d'un coup de talon sur un tabouret pour vous barbouiller les lèvres de son jus…

Beaux visages muets, vous êtes ma *love story*!

Le mort illustre de mon père était Victor Hugo : il affirmait que, mis à part le délire suscité par l'armistice de 1918, il ne lui avait jamais été donné de vibrer avec le cœur populaire comme en 1885 pour les obsèques du poète.

J'ai, moi aussi, en 1923, assisté au délirant hommage d'un peuple à son artiste morte.

1. Du nom du film de Clarence Badger (1927).

Maman tenait à ce que j'accompagne avec elle «la reine de l'attitude», «la princesse du geste», Sarah Bernhardt. La marée humaine qui suivait son idole depuis son domicile, 58, boulevard Péreire, allait grossissant. À mesure que le cortège pénétrait dans les quartiers populaires, la foule des travailleurs attendait, immobile d'abord, puis rejoignait l'immense escorte qui finit par se rassembler au Père-Lachaise devant le mur où tombèrent les communards. Le service d'ordre ne parvenait pas à contenir la mêlée où Maman m'avait conduite imprudemment. L'affluence était inouïe, dense et comme mue par un branle d'une lenteur qui ne devait jamais finir. Des chars débordants de couronnes défilèrent pendant des heures, puis les personnalités, les curieux, les fanatiques, tout le petit peuple de Paris, la main fleurie, pleurait devant la tombe de la tragédienne noyée sous les lys, les camélias, les violettes et les roses. Je me sentais si petite dans la cohue, j'étais aspirée par un fleuve mou et puissant qu'il nous était impossible de quitter. Je me noyais, j'étouffais, je pleurais d'angoisse, de fatigue et de douleur tant les pieds me faisaient mal. Il nous fallut attendre plusieurs heures la dispersion de l'interminable cortège. Il me reste de ce jour une agoraphobie certaine, d'autant que flottait parfois sur cet enterrement un vent étrange de kermesse, que je retrouverais plus tard à l'occasion des obsèques d'Édith Piaf…

Le cinéma s'empara de la littérature populaire : le thème du gosse commença de faire florès.

J'adoptai donc Bout d'Zan, Bibi la Purée, Titi Ier roi des gosses, Crainquebille, le petit Louis XVII dans la prison du Temple, échangé, contre quelques écus, contre un autre enfant moribond qui lui ressemblait comme un jumeau…

L'enfant était une mine d'or pour les films américains : Mary Pickford, dont la petite taille et le minois innocent prêtaient à tous les subterfuges, assurait le succès du *Petit Lord Fauntleroy*, où elle incarnait simultanément le jeune garçon et sa mère. Elle fut aussi la *Poor Little Rich Girl*, les Américains ne reculant devant rien pour attendrir le peuple sur le malheur des riches. Charlie Chaplin fit endosser à un enfant prodigieux,

Jackie Coogan, la tenue de vagabond qu'il affectionnait : le Kid flottait dans des pantalons trop larges accrochés à des bretelles distendues, dans un lainage à col roulé et des chaussures béantes. Une idée de génie couronnait l'ensemble : la gâpette était posée sur la tête à l'envers, visière sur la nuque. Une mode toujours très à la mode!

Devant cette avalanche de vedettes en herbe, je me dis : «Pourquoi pas moi?» Je m'exerçai bientôt devant la glace à reproduire les révérences espiègles de Régine Damien. Dans notre courette, sous le regard étonné de Maman, un seau trop lourd au bout du bras, je suis la pitoyable Cosette.

— Elle a tant de poupées, s'exclamait maman, et la voilà qui joue avec un seau plein d'eau et se trempe les pieds, de quoi m'attraper un bon rhume!

Avec les pantalons courts de mon frère, pour moi bien trop longs, je suis tantôt le Kid, Gavroche, ou bien Dodoche de Milord l'Arsouille, qu'incarne le jeune Charles Badiole. Je suis l'enfant abandonné, martyre et innocent, poursuivi par la tyrannie des adultes.

Si l'on excepte Jean Mercanton qui a poursuivi une carrière d'acteur et de réalisateur, et René Dary, alias le petit René Doyen dans *Bout d'Zan*, avec qui j'eus l'occasion de jouer en 1953, qu'êtes-vous devenu Jean Forest, Jean de Baere, Yvette Langlais, Arlette Pyrent, Pierrette Houyez, Mary Osborne, Leslie Shaw? Vous devez être à peine plus âgés que moi… Cette chance précoce vous a-t-elle rendus plus heureux? Merveilleuse ressouvenance qui ne peut cependant pas totalement consoler l'enfant abandonné que nous sommes tous…

Le film à épisodes nous laissait toujours sur notre faim avec son agaçant «la suite la semaine prochaine» au moment où l'action était à son apogée; mais aussi dans quelle impatience, dans quel état d'attente rêveuse il nous plongeait toute la semaine!

Cette semaine, précisément, on donne *Le Roi des Rois* de Cecil B. De Mille, une production grandiose à épisodes.

Comme je ne sais pas encore lire, c'est tantôt Maman, mais plus souvent Raymond, qui me lisent les cartons.

*Laissez venir à moi les petits enfants… Si vous ne redevenez semblables à eux, vous n'entrerez pas dans le royaume des cieux…*

Le royaume des enfants…

Jésus, je le connais, il est sur une croix cloué au-dessus de mon lit, mais c'est le cinéma qui me conduit vers le pauvre bébé, nu dans son étable, vers l'adolescent qui étonne les docteurs de la Loi, vers l'homme qui s'entoure des humbles et des enfants… Qu'il est beau! Peut-il exister en ce monde d'autre héros que lui? Sa vie brève et fabuleuse me touche de sa divine empreinte. J'éprouve pour lui un sentiment d'une violence inconnue, il envahit ma pensée, je voudrais me blottir dans ses bras, m'abandonner près de ce doux ami qui comprend et pardonne tout. Et il est si beau! Cher Monsieur H. B. Warner qui avez incarné le plus grand amour de ma vie, puissiez-vous, s'il y a vraiment un paradis, y avoir été accueilli avec clémence par votre illustre modèle!

Qui se souvient de vous, Monsieur H. B. Warner, si ce n'est une vieille petite fille qui vous dis : «Dieu, que je vous ai aimé!»

J'avais une prédilection pour ce que je ne savais pas encore être un «effet spécial», la surimpression. J'étais transportée de plaisir lorsque l'image nous entraînait dans les domaines des songes, des visions fugitives, des évocations du passé, généralement suggérées par un brouillard mystérieux et envoûtant. Alors apparaissait l'ombre d'un disparu, flottante, irréelle au milieu d'une foule qui ne la voyait pas. Le gisant que pleurait toute une famille se dédoublait, se relevait… Il ne m'en fallait pas davantage pour croire à la résurrection, celle du Christ m'ayant déjà renversée de son évidence.

Le trucage de la surimpression fut maintes fois utilisé dans *L'Empereur des pauvres* qui me lia amoureusement à Léon Mathot. Le gueux philosophe et milliardaire, qu'il incarnait avec la compassion et la générosité de ceux qui luttent pour la justice, trouvait refuge dans une étable mal close où les planches disjointes laissaient filtrer une lumière lunaire. Le gueux a froid, il se blottit dans la paille et, peu à peu, sa pensée transforme le monde autour de lui : les fissures brillantes par où souffle la bise deviennent des myriades d'étoiles et Sylvette, son aimée, lui apparaît dans la splendeur de sa jeunesse.

Il était donc évident, pour moi, que la pensée a le pouvoir de susciter l'invisible et de le révéler à ceux qui le méritent. À condition, naturellement, de ne fréquenter que des individus de qualité. Naturellement…

Ce qui ne m'empêchait pas de passer allégrement d'un amour à l'autre : le cinéphile a un cœur d'artichaut.

Léon Mathot cède donc la place dans mes préférences à Jean Angelot, inoubliable Saint-Avit dans *L'Atlantide* de Jacques Feyder. L'Antinéa d'alors avait nom Stacia Napierkowska, mais j'avais lu quelque part qu'elle était bretonne… Jacque-Catelain fut détrôné par Aimé Simon Girard en d'Artagnan, mais j'étais aussi fascinée par Charles Dullin dans *Le Miracle des loups* que par Emil Jannings, le Harry Baur allemand.

Bientôt parurent les beautés latines, Lupe Vélez, Dolores del Rio, et surtout les *latin lovers*, Don Ameche, Rudolph Valentino, Ramon Novarro. *Les Quatre Cavaliers de l'Apocalypse* suffirent à Rudolph, le bel immigré italien, pour devenir une star hors du commun. « Fastueux pantin », comme l'écrit mon amie Catherine Paysan, il aura plongé, en mourant, des millions de midinettes aux nerfs fragiles dans un désespoir hystérique.

Mes frères – surtout Raymond – s'abonnèrent un temps au look du beau Rudolph : les cheveux plaqués à la gomina ou la serviette de table drapée en turban autour de la tête, il nous jouait *Le Fils du Cheik*.

Ma tendresse personnelle allait à Ramon Novarro que, trente ans plus tard, Suzy Voltera devait me présenter : de quel désespoir souffrait donc ce grand amour de mon enfance pour avoir mis fin à ses jours après son voyage en France?

Avant d'en arriver à mes amours personnelles, le temps me parut long… Je n'en finissais pas d'aimer l'amour en noir et blanc. Pierre Blanchar et Jean Murat achevaient de dessiner en moi le portrait de l'homme idéal...

Mon père nous accompagnait plus volontiers au Zénith ou au Gambetta-Pelleport parce qu'il s'y produisait des *attractions.* Fortugé chantait *Mes parents sont venus me chercher*, ou bien *Je suis le p'tit jeune homme que vous cherchez*; il flottait dans un drôle de costume, mi-paysan endimanché, mi-Pierrot lunaire; sa voix de ténor léger servait des refrains loufoques qu'il accompagnait d'une gestuelle très précise de mime. Bourvil s'inspirera beaucoup de Fortugé, emporté en pleine gloire à trente-six ans d'une crise de paludisme. Berthe Sylva, un peu matrone, dotée d'un physique populaire, bouleversait les foules avec son sentimentalisme larmoyant; cœur d'or, chanteuse «peuple», elle était ovationnée à tout coup, et triomphait avec *Les Roses blanches* ou *Le Raccommodeur de faïence et de porcelaine*; chapeau de forme de soie blanche, et vêtue d'une veste de smoking, la Houppa ouvrait déjà la voie à la grande Marie Dubas au «voile qui volait au vent».

Et surtout, Jean Lumière créait *La Petite Église*, un immense succès. Homme simple, secret, étranger aux intrigues, Jean Lumière renonça à une brillante carrière pour se consacrer à l'enseignement. Quelque trente ans plus tard, il me fit l'honneur de son amitié et de ses précieux conseils. Chercheur inlassable de l'art du chant, il resta lui-même fidèle à l'enseignement de deux femmes qu'il vénérait : Ninon Vallin pour le bel canto, Esther Lekain pour l'art de détailler le couplet. Parmi les joies légères qu'il m'a été donné d'offrir à Maman, celle de la mettre, à chaque fête des Mères, en présence de son chanteur préféré, fut sans doute la plus chère.

Les premiers films sonores firent bientôt leur apparition : *Ben Hur*, *L'Homme à l'Hispano*, *La Nuit est à nous*, *La Femme et le Pantin* précédèrent les premiers films chantants de Maurice Chevalier. Mais je devais aussi, à la même époque, faire la découverte d'une autre forme de miracle, celle-ci faite de présence réelle et de grande musique...

Pour fêter leur anniversaire de mariage, mes parents décidèrent d'aller en famille voir *Les Mousquetaires au couvent* de Varney, au théâtre de la Gaîté-Lyrique. Dès les préparatifs, la soirée fut une fête : s'endimancher un soir de semaine, quel événement! Ma robe était celle que je portais à l'occasion de la première communion de Raymond, fabriquée à mes mesures dans un taffetas rose dont les reflets moirés étaient un enchantement. Un petit fourreau s'égayait aux hanches de trois rangs de volants froncés rappelant ceux des mancherons et la jupe s'ouvrait en corolle. Un adorable manteau de drap de cerise à capuche ornée de lapin imitation loutre achevait cette tenue de gala. Devant la glace je tournais comme une ballerine à me donner le vertige, sauf que je portais des bottines à lacets : il ne manquait que les patins à glace pour ressembler à un calendrier des Postes.

— La petite me remerciera plus tard de lui avoir gardé la cheville fine, prétendait Maman en robe de cérémonie, sa montre d'or en sautoir glissée dans les plis d'une haute ceinture de soie.

Papa avait redressé ses fines moustaches au petit fer, sorti son mouchoir parfumé d'eau de Cologne et brodé à ses initiales. René s'était collé les cheveux à la gomina et Raymond n'en finissait pas de briquer ses chaussures au Lion Noir.

Dans les couloirs du théâtre, les toilettes des femmes faisaient tourner la tête : la mode était aux tuniques couleur absinthe, aux robes courtes aux ailes de mousseline, regret des anciens « suivez-moi jeune homme », aux fourreaux plus suggestifs qu'un maillot, rebrodés de toutes sortes de motifs, soleils, palmes, jets d'eau, papillons, aux dos dénudés jusqu'aux lombaires, aux ceintures basses, aux bas roses et aux guiches autour du front… Émerveillement, surprise, fluides inexplicables d'un public en attente de plaisirs…

Au balcon de la Gaîté-Lyrique, mon siège de velours me chatouillait l'espace de chair au-dessus des bas. Sur un fond de sonnerie persistant, des dames passaient dans les rangs en criant inlassablement : « Demandez le programme, demandez le programme». Les musiciens se cachaient dans un grand trou d'où émergeait le haut du buste du chef d'orchestre.

Soudain, l'obscurité se fit, trois coups sonores firent lever le rideau rouge à franges d'or de toutes mes impatiences et l'orchestre se mit à jouer.

Sans rien comprendre à l'intrigue, j'aimai tout! La lumière, la musique, les costumes, les jeunes filles et les bonnes sœurs qui chantent sous un préau de cloître semblable à celui de l'école de Raymond, l'entrée du curé, longuement applaudie, qui déclare en remuant son ventre qu'il est l'abbé Bridai-ai-aine. Félix Oudart, dans ce rôle, faisait la joie de mon père. Je reconnais d'ailleurs aussitôt l'air qu'il chante le matin en se rasant.

Il glisse une pièce de monnaie dans une petite boîte accrochée au dossier du fauteuil voisin et en extrait une paire de lorgnettes qu'il me confie avec soin. Quelle surprise! Les artistes qui me paraissent si loin, là-bas, sur la scène, sont tout à coup si près de moi! Tout ce qui me parvient, ce soir, est aussi pénétrant que le parfum de Madame Clairet au Café des Arts... Et l'interprète de d'Artagnan est le plus jeune, le plus beau des Mousquetaires.

La musique mêlée aux voix humaines, aux gestes, aux lumières, la présence féerique du spectacle m'envoûtaient irrésistiblement. Comme la foule, je manifestai ma joie de toute la force de mes petites mains et je quittai l'immense lieu magique heureuse et triste à la fois : c'était fini.

Le même bonheur triste devait m'attendre à la fin de *Manon*, où mon cœur vibra non pas pour un Des Grieux trop en chair, mais pour le séduisant cousin de Manon. Dans le métro de retour, Papa s'étonne de ma mine désenchantée :

— Petite insatiable, qu'est-ce que tu crois? Que le bonheur dure toujours? Tout a une fin...

Ma petite âme découvrait ainsi la fragilité, l'impossible permanence des choses... Papa prit alors dans sa bonne main chaude celle de son insatiable et lui fredonna fort à propos :

*Ne bronchez pas, soyez gentille*
*Et n'oubliez pas, mon cher cœur,*
*Que je suis gardien de l'honneur*
*De la fami-i-ille, de la fami-i-ille!*

L'opérette est pour moi indissociable de l'image d'un homme qui se rase en caleçons longs et gilet de corps, une serviette-éponge enroulée autour du cou, les bretelles du pantalon pendant sur les fesses. D'une voix juste et virile, Papa fredonnait tout le grand répertoire, *La Chanson de Marinette, Les Blés d'or*… Du fond d'un bol d'étain, à l'aide d'un blaireau qu'il usa à l'extrême, il faisait mousser le savon à barbe comme des blancs en neige puis, sur l'air des *Cloches de Corneville*, de *La Dame blanche* ou des *Mousquetaires au couvent*, de *La Chanson des heures* ou de *L'Âme des violons*, il s'en barbouillait le visage en pinçant les lèvres qui réapparaissaient ensuite au milieu du visage crémeux comme un petit chapeau de gendarme tout rose. Emporté dans un élan lyrique, il lui arrivait de se couper, mais il avait aussitôt recours à un philtre puissant, le «crayon hémostatique». À la fin du concert, une bonne odeur d'eau de Cologne nous parvenait du cabinet de toilettes, et ainsi la musique se faisait pour toujours parfum dans ma mémoire…

Le répertoire de mes frères était plus «peuple» : ils étaient les fidèles auditeurs des musiciens ambulants qui venaient au moins une fois par mois chanter place de la Cour-des-Noues. Quand ils apparaissaient avec leur matériel, accordéon, banjo, batterie, violon, une nuée d'enfants et de flâneurs les rejoignaient pour entendre les airs à la mode vendus en «petits formats» avec «la photo des artistes». Dans un porte-voix le soliste clamait le refrain du jour que tout le monde reprenait en chœur.

Les enfants, mais aussi peut-être les grandes personnes, éprouvaient un bonheur plus étrange et profond encore devant le joueur d'orgue de Barbarie couronné d'un vieux singe en tutu d'opéra…

*Mon cœur s'emplit de nostalgie*
*Quand frémit l'orgue de Barbarie!*

En ce temps-là, la rue chantait, elle avait sa poésie, ses habitudes dans chaque quartier, dans chaque village de Paris qui vivait ainsi d'une tranquillité provinciale et les fontaines Wallace chantaient à l'unisson…

Avec le printemps revenaient les concerts publics du mercredi soir, square Tonon, que nous ne manquions jamais. Le public se réunissait autour d'un grand château sans fenêtre appelé kiosque tandis que les musiciens arrivaient – un peu fiers – par la grande allée sous le soleil couchant. Ils prenaient possession de l'estrade dans un bruit de pupitres puis accordaient leurs instruments. La chaisière, une petite femme rabougrie, coiffée d'un chapeau de paille noire à élastique, récoltait le prix modique des sièges : 10 centimes la chaise, 25 centimes le fauteuil. Je n'appréciais guère ces chaises de fer si froides à mes cuisses dénudées. Même s'ils grattaient un peu, je préférais les velours de la Gaîté-Lyrique.

Le répertoire de l'orchestre amateur variait peu d'une année sur l'autre. Seul l'ordre des morceaux subissait quelques changements : *Dans le jardin d'un monastère*, *La Marche turque*, des extraits de *Carmen*, *Werther* et son *Clair de lune*, et, naturellement, *Sur un marché persan*. Mais aussi des œuvres inédites du chef, ou d'un soliste, par exemple le flûtiste, le mari de Madame Desbois, mon professeur de piano…

Engourdis par les accents des inévitables valses viennoises, les parents, bercés de rêveries nocturnes, relâchaient leur surveillance. La partie obscure du square servait de refuge aux amoureux. Nous trouvions amusant de venir déranger les tourtereaux dans le bosquet en ricanant bêtement sous leur nez. On jouait à cache-cache, à saute-moutons, à s'arroser, le doigt sur le jet d'eau de la fontaine pour en augmenter la pression… Ces récréations étaient d'autant plus excitantes qu'il était défendu de jouer dans l'obscur bosquet. Le gardien du square, un borgne-manchot, avait depuis longtemps renoncé à tenir en respect notre petit peuple de garnements qui, pour mieux le narguer, dansaient une ronde de Sioux autour de la pancarte «Défense de marcher sur les pelouses».

Nous aimions le contact de la terre, nous nous y roulions comme des animaux en liberté, nous courions dans une bonne odeur d'herbe coupée, de prairie foulée, puis, fatigués de tant de galipettes, à plat dos, bras et jambes écartés, le visage tourné vers le ciel, nous goûtions le délice de vivre, saisis par la beauté des étoiles filantes, et nous nous racontions des histoires inquiètes...

## Chapitre IV

# Brasserie Victoria

*Je suis maître en fantasmargories.*
ARTHUR RIMBAUD

Prête-moi ton doux regard, Garance-Arletty, pour offrir à Ménilmontant l'adieu d'une enfant d'un paradis perdu…

J'ai à me plaindre de la mutilation que l'on a fait subir au paysage de mon enfance [1]. Disparus les jardins au fond des courettes, démolis les petits pavillons de *la campagne à Paris*… Qu'elle était verte ma vallée fleurie au temps des lilas! Aujourd'hui sur les Fortifs, du Pré-Saint-Gervais au boulevard Serrurier, le béton fait la loi. *Place des Fêtes* : ces trois mots disaient bien la joie de rire ensemble. Ils nomment désormais un espace impersonnel où règne le mal vivre.

À sept ans je dus quitter les hauteurs de Belleville et de Ménilmontant pour suivre mes parents au pied de la tour Saint-Jacques, entre l'Hôtel de Ville et le Châtelet. C'est en 1925, en effet, qu'ils firent l'acquisition de la brasserie Victoria, située au numéro 10 de la rue Saint-Martin, entre la rue de Rivoli et l'avenue Victoria.

---

1. *Ce que j'ai de peuple en moi, c'est que j'aime à me raconter et à me plaindre.* (Jean Guéhenno)

Cette descente au cœur de Paris me donnait l'impression que la famille Dhommée *montait d'un cran* dans l'échelle sociale. J'étais émerveillée par mon nouveau quartier : du côté de la Seine, l'île de la Cité, la Sainte-Chapelle, Notre-Dame ; du côté du Marais, les Halles, les ruelles, l'entassement de maisons bancales composaient un décor qui impressionnait fortement la cinéphile que j'étais. J'habitais donc l'antique quartier de la boucherie où Nicolas Flamel, tel le Claude Frollo de *Notre-Dame de Paris* (avec Léon Chaney dans le rôle de Quasimodo), avait jadis cherché le secret de l'alchimie qui changerait le plomb en or [1]. Et la rue de Rivoli mêlait le sang bleu du Louvre, des Tuileries, du Palais-Royal et de la Concorde, au sang rouge de la Bastille, au sang noir de la cour des Miracles... J'entrais dans l'Histoire – du moins celle que j'allais bientôt devoir apprendre...

J'avais quitté pour toujours la quiétude des rues où l'on bavarde de porte en porte et qu'on peut traverser en sautant à la corde ou en courant après une balle, rues « à tout le monde » où circulaient les bleus de chauffe, les petits métiers, les femmes en bigoudis et charentaises tirant après elles des marmots criards et morveux, rues non pas de la misère mais de la simplicité et du dénuement.

J'allais maintenant dans la Rue majuscule, bordée de magasins que fréquentaient des femmes en cloche de feutre et chaussures à talon, des messieurs en melon, canne d'osier à la main...

Le surveillant des grands magasins en jaquette et pantalons rayés, cravate grise rebondie et piquée d'une perle, chaîne d'huissier au cou, se méfiait des enfants seuls... Le camelot se distinguait par un costume d'alpaga beige, une chemise bleu outremer en soie sur laquelle tranchait une cravate orange vif, des chaussures jaunes et, couvrant sa chevelure superbement gominée, un feutre souple lui tombant sur le coin de l'œil.

1. La pierre tombale – et précieuse – du grand ésotériste, qui servit de table à hacher à une fruitière de la Révolution, est aujourd'hui exposée au musée de Cluny.

Devant son parapluie débordant de cravates, ondulait la foule des badauds heurtée par les petits crieurs de journaux... *Paris-Soir*! *L'Intran* [1]! D'un café surgissaient les sonorités nasillardes d'un phonographe et, sur l'air de *Parlez-moi d'amour*, je déchiffrais les noms des sportifs sur des affichettes punaisées au mur : Young Pérez, Kid Francis, Al Brown, Jules Ladoumègue, Jean Taris, Charles Pélissier...

Le Bazar de l'Hôtel de Ville, Helder, la Gerbe d'Or et ses bijoux en vrai, Sigrand et son mannequin vivant, la Samaritaine, la Belle Jardinière *(travail et sport)*, le Magasin du Louvre *(spécialiste du blanc)*, les Arcades, m'éblouissaient comme une corne d'abondance.

Et il fallait, ô combien, «faire attention en traversant».

Dans la brasserie, je retrouvai l'atmosphère du Café des Arts, mais un cran au-dessus...

La clientèle était essentiellement composée de riches mandataires des Halles et de chefs de rayon des grands magasins. Les habitués avaient l'argent facile quand il s'agissait du plaisir. Ils consommaient sans compter mais exigeaient la qualité, d'autant qu'ils travaillaient rudement. Au boulot dès quatre heures du matin, ils trouvaient, brasserie Victoria, un lieu de détente quotidien, accompagnés de leurs femmes élégantes et richement embijoutées, ce qui ne les empêchait pas de porter sur eux l'odeur de leur activité, poissons, fruits et légumes, beurre-œufs-fromages, boucherie-charcuterie...

Le soir, avant le dîner, je servais souvent de quatrième à la belotte, car mes capacités à ce jeu étonnaient ces dames qui attendaient l'arrivée de leurs maris. Et je me disais que j'aurais un jour des seins énormes comme ceux qui triomphaient dans le décolleté de Madame Henry et que promettaient les «pillules orientales»; que j'aurais les dents blanches promises par l'Émail Diamant; et j'aurais un ami qui m'embrasserait sur la bouche comme il embrassait Mademoiselle Claire, en plongeant une main exigeante dans le sillon de sa gorge...

---

1. *L'Intransigeant.*

Revenues sur l'écran de ma mémoire, je les observe encore dans le coin le plus obscur de la salle, silhouettes perdues parmi les « réclames » de la bière du Lion, du Rouge Baiser, du dentifrice Gibbs en plaque, du Bébé Cadum et du lancinant Dubo-Dubon-Dubonnet qui devait aussi, pendant tant d'années, ponctuer l'arrivée de toutes les stations de métro...

En cuisine, j'avais le droit de mettre la main à la pâte : je préparais les croûtons, le « repère » (mélange de farine et d'eau destiné à fermer hermétiquement les terrines), les bouquets pour décorer les tables... Le soleil éclairait généreusement la brasserie orientée plein ouest, et le square de la tour Saint-Jacques était notre jardin, avec ses bancs de bois où se chauffaient les vieux et s'enlaçaient les amoureux.

Tout entiers absorbés par leur labeur, mes parents me laissent à nouveau grandir en liberté, sur le trottoir, dans le square, et j'enfreins les consignes en traversant la rue toute seule.

Je suis fascinée par la manœuvre d'aiguillage du tramway qui se répète à longueur de journée comme un périlleux numéro de cirque. Le wattman (l'homme électrique!), à l'aide d'une corde fixée à la perche, s'emploie à faire effectuer un demi-tour au trolley et à l'engager sur le câble côté retour. Si le dégagement est aisé, le raccrochage est hasardeux, le malheureux préposé devant faire contre poids au risque de se voir expédié dans les airs.

Les tramways ne transportaient pas seulement des passagers. Un petit train, nommé l'Harpageonnais, apportait chaque jour sa cargaison de légumes cultivés sur les collines de Montlhéry en faisant drinck! drinck! dans la cohue du petit matin comme pour réveiller les vieux chevaux des maraîchers qui, partis à la nuit des banlieues, venaient en somnolant livrer leur production aux Halles et, guidés par l'habitude, trouvaient seuls le chemin des pavillons de vente.

Je partais à l'école à l'heure du passage des Glacières de Paris; un tombereau traîné par deux lourds chevaux gris pommelé s'ouvrait à l'arrière comme un corbillard pour délivrer de longs cercueils de glace. Le livreur, ceint d'un tablier de toile cirée, protégeait son épaule porteuse de plusieurs épaisseurs de sacs de jute. Pendant qu'il prenait au comptoir un *petit café arrosé*, les chevaux se restauraient dans un bruit grave et sonore de mastication, secouant la tête vers le haut pour ne rien perdre du contenu du sac d'avoine qu'on leur accrochait au museau. Des hennissements marquaient la fin du repas, le livreur leur donnait un seau d'eau et, immédiatement reconnaissants, les animaux restituaient en urine et en crottin fumants le casse-croûte du matin. Une vieille faisait le gué pour ramasser d'une pelle hâtive cette manne qu'elle dispersait aux oiseaux…

— Elle n'a pourtant plus l'âge de nourrir son serin, disait Pauvre Jacques, le garçon de café, avec sa coutumière vulgarité, cependant que le livreur exposait à mon frère René les dangers de son métier : à force de décharger des pains de glace, il pouvait contracter un refroidissement et *mourir de la poitrine.* Ce pain de glace prenait dès lors pour moi la forme d'une bien-aimée qui entraînait le livreur au tombeau, si bien que je partais à l'école désolée par la peur du sort réservé au pauvre bougre : la tuberculose.

Quand on nous apprenait qu'une de nos camarades de classe devait nous quitter pour *le sana*, on nous annonçait la chose avec le même accent funèbre que s'il se fût agi de sa mort. Et quand la malade revenait, on doutait encore de sa guérison tant son mal était maudit. Nous trouvions cette pathétique affliction jusque dans les chansons, on prétendait même que les *pulmonaires* étaient très *portés sur la chose* : « Il paraît, ô mon cher trésor, disait une rengaine, que ta bouche et que tes yeux d'or sont les instruments de ma mort! »

Mais moi, la glace que je préfère, c'est celle de Monsieur Pierre!

Toute l'année, Monsieur Pierre tient une petite baraque accotée à la grille du square Saint-Jacques. Une simple ardoise suffit à assurer la réclame de son très petit commerce : « marrons chauds », l'hiver, succède à « glaces parfums divers », l'été. Monsieur Pierre remonte à tout instant la visière de sa casquette d'un index rugueux, laissant apercevoir un étrange contraste :

au-dessus de son visage hâlé par le plein air, son front est d'une pâleur crayeuse. Ses mains sèches et fendillées, son corps maigre serré dans un tablier de jardinier, son dos voûté le font ressembler à un vieux paysan plus qu'à un marchand de bonbons.

Monsieur Pierre m'a inspiré une prédilection pour le *coco* : dans de très hauts bocaux terminés par de petits robinets de cuivre, il mélange à la perfection la dose requise de sucre et la décoction de réglisse. Son éventaire est un paradis de gaufrettes un peu sèches, de zem-zem-gommes, de roudoudous, de sucettes géantes, de pochettes-surprises pleines de rogatons invendus mais proposées dans de beaux cornets en papier de couleur, de madeleines à la pièce, de tablettes de chocolat, de petits pains au raisin, de ballons, de toupies, de cordes à sauter, de seaux, de pelles, de moulins aux ailes de celluloïd multicolores, de cerceaux, de yoyos... Sans oublier les figurines du «Père la Colique» représentant un gamin déculotté, un pot de chambre entre les jambes et dans le derrière duquel on introduit une pointe d'allumette enflammée pour que lui sorte du fondement une crotte lumineuse... On a fait peu de progrès dans la gourmandise et l'amusement à quatre sous des enfants : ce sont les mêmes bonbons acidulés et les mêmes crécelles qui se vendent aujourd'hui au jardin du Luxembourg.

J'ai sur tous l'insigne privilège d'avoir confectionné, sous l'œil attentif de Monsieur Pierre, les meilleures glaces que le monde ait connues. Toute modestie mise à part, évidemment. Brasserie Victoria, on servait des glaces aux œufs frais, des tranches napolitaines, des plombières avec des fruits confits, mais rien, non, rien de comparable aux glaces fabriquées de nos mains avec de la poudre d'œufs, des parfums chimiques et du lait coupé d'eau! Cette mixture était versée dans deux cônes de métal et tenue au frais dans des seaux bourrés de glace pilée recouverte de sel gris. Par une fente ménagée dans le seau de bois qui communiquait avec le cône métallique, on introduisait une manivelle qu'il fallait tourner tantôt dans un sens, tantôt dans l'autre. Il m'arrivait d'être préposée à cette manœuvre pendant que Monsieur Pierre ajoutait à la préparation quelques gouttes de colorant ou de parfum, chocolat, citron, pistache, fraise ou praliné. La glace était servie entre deux gaufrettes, 50 centimes la simple, 1 franc 50 la triple. On atteignait le moment suprême en *fin de léchage*, lorsque les deux gaufrettes mouillées se rassemblaient mollement… Inoubliable jouissance que mon foie me rappelle encore souvent.

Le square Saint-Jacques était mon jardin, ma courette de la rue des Prairies en plus grand.

Fidèle à mon frère Raymond, fidèle à en être collante, je participe à tous les jeux des garçons. J'excelle aux gendarmes et aux voleurs parce que je cours très vite, mais je suis seulement tolérée pour les parties de billes, affaires d'hommes. C'est à peine si je suis appelée pour mesurer une distance litigieuse, mais l'essentiel reste d'être la sœur du vainqueur, car Raymond est le meilleur viseur et je garde son sac de billes avec une fierté dont je sens encore l'importance. En ai-je porté de ces filets multicolores! En ai-je trié de ces agates appétissantes comme des groseilles, irisées, spiralées, bleu de flamme ou d'une pâleur d'absinthe! L'abondance des gains de Ray afflige à ses fonds de poches de perpétuels désastres qui suscitent des reproches maternels réitérés : c'est que Maman, asservie aux fourneaux, n'a plus le temps de raccommoder…

Ray a trouvé son maître aux osselets : Loulou Buchet enchaîne sans interruption les figures sur le dos de la main, *passe*, *puits*, *tête de mort*, que c'en est lassant…

Au jeu de plume, la partie est plus égale : il s'agit de tracer sur le sol une ligne horizontale éloignée de deux pas d'un cercle ou d'un carré qui délimite la place des pieds du joueur. Dans la main, une poignée de plumes Sergent Major qu'on lance en direction de la ligne; de pichenette en pichenette, le jeu consiste à se rapprocher au plus près de la ligne d'arrivée. Au-delà ou en deçà, perdu… On échange alors des calots (grosses billes) contre un couteau à cran d'arrêt, un pistolet à eau contre un stylo-plume-réservoir…

Pauvre Jacques, le garçon de café, vient m'enlever à mes jeux de garçon. C'est lui qui a la charge de me faire traverser cette rue que je traverse toute seule plus souvent qu'à mon tour... Pauvre Jacques est le second garçon de la brasserie. Toujours il l'a été, toujours il le sera. Il traîne avec ennui une longue et maigre carcasse de myope porteur de verres épais qui réduisent à deux boutons de bottine ses pauvres yeux loucheurs. Clignant de tout ce qu'il pouvait cligner, des yeux, de la bouche, du nez, dos voûté, tête baissée, sanglé dans un spencer noir, ses grandes jambes embrouillées dans un long tablier blanc, il fonçait vers les clients comme Don Quichotte vers des obstacles imaginaires, puis s'arrêtait net en glissant de son pas de canard aux pieds malodorants. On aurait dit un corbeau désespéré traversant une forêt de brouillard, mais un oiseau noir qui aurait aimé sa femme jusqu'à la bêtise :

— Celle-là, disait-il, je ne sais pas comment elle s'y prend mais il ne se passe pas une semaine, tandis qu'elle fait ses courses ou qu'elle va se promener, qu'elle ne revienne avec de l'argent trouvé sur un tas de sable!

Obséquieux aux limites de la servilité, ce *faux cul* était un mal aimé qui recherchait les pourboires de la clientèle et la protection de la patronne. Il la flattait avec emphase, louant la qualité de sa cuisine et la blancheur de ses tabliers qui lui faisaient deux jours, parce qu'elle les portait une fois à l'endroit, une fois à l'envers. Il attendait d'être au fond de la salle pour annoncer les commandes d'une voix de stentor :

— Et un câ-â-âke, un! pour le huit!

Il prononçait *kâke* et non *kèke*, au grand dam de mon père qui l'avait dans le nez.

— Et la verse [1] pour deu-eu-eu-x!

— Moins fort, Jacques, on n'est pas à la fête à Neu-neu-eu-eu! Vous manquez de classe, mon cher, vous manquez de classe!

Un client s'apprêtait à partir? Le myope se précipitait sur lui même si la table ne dépendait pas de son rang [2]. Dégageant les

1. La verse : café préparé au percolateur.

2. Attribution par numéro de table pour répartir la responsabilité des serveurs.

chaises avec ostentation, il préparait, souvent sans nul besoin, une allumette enflammée sous le nez des clients.

— Attendez qu'on vous le demande, bon Dieu! s'agaçait le patron, vous n'allez tout de même pas allumer les mouchoirs!

Suant à grosses gouttes pendant le coup de feu du déjeuner, il s'essuyait le visage avec la même serviette qu'il utilisait pour donner devant le client un coup de propre aux verres et aux assiettes.

— Si je vous vois encore vous essuyer la figure avec votre serviette, je vous fous mon pied au c... devant tout le monde!

Mais le pied du patron, homme de petite taille, aurait-il jamais pu atteindre le séant de son grand gourdiflot[1] de loufiat?

Pauvre Jacques avait la passion des chevaux de courses.

— C'est mon dada, répétait-il en croyant faire un trait d'esprit.

À deux heures, la chemise trempée de sueur, le col dur en accordéon, le nœud papillon déjeté, ses boucles noires barrant son front étroit, il inscrivait des pronostics sur les nappes en papier. Il se titillait l'inspiration avec un crayon-encre au bout de la langue qui lui laissait des traces violettes sur les lèvres. Soudain il s'illuminait à l'idée d'un coup fumeux et s'octroyait, sur la nappe en papier, des gains faramineux déduits de savantes combinaisons inspirées par les noms des chevaux, de leur jockey, par leur poids, leur handicap, leur numéro... Rêve splendide du vrai turfiste!

— Avec Corizancar, c'est dans la poche!

Corizancar lui rapporta en effet 5 000 francs, une fortune...

— Aux innocents les mains pleines! À nous les femmes qui fument et qui pètent dans la soie!

Il alla fêter ça chez Poccardi mais, pour son malheur, d'autres Jacques l'y attendaient qui le prirent pour un Américain et lui réclamèrent « des pourboires obligatoires pas inscrits sur l'addition »... Le nouveau riche d'un soir aurait décidément bien du mal à monter d'un cran dans l'échelle sociale grâce à

1. Imbécile heureux.

l'amélioration de la race chevaline dont il était pourtant l'apôtre!

Quand la fièvre du rêve était retombée, Pauvre Jacques, qui chantait bien, fredonnait l'exquise romance attribuée à Marie-Antoinette :

*Pauvre Jacques quand j'étais près de toi*
*Je ne sentais pas ma misère*
*Mais aujourd'hui que tu es loin de moi*
*Je manque de tout sur la terre...*

Mon Pauvre Jacques, dormez-vous?... J'entends encore votre voix de baryton dire à la concierge, infatigable brodeuse, experte tricoteuse, spécialiste du point de bourdon, de «jours échelle», de «jours araignée» destinés à orner la plus fine lingerie :

— Avec des dessous cocoteux comme ça, Madame Hugues, c'est du gâchis de ne pas faire des folies de son corps!

Madame Hugues habitait une loge obscure dans la cour de l'immeuble, au-dessus des bouches d'aération du restaurant, baignant dans une incessante odeur de soupe aux poireaux. Son chat de gouttière, aussi gros qu'un chanoine, en avait les façons gourmandes.

Lorsque Madame Hugues prend le soleil sur le trottoir, devant la brasserie, elle veut m'apprendre à faire des dentelles «pour mettre sur mes combines». Mais jamais, au grand jamais, je ne m'abaisserai à cette occupation de fille. Je joue aux billes, moi, je suis un peu un garçon manqué!

C'est pourtant au premier étage de la boutique voisine, réservé aux dames, que je me fais couper les cheveux. La devanture du Salon Henry est toute blanche et jaune à sa base, tant Monsieur Henry y répand de soufre pour éloigner les chiens. Deux vitrines séparent la porte d'entrée qui fait entendre un joli bruit de clochette à chaque allée et venue.

Côté hommes, c'est une exposition d'ustensiles de toilette masculins : blaireaux, coupes chromées pour crème à raser, eau-

Gorlier-adoucissante-après-rasage, poudreuses à talc, pierre d'alun, crayons hémostatiques, lanières d'affûtage, coupe-choux, gants de crin, fers à moustache, pinces à ongles minuscules, ciseaux pliants, peignes, brosses, rasoir Gillette dernier cri, dit rasoir mécanique, avec paquets de lames de rechange plus petits que des boîtes d'allumettes, eau de Cologne Jean-Marie Farina, parfums Lesquandieu…

Côté femmes, quatre têtes perruquées, quatre visages immobiles, au teint rose et lisse comme celui de la grande aviatrice Maryse Bastié qui s'est fait «émailler [1]» le visage, quatre Joconde indifférentes aux dents de perle, au sourire éternellement incertain, aux yeux plus bleus que bleus, aux cils frangés de soie légère, m'offrent leurs beautés couleur blond blé, noir ébène, roux ardent ou marron d'automne… La *présence* de ces mannequins, l'immobilité, le silence, l'immuabilité de ces quatre têtes exerçaient sur moi un charme indéfinissable, impénétrable, et toujours renouvelé…

Le rez-de-chaussée de la boutique est consacré aux messieurs. Par un escalier en colimaçon, on accède au salon pour dames, au balcon duquel se balance une boule de cuivre à quoi est accrochée une natte de crins noirs. Madame Henry, qui «adore les enfants», a tôt fait de me prendre en amitié. Elle a confié à ma mère qu'elle a perdu une petite fille qui aurait mon âge; aussi, «que la petite ne se gêne surtout pas pour venir au salon autant de fois qu'elle le voudra…» Je ne me fais pas prier. Chaque jeudi [2] j'ai droit au shampoing-friction de Madame Henry, entre ses doigts aux ongles définitivement noirs de teinture et d'une inlassable énergie.

— C'est une bûcheuse, dit Maman avec respect.

Rehaussée sur les Bottin, entortillée dans un peignoir blanc, j'incline la tête pour faciliter la coupe à la mode, la «nuque boule», et j'apprends à souffrir pour être belle. Devant moi, sur la tablette de marbre, une courte veilleuse déclenche la mise en route d'un petit réchaud à gaz pour le fer à friser et

1. Soin esthétique pour obtenir une peau tendue comme celle des poupées.
2. À l'époque, jour de congé des écoliers.

« l'ondulation Marcelle ». Madame Henry vérifie la bonne température de l'outil en l'approchant de sa joue. Elle frotte un bout de journal pour apprécier la chaleur du fer, le papier grésille alors en répandant une odeur de brûlé. Madame Henry joue ensuite de ses fers comme un tambour de ses baguettes, tenant le peigne dans sa main gauche pour retenir la mèche, donnant à son poignet droit les mouvements les plus souples, nécessaires aux plis de l'ondulation, ouvrant puis refermant le fer à l'aide du petit doigt qui anime le cliquetis magique grâce auquel le cheveu raide et les « baguettes » s'assouplissent en volutes.

Devenue moi-même coiffeuse vingt ans plus tard, je conserverai au petit doigt le durillon occasionné par le geste répété de l'ouvrière…

Un « complet » se termine toujours par un nuage de talc parfumé, histoire d'adoucir le dernier « coup de tondeuse » qui fera que, huit jours durant, la nuque me piquera comme un menton mal rasé. Puis Madame Henry souffle dans mon dos, entre les omoplates, afin de chasser les pointes de cheveux qui chatouillent comme du poil à gratter, et me voilà toute belle.

— Tu es contente, ma p'tite Odette? me dit-elle en me couvrant de baisers retentissants et en me retenant contre sa grosse poitrine pleine d'odeurs chaudes d'essence de fleurs, de musc et d'ambre, mêlées aux vapeurs ammoniacales des teintures…

Papiers brûlés, fragrances variées, à tout instant vous sentez le coiffeur de mon enfance!

C'est jeudi, je n'ai pas classe, je sors du salon de coiffure pour grimper au troisième étage du numéro 6, rue Saint-Martin, prendre ma leçon de piano avec Mademoiselle Yvonne.

C'est un personnage tout droit sorti d'un roman de Delly. Elle vit seule avec sa mère, veuve d'un officier supérieur. Cette jeune fille distinguée, jolie et d'agréable éducation, reste fidèle au deuil d'un fiancé disparu. On la dit de santé fragile. Ses cheveux souples châtain clair sont coupés droit jusqu'à l'oreille, son regard est clair. L'hiver, elle est coiffée d'un *taupé* marron à bord mousquetaire relevé à gauche et discrètement emplumé à droite ; d'un geste gracieux elle retient sous son bras, à l'aide d'une pochette étroite et longue en box-calf, l'ampleur de son manteau sans boutonnage, en drap amazone vert de gris.

— Elle est d'un chic ! dit Maman…

Elle est l'élégance faite femme, à la fois équilibre et mouvement, toujours en bas de fil («la soie, c'est pour les poules de luxe») et chaussée d'escarpins noirs assortis à ses gants. Au printemps, elle porte des robes de flanelle grise à col châle et poches soulignées d'une ganse ton sur ton et garnies de parements de piqué blanc.

Mademoiselle Yvonne se rend aussi à domicile pour ses leçons, ce qui l'oblige, dans mon cas, à traverser la brasserie pour gagner par le fond la porte de l'appartement que nous occupons au premier étage. Connaissant le raffinement de son appartement, j'ai un peu honte de la revoir dans la chambre peu accueillante de mes parents, devant le piano droit d'ébène équipé de bougies.

J'aime jouer à ses côtés. J'oublie alors que j'ai si peur, toute seule, quand je suis obligée de monter l'obscur escalier qui craque de toutes ses marches, et de pénétrer dans cette chambre dépouillée où je serai réveillée, une nuit, par les soupirs de mes parents… Une écœurante révolte alors soulèvera en moi un trouble ineffaçable : est-ce ainsi qu'on est mis au monde, par le seul caprice de deux corps qui s'attirent sans que l'enfant à naître soit consulté ? C'est laid, c'est ignoble, et je me jure de n'avoir jamais d'enfant.

Serment tenu. Ne pas naître est le meilleur moyen de s'éviter de nombreux inconvénients[1]. Même les douces leçons de Mademoiselle Yvonne, qui me réconciliaient avec moi-même, n'avaient pas le pouvoir d'apaiser ma douloureuse imagination dans cette chambre détestée. Dommage, car j'étais douée. Mais indisponible, là, dans ce recoin de mon existence où j'avais posé un regard sévère sur ceux que j'aimais le plus au monde.

L'ironie du sort arrêta donc ma culture pianistique au *Gai Laboureur*, à la *Lettre à Élise*, aux *Cloches du soir*. Mademoiselle

1. Bonjour, Monsieur Cioran.

Yvonne dut à son tour *aller en sana.* À vingt-sept ans, mon exquise maîtresse mourait. Je fermai pour longtemps mon piano.

Heureusement, amoureuse comme je suis, une autre image vient en surimpression, comme au cinéma, dissiper ma tristesse : Alain Gerbault, héros de la guerre de 14, champion de tennis et de bridge, traverse l'Atlantique et effectue un tour du monde à la voile. Mes héros de fiction, mes Rudolph Valentino, mes Ramon Novarro, existaient donc pour de vrai! Un homme pouvait apparaître en costume de cheval ou en tenue de tennis, comme sur les photos du couloir du Gambetta-Palace, être un Ange réel! Il avait beau déclarer : «On s'ingénie à me croire solitaire par maladie ou par amour, je ne suis malade que d'espace, je ne suis amoureux que du large», j'avais la conviction que son regard se posait à l'horizon sur un visage de femme qui ne pouvait être que le mien. Son image aérienne le rapprochait de l'Archange. À son retour triomphal en 1929 – une femme s'est écriée : «Je voudrais un enfant de vous…» –, il rapporta un livre, *L'Évangile du soleil*, où il affichait un anticolonialisme visionnaire. Puis il se hâta de repartir en solitaire : «Je m'écoute vivre et c'est un bruit merveilleux.» Si mes frères partageaient l'enthousiasme populaire, je cultivais secrètement une relation idéale avec ce Petit Prince des mers en fredonnant pour moi seule la ballade chantée par Yvonne Printemps…

*Hypocrisies, jalousies,*
*Calomnies et vilenies,*
*Trahisons et marchandages,*
*Combinaison, tripotages,*
*Il y a des souvenirs,*
*Certains petits souvenirs,*
*Qui m'empêchent de jamais, jamais,*
*Jamais, jamais revenir…*

## Chapitre V

# L'école des sœurs

*Être avec des gens que l'on aime, cela suffit.*
*Leur parler, ne leur point parler, penser à eux.*
*Penser à des choses plus indifférentes, mais auprès d'eux.*
LA BRUYÈRE

Un jour de beau temps, alors que je sautais à cloche-pied sur une marelle dessinée sur le trottoir, passa devant moi une personne étrangement vêtue, une jeune femme qui glissait plus qu'elle ne marchait dans un mouvement d'ailes blanches et de toile bleu sombre. Sa taille était bien prise dans un corset de bure et un long chapelet de buis, séparé en dizaines par des médailles, descendait entre les plis de sa longue robe. Ce costume me rappelait celui de ma nourrice, en plus rigide encore. Sous la grande cornette, un bonnet blanc, froncé sur la nuque, moulait la rondeur du crâne (j'apprendrai plus tard qu'en faisant leurs vœux, ces religieuses faisaient le sacrifice de leurs cheveux). Retenue au pied du col par une épingle, une bavette empesée se croisait sur le cœur. Des poignets durs dissimulaient la moindre présence de chair de l'avant-bras.

— Bonjour, petite, dit-elle d'une voix douce, flattant ma joue d'un doigt léger, tu joues toute seule dans la rue? Ta maman travaille sans doute, tu ne vas pas à l'école? Où habites-tu?

J'indique la brasserie sans quitter des yeux cette femme dont le costume ne parvient pas à dissimuler la grâce encore juvénile. Les mains se sont croisées puis enfouies sous l'épaisseur des manches rabattues et, sans hésiter, la religieuse pénètre dans la brasserie Victoria à l'heure de la mise en place.

C'est un moment comme les autres, mais c'est le moment choisi par le Destin pour faire de moi une mystique…

— C'est entendu, ma sœur, je viendrai cet après-midi, après le service, inscrire la petite à l'école du cloître Saint-Merri, et je demanderai Sœur… ?

— Sœur Jeanne, Madame. Au revoir, Odette.

— Il faut dire «au revoir, ma sœur», ma petite fille, m'ordonne Maman.

Va pour «ma sœur»… Elle est tellement ravissante avec ses yeux sombres, son sourire brillant! Il émane d'elle une telle plénitude, une telle générosité que, lorsqu'elle se penche vers moi, je lui colle deux gros baisers en me cognant le nez contre sa cornette.

Et Sœur Jeanne s'éloigne, visiblement heureuse d'avoir récupéré une petite âme qui, sans son intervention, aurait échappé à la divine providence.

Pour me rendre à l'école, je n'aurai qu'à traverser la rue de Rivoli sous la surveillance de Pauvre Jacques, monter vers la rue Saint-Bon et faire le tour du chœur de l'église Saint-Merri. Ces ruelles, aujourd'hui haut lieu de mode et de culture, étaient sombres et insalubres. On entrait dans l'école à travers l'obscurité d'un porche surveillé par la Sœur Tourière dans un réduit pauvrement éclairé par une fenêtre «à guillotine». À droite, le dispensaire libérait, dès l'entrée, une odeur d'alcool à 90°, le parfum que Sœur Claire portait en toutes saisons sur sa bure blanche… Avant d'atteindre le préau, on traversait une cour pavée qui me paraissait immense. Elle est en fait bien exiguë pour les ébats des enfants qui jouent à se cacher derrière des troènes débiles. Au fond, une statue grandeur nature représente le «Bon Monsieur Vincent», le nez épais, les yeux malicieux, le sourire compatissant, un poupon emmailloté niché sur son épaule et une petite fille accrochée aux basques de sa soutane.

La présence de Sœur Jeanne me rassure. Sœur Catherine et Sœur Françoise seront mes maîtresses d'école.

En cadeau de bienvenue, je reçois un petit livre, l'histoire de saint Vincent de Paul, que je retrouverai plus tard sous les traits de Pierre Fresnay dans un film de Maurice Cloche. Le directeur de conscience de la reine de France, Anne d'Autriche, joua de son influence sur les dames de la Cour au point que nombre d'entre elles furent prises d'un accès de charité et renoncèrent à leurs privilèges pour venir en aide aux plus démunis. La plus convaincue de ces dames, Louise de Mariac, tourna le dos aux plaisirs de sa classe et fonda une congrégation de femmes dévouées à l'œuvre du «Curé des pauvres». Ainsi fut créé l'ordre des Sœurs de Saint-Vincent-de-Paul ou Filles de la Charité. La tradition était encore vivante quand j'étais petite fille; on comptait, parmi les religieuses, des demoiselles de grandes familles et notre Supérieure, par exemple, était la nièce de Toulouse-Lautrec.

Je sais lire, écrire, compter – un peu, j'irai donc dans la classe de Sœur Françoise, 3e division. J'y apprendrai le calcul, l'orthographe, le canevas, les leçons de choses.

Sœur Françoise est très jeune. Sa ferveur religieuse est tout entière dans l'intensité de son regard d'une transparence d'eau verte. D'un geste nerveux et répétitif, elle essaie de maîtriser de ses doigts maigres les pans rebelles de sa bavette amidonnée et de libérer sa joue d'un repli de sa cornette. On la dit de santé si délicate... qu'elle vivra jusqu'à quatre-vingt-cinq ans! De fait, elle donnera toujours l'impression d'une faiblesse incessamment surmontée. Il ne m'en faut pas davantage pour que j'établisse une relation entre la sainteté et la maladie. Toute souffrance purifie le corps, même lorsqu'on se casse une dent en trébuchant dans la cour... Sœur Françoise vole à mon secours :

— Mon Dieu! Toi qui as de si jolies dents, te voilà comme une vieille. Est-ce que ça va te faire zozoter?

Non, je ne zozoterai pas, mais les jours de coquetterie je comblerai ce trou en plein milieu de mon sourire avec de la pâte à modeler qui ne «prendra» jamais!

Quand Sœur Françoise invite l'une d'entre nous à la rejoindre sur l'estrade afin de nous y tenir à genoux pour être tancée après une bêtise, nous sentons son haleine un peu fade d'un corps mal nourri :

— Sais-tu, vilaine, que tu fais pleurer Notre-Seigneur Jésus-Christ et la Sainte Vierge? Ils te voient du haut du ciel et ne reconnaissent plus leur petite fille qu'ils aiment tant.

La repentie était renvoyée avec un petit signe de croix sur le front, porteuse d'une grâce particulière. Ces entrevues étaient singulières : enfouie dans l'épaisseur de la lourde jupe, j'étais persuadée que je frôlais une sainte. C'était un avant-goût des délices célestes, compromises par la dissipation d'un moment mais rachetées par mon repentir et l'indulgence inépuisable du Bon Jésus.

Mes parents sont trop occupés par leur commerce. Aussi n'en fais-je qu'à ma tête. Par attachement pour Sœur Françoise, je parviens à redoubler ma classe. Il faudra l'intervention de la Supérieure, Sœur Toulouse, pour qu'après bien des larmes je consente à entrer avec un an de retard dans la classe de Sœur Louise. Elle y prépare les élèves au certificat d'études; aussi lui a-t-on accordé la pièce la plus claire et la plus spacieuse, au quatrième étage. Tout comme nos bureaux, celui de Sœur Louise possède un pupitre à rabat. Il n'en est pas une d'entre nous qui ne rêve de savoir ce qu'elle y cache, mais gare à l'impertinente qui serait prise en flagrant délit de curiosité! En juin, il fait une chaleur étouffante malgré les rideaux de toile écrue qui donnent à la classe une lumière de parasol et de vacances. Au cours de ces jours lourds, il arrive que nous laissions tomber notre tête sur le bras replié, «à demi ensevelie sous des cheveux épars»...

Pendant les récréations, nous sommes chargées à tour de rôle de préparer la classe, d'ouvrir et refermer les rideaux, de rincer l'éponge, changer les craies, remplir les encriers, préparer les cartes de géographie ou d'anatomie, ramasser les cahiers, les distribuer, petit manège entrecoupé de génuflexions chaque fois que nous passons devant l'autel miniature où trône la «statue du mois» : saint Joseph en mars, la Vierge Immaculée en mai, le Sacré Cœur de Jésus en juin et, les autres mois, Jeanne d'Arc et son étendard, saint Michel terrassant le Démon, sainte Thérèse de Lisieux, les mains chargées de roses…

Des plantes vertes disposées en gradin décorent le «reposoir». Des vases reçoivent les fleurs coupées que les «chouchoutes» se font un devoir d'offrir. Un tronc recueille les «petits papiers», intentions particulières des élèves désireuses d'obtenir certaine grâce. Chaque vendredi, le tronc est ouvert, un petit papier est tiré au hasard que Sœur Louise nous lit, et nous prions ensemble pour cette supplique anonyme.

Le samedi à la fin de la classe, grand nettoyage : les langues vont le même train que le papier de verre et les patins à parquet. C'est l'heure des confidences, des fous rires, des disputes, des cafardages… Nous sommes responsables de la propreté de notre place. Les pupitres sont encaustiqués et ne doivent porter aucune trace d'encre. Le classement est récompensé de rubans de poitrine et de croix.

— Cire-moi mon bureau, je te donnerai une image!

— Ma sœur, y'a Lucie qui m'a volé mon Jésus!

— C'est pas vrai, elle me l'a donné contre la solution des robinets!

— C'est bien, zéro à toutes les deux.

— Ma sœur, y'a Jeanne Charmot qu'a mangé ma cire!

Nous sommes quelques-unes à aimer la cire d'abeille, avant-goût de ce que sera le chewing-gum…

L'intérieur des pupitres est un jardin secret où l'on dissimule, parmi les affaires d'études, le «sac à peinture» et le goûter, mais surtout de petits autels très personnalisés : bouts de dentelles, chapelets entortillés, images religieuses, crèches miniatures au moment de Noël, avec mousse, roche de carton, végétation en laine verte, coque de noix pour l'étable, petits personnages achetés à coups de troc acharné et, pour compléter cet inventaire, un chapelet d'œufs en sucre. Au cours d'une période païenne, j'épinglai discrètement Ramon Novarro en Ben Hur parce qu'il ressemblait à un jeune clerc qui servait la messe le dimanche…

Des coups de claquoir nous rappellent à l'ordre si nos dos sont trop courbés ou si nous avons retroussé nos manches jusqu'aux coudes. Surmonté d'une immense croix, le bureau de notre maîtresse nous domine du haut de trois marches cirées à s'en rompre le cou. L'estrade est un véritable Golgotha lorsque j'y dois monter résoudre des problèmes, les bien nommés. Je suis totalement réfractaire aux mathématiques. Moi qui suis élevée dans l'amour du prochain, je n'éprouve que détestation pour ces vicieux qui achètent des rentes à 3,5 % au cours de 12,67 francs, pour ces imbéciles qui remplissent des baignoires à des vitesses de tortue et qui les vident à des heures impossibles, pour ce *x* que j'ai toujours pris pour un quidam et qui, ajouté à *y*, devient un mystère plus insondable que celui de la Foi. Sans compter ce train qui parcourt 804 mètres par minute et roule deux heures vingt-trois; cet autre qui, parti de A à 11 h 15 à la vitesse de 70 km/h, rejoindra à une heure proche pour moi de l'éternité celui parti de B, distant de A de 213 kilomètres, à 10 h 54 et à la vitesse de 90 km/h; ces robinets, ces pompes à moteur, ces cultivateurs qui font boire leurs vaches dans des bassins de section carrée, dans des puits coniques, des citernes cylindriques… J'avais, devant ces casse-tête, le même affolement que l'enfant de Colette avec les *sortilèges*… Seul le joli π 314116, avec sa gueule de hiéroglyphe et son rythme appuyé – *trois, quatorze, cent seize* – parvient à m'être familier…

Sœur Louise est très stricte, adepte d'une discipline archaïque fondée sur le bonnet d'âne, l'écriteau dans le dos, les « lignes », les coups de règle sur les doigts, les mains sur la tête pendant toute une dictée, bras en croix à genoux sur le banc, pendant cinq minutes. Elle nous aime à sa manière… Mais nos mots d'enfants ne la font pas toujours sourire. Pourtant, certaines perles valent le détour…

« Les soldats regardent la mort en face, mais elle leur ferme les yeux. »

« Le champ de bataille était éclairé par une lune qui, elle, ne faisait pas de quartiers. »

« Les deux principales opérations militaires sont l'invasion et l'évasion. »

« Dans le cercle de famille les enfants sont encerclés. »

« Avec un casier judiciaire vierge on peut se marier en blanc. »

« Un squelette ça fait peur quand il vous regarde parce qu'il n'a pas d'yeux. »

« Si une personne est en train de mourir d'asphyxie, vous devez aller chercher très vite, en taxi, un poumon artificiel et le lui enfoncer dans la bouche sans oublier de vous laver les mains à cause des microbes. »

« Bossuet avait la raison funèbre. »

« L'Ecclésiaste, c'était la femme qui créa les ecclésiastiques. »

« Le genou sert aussi à écouter la messe. »

« Jésus-Christ a ressuscité l'hasard. »

« Quand il n'y a plus de pape à Rome on en prend un à Avignon. »

« Il faut aimer son prochain, les autres sont trop loin. »

Malgré sa sévérité, j'aimais Sœur Louise. Elle était passionnante, sollicitait nos intelligences par la brimade s'il le fallait, et était aussi exigeante pour elle-même que pour les autres. Cette femme dure à la tâche avait-elle abusé de ses forces, de cette tenue qu'elle s'était imposée durant toute son existence? Toujours est-il qu'à la suite d'une bronchite négligée, d'un *mal de poitrine*, notre énergique maîtresse « monta au ciel » à l'âge de trente ans. Nous fûmes autorisées à venir la bénir sur son lit funèbre. Je posai ce jour-là mon premier regard sur la mort.

Seules les élèves de sa classe ont été admises au dortoir réservé à la communauté des sœurs. Nos « Mademoiselles » se tiennent en retrait, marmonnant des Ave en triturant leur chapelet. Nous glissons, muettes et intimidées, sur un parquet miroir. Des rideaux blancs encadrent le lit de la défunte au fond de ce lieu dépouillé.

Revêtue de sa robe, notre maîtresse paraît plus petite, ses joues se sont encore creusées et le nez pincé nous la rend moins familière. Cette vision ne m'inspire aucun recul. Sœur Louise est sereine et aussi belle que sainte Catherine Labouré que j'ai vue dans sa châsse dorée, dans la chapelle de la maison mère, rue de Sèvres. Elle dort, apaisée. Un chapelet noir entoure ses doigts croisés pour une prière éternelle. Sa «chouchoute», la sage Lucienne, a le privilège de déposer près du corps menu un grand lys blanc.

Une sœur nous raccompagne avec des propos rassurants :

— Sœur Louise a tellement travaillé! Le Bon Jésus la veut auprès de lui, maintenant, elle est là-haut…

Quand nous nous retrouvons dans le couloir, ce «là-haut» suscite un débat métaphysique :

— Tu crois qu'on peut marcher sur les nuages sans tomber?

— Oui, mais quand il pleut?

— Il y a les miracles!

— Ferme les yeux et fais la morte, dit Berthe à sa petite sœur. Puis elle court vers le robinet du préau, arrache un rameau de troène et asperge le visage de la petite qui éclate de rire sous le chatouillis des gouttes d'eau. Marie, la pécore chipie, va sur-le-champ prévenir Sœur Françoise que nous sommes en train de «jouer à mourir» :

— C'est mal, hein, ma sœur, c'est mal!

Mais en ce jour de deuil, Sœur Françoise était toute indulgence…

Nous suivîmes à pied, jusqu'au Père-Lachaise, le corbillard des pauvres tiré par deux chevaux recouverts de drap noir à lisérés blancs, ne laissant apparaître que les pattes, les yeux et les oreilles. Le curé de Saint-Merri conduisait le cortège précédé d'un diacre chargé d'une grande croix d'argent qu'il repassait, de temps en temps, à deux autres sous-diacres, tant elle était lourde. La procession de cornettes tremblantes suivait sous la brise de juin en se balançant au rythme des Ave. Nos voix enfantines chantaient des litanies auxquelles répondaient celles des parents d'élèves en égrenant des chapelets.

*Je vous salue Marie pleine de grâces, le Seigneur est avec vous…*

À la fin de chaque rosaire, une sœur relayait la précédente pour relancer la prière qui s'affaiblissait avec la distance. La fatigue aidant, la piété s'étiolait, l'ordre des rangs s'amollissait, nous étions éparpillées comme pour une promenade.

Tout naturellement, on se mit à évoquer notre maîtresse. C'est la première de la classe, Reine, qui déclencha le fou rire en rappelant une anecdote : dans le silence d'une classe attentive à recopier des devoirs, Sœur Louise était aux prises avec une bouteille d'encre rouge. À l'aide de la pointe des ciseaux qu'elle portait au bout d'un cordon attaché à sa ceinture, elle essayait d'extirper le bouchon réfractaire qui, au lieu de se dégager, s'enfonça, faisant jaillir une giclée d'encre rouge sur la colerette, la coiffe, le visage. Et voici la rugueuse maîtresse transformée en clown! Le comique l'emporta vite sur la crainte, le fou rire gagna les rangs, Sœur Louise imposa aussitôt le silence :

— Baissez la tête, petites impertinentes! Reine, avez-vous votre corrector?

L'enfant troublée répondit hâtivement :

— Non, Monsieur.

Étonnement, stupeur puis gloussements étouffés… Charlotte Meyer se faisait un corset de ses mains pour empêcher son thorax d'éclater sous la pression du rire. Nous étions toutes prêtes à pouffer… Sœur Louise, drapée d'autorité, choisit de battre en retraite et sortit la tête haute. Nous pouvions libérer nos rires retenus!

Roide, exsangue, c'est la dernière vision que nous garderons de Sœur Louise humiliée par l'incident de la bouteille d'encre rouge. Et le fou rire nous reprend derrière son corbillard… Pour nous donner bonne conscience, Sœur Alice nous rappelle que Sœur Louise elle-même ne nous a jamais dépeint la mort comme une tristesse, mais comme le moment attendu par le juste aussi bien que par le pécheur repenti. Les images pieuses sont la preuve de ces éternelles délices : qui n'envierait le sort de l'enfant blond, souriant aux pieds de la Vierge, ou de cet autre, la tête reposant sur les genoux du Divin Maître? Autant de symboles représentant l'âme heureuse délivrée de la chair et recevant au paradis le prix de ses sacrifices et de ses douleurs. L'âme de Sœur Louise n'a-t-elle pas rejoint la cohorte des bienheureux, se déplaçant à sa guise sans notion d'espace ni de temps? Pourquoi se lamenter? Il est juste de se réjouir. Cessons de pleurer sur nous-mêmes.

Ce bon sens enfantin m'a pour toujours marquée de sa conviction. L'humble petite nonne, attachée à sa vocation de vierge-épouse jusqu'au sacrifice, était glorifiée dans son unique amour. Éveillée par elle à vivre une foi que l'on sentait dans tout son être avec la même évidence que le sang lui coulait dans les veines, je te bénis, Sœur Louise! À défaut de cette foi que je n'ai pas su faire mienne, je garde de toi, comme de toutes tes sœurs, le souvenir fervent du privilège de la sainteté.

Sœur Louise fut remplacée par Sœur Marie-Joseph qui nous arriva avec sa légende : elle était «noble». Cela impressionnait beaucoup notre groupe d'enfants du peuple. Elle manifestait en effet beaucoup de distinction derrière ses lunettes cerclées de fer contre lesquelles battaient des cils immenses. Pour sa première mission dans la communauté, elle connut la fierté d'avoir deux présentées et deux reçues au *certif*, Jeanne C. et moi. Elle qui avait fait vœu de pauvreté obtint de la Supérieure l'autorisation de nous offrir, sur son petit pécule, une visite du château de Fontainebleau. En taxi!

Le jour dit, un taxi rouge G7, ailé de garde-boue noirs, attendait devant le porche de l'école du cloître Saint-Merri. Un événement! Accompagnées de Mademoiselle Émilienne, notre prof de couture, chargées de casse-croûte, de boissons, de couvertures comme pour une expédition lointaine, nous embarquons avec une satisfaction non feinte. Le teuf-teuf du taxi couvre les au revoir des élèves assemblées qui nous regardent partir avec des yeux d'envie.

Il faisait beau, ce fut inoubliable.

Après un déjeuner sur l'herbe, sous un grand chêne, nous eûmes l'autorisation d'aller jeter nos restes de pain (n')aux cygnes – nous venons d'apprendre à faire les liaisons en récitation... Exaltée par la poésie du lieu, Jeanne évoque le délicieux paysage avec l'aide de Sully Prudhomme :

*Sans bruit sur le miroir d'un lac profond et calme*
*Le cygne chasse l'onde avec sa large palme*
*Et glisse...*

Dit en zozotant (il manque à Jeanne les deux dents de devant), le poème bucolique devient un morceau de bravoure comique...

À l'intérieur du château, le guide, impressionné par la présence de Sœur Marie-Joseph, «en remet» dans ses explications et nous arrose de postillons qui portent loin son haleine de chiqueur. La cour des Adieux, où l'on se tord les pieds sur les pavés irréguliers, me laisse une impression de triste vastitude. Lasses, heureuses et déjà nostalgiques, nous rentrons à Paris comblées par ce bonheur sans lendemain.

J'ai eu la chance de connaître d'autres honneurs par la suite, mais aucun ne m'a fourni plus de plénitude que celui de l'obtention de mon *certif.* De retour à l'école, nous étions entourées comme des héroïnes, nous avions tant de choses à raconter!

La grande Charlotte, sans doute fatiguée par notre gloire, se détourna de nous avec une moue de dédain et dit à la cantonade :

— Ma parole, ces deux-là elles se prennent pour Napoléon!

— Non, ma vieille, mais pour Joséphine!

En attendant le grand amour, l'amitié comblait ma jeunesse. J'inspirais des sympathies, voire des attachements que je rendais en fidélité, sans caprices, tant mon âme d'enfant croyait aux fraternités électives.

En provenance d'Athènes, nous arriva un jour une jeune beauté, pour le coup tout à fait grecque! Précocement nubile, la femme se montrait déjà en Marika, toujours vêtue de blanc et d'une douceur grave. Ses merveilleux cheveux noirs et brillants, coiffés en anglaises et retenus par un ruban de soie, encadraient une mâchoire un peu brutale. Elle parlait peu le français et se tenait silencieuse, souveraine, dominant d'une tête notre ramassis de fillettes fagotées de tabliers noirs et parfois tondues parce que pouilleuses. Nous admirions Marika et nous l'enviions. Je l'aidais à faire ses devoirs, répétant à ma façon les leçons du jour qu'elle me semblait mieux assimiler à travers ma naïve pédagogie. Elle se promettait d'imiter la Sainte

Vierge au point d'espérer, vertus conquises, donner naissance à un dieu. Quand elle priait, ses yeux splendides et sombres s'illuminaient d'un feu où se mêlaient son innocente ardeur et la sagesse antique. Elle repartit pour sa patrie en me laissant une photo qui témoignait de sa réelle beauté et en me faisant promettre de lui rendre visite. Je reçus une lettre que l'absence d'orthographe rendait indéchiffrable. Je fis de mon côté l'acquisition d'une main de papier à lettres, avec bords ajourés de dentelle, colombe tenant dans son bec une enveloppe, papillons vagabonds, pensées fleuries, guirlandes de myosotis, un charmant *forget me not* pour y recopier le poème de Baudelaire dégotté dans le livre d'études de mon frère :

*Mon enfant, ma sœur,*
*Songe à la douceur*
*D'aller là-bas vivre ensemble!*
*[...]*
*Au pays qui te ressemble!*

Ô événement, j'achetai un « timbre-pour-l'étranger » et expédiai ma missive qui ne reçut jamais aucune réponse.

Je n'aurais pas évoqué cette éphémère amitié si je n'avais découvert par la suite qu'elle inaugurait ma faiblesse à me laisser séduire par les charmes d'un beau physique. Que de déboires m'aura causés cette inclination à magnifier chez autrui la chance d'une agréable apparence! Envieuse de ne posséder point le pouvoir qu'elle procure, j'ai laissé s'infiltrer jusqu'en mes profondeurs un manque total de confiance en moi et, par conséquent, perdu le fruit de mes autres qualités. La vie, ensuite, aura beau tenter de me persuader du contraire, l'impression de ce ratage ne m'a jamais quittée.

Des pèlerinages furent organisés dans l'intérêt de notre éducation religieuse, je dirai même de mon élévation religieuse tant j'étais en accord avec ce monde idéal d'amour et de charité. Un monde féminin d'où l'homme était absent et d'autant plus sublime qu'il était Dieu. Ai-je jamais, depuis, vécu en telle harmonie? J'étais intensément heureuse, portée par l'irréalité des images pieuses comme je l'avais été par celles du cinéma Gambetta-Palace. Tout naturellement, ma passion esthétique pour le cinéma se mua en crise mystique couronnée par ma communion privée devant la grotte de sainte Bernadette, à Lourdes.

On accédait à la communion solennelle entre dix et douze ans, mais les plus douées en catéchisme ou en mérites obtenaient la faveur d'une « communion privée », avant la « grande », dès l'âge de sept ans. Mon goût pour la mise en scène et les décors, déjà comblé par le cérémonial de l'Église catholique, ses ors, son architecture, ses lys, ses vitraux, son encens, devait trouver, devant la grotte de Marsabiel, un motif supplémentaire d'élévation vers les plus grandes hauteurs de la pureté. Tenant à la main un cierge dont la flamme était protégée par un carton cerné de bleu avec l'effigie de la Vierge sur les quatre faces, nous chantions en canon des *Ave, ave Maria* qui alternaient avec *Vierge Marie priez pour nous, sauvez la France au nom du Sacré Cœur*. Je me faisais l'effet d'une petite mariée dont l'époux était absent. J'étais vêtue d'une robe blanche, j'allais au rythme lent de la procession parmi les fleurs, vers un autel couvert de dentelles et un tabernacle d'or contenant la puissance d'un Dieu de bonté représenté par un ciboire et une hostie. J'étais dans la lumière divine, ensemble et pour toujours.

*Ensemble* et *toujours*. J'avais faim de ces mots qui pouvaient seuls répondre à ma monstrueuse force d'amour. J'étais en fusion avec l'Immaculée Conception, vêtue comme elle de blanc et de bleu, le regard fixé sur l'éternité, dans l'attente d'une réponse qui viendrait un jour, plus tard, quand je serais grande...

Je communiai en prenant garde de ne pas planter mes dents dans l'hostie et de l'avaler en hâte sans blesser Jésus qui serait plus à l'aise, sans doute, dans mon estomac. D'ailleurs, quand l'enfant de chœur sonna la fin de l'action de grâces, je constatai que j'avais été plus occupée à manger qu'à prier.

Je demandai une grâce à la grotte des miracles : que mon frère René épouse « la Marceline » enlevée par « le sale Pigier », du nom de ce cours privé où ladite Marceline suivait, tout simplement, des études de secrétariat… Je ne sais si la Vierge s'en est mêlée, mais René et Marceline sont devenus un couple qui semble heureux d'avoir fêté ses noces d'or.

Nous fîmes aussi le pèlerinage de Paray-le-Monial, au pays du curé d'Ars, où le Christ, s'adressant à la carmélite Sœur Marie à la Coque et indiquant la place de son cœur, dit : « Voici ce cœur qui a tant aimé les hommes et qui en est si peu aimé. Faites construire une basilique pour qu'on y vienne le prier. » D'où le Sacré-Cœur de Montmartre…

On nous conduisit encore à Lisieux, où la petite Thérèse fit le serment de passer son ciel à faire du bien sur la terre en y semant une pluie de roses…

Plus de doute : je serai une religieuse, une carmélite, une sainte. Je prie matin et soir, à 10 heures, à midi, à 2 heures, à 4 heures, à 6 heures, à l'angélus de 7 heures. Chaque jour, avant d'aller à l'école, j'entre dans l'église Saint-Merri, je me prosterne et je parle d'amour au Christ saint-sulpicien qui domine l'autel, le cœur ouvert cerné d'une couronne d'épines et embrasé de rayons. Je le fixe si intensément que des scintillements apparaissent devant mes yeux et je me convaincs qu'il a bougé. Je n'aurai pas d'autre époux.

Et s'il m'apparaissait à moi aussi? Il m'arrive de pleurer d'extase. Comme je l'ai aimé, ce Jésus, aimé comme je n'ai plus jamais aimé par la suite. Il est si malheureux de voir la foule des pauvres pêcheurs, des athées, qui ne cesse de croître, mais que faire? Partir à l'autre bout du monde évangéliser les Barbares comme notre confesseur, l'abbé Krempf, qui ressemblait à Léon Mathot dans *L'Empereur des pauvres* et qui portait la barbe blanche des missionnaires d'outre-mer? Attraper leurs maladies et en mourir?

Au fait, ne m'occupé-je pas déjà des peuplades lointaines?

Chaque matin, après m'avoir fait traverser la rue de Rivoli, Pauvre Jacques me donne 50 centimes « pour mes petits Chinois ». Chaque fois que nous versons notre obole, Sœur Françoise perce un trou sur une feuille quadrillée portant vingt-cinq cases. Lorsqu'une feuille est couverte de trous, nous sommes déclarées marraines d'un petit Chinois car nos économies sont destinées aux missions d'outre-mer. C'est ainsi que j'ai la faiblesse de penser que, dans le Céleste Empire, de nombreuses Chinoises s'appellent peut-être encore Odette Tchang, Odette Li, Odette Tsin, Odette Peng, grâce aux dons généreux de Pauvre Jacques, de l'autre côté de la rue de Rivoli.

Mais Petite Odette est trop petite, trop petite pour comprendre, trop petite pour se mêler des affaires des grandes personnes. «Plus tard, plus tard...» est le leitmotiv en réponse à mes questions inquiètes. Il faut attendre. Attendre de grandir (je n'y parviendrai pas), attendre de vieillir (c'est chose faite). Thérèse de Lisieux n'a-t-elle pas dû attendre ses seize ans pour obtenir une dispense du pape afin d'entrer au Carmel? Je suis encore si jeune...

Pour apprendre la patience, sacrifions-nous : pas de cornet de glace double, et triple encore moins, pas de coquetterie, pas de pensées impures – ce qui ne m'empêche pas, le soir, à Victoria, de faire la quatrième à la belote, d'amuser la galerie avec mes bavardages de comédienne précoce, de me dissiper en classe et de connaître le merveilleux plaisir des fous rires pendant les prières, le visage enfoui dans les mains, les doigts écartés pour laisser passer une œillade puis promptement refermés pour étouffer nos rires...

Ni de découvrir les premiers émois de la sexualité en grimpant à la perche! Mon Dieu! Que m'advenait-il?

«Œuvre de chair ne désirera qu'en mariage seulement», dit le sixième commandement. Ce qu'on appelait impureté n'était que la pulsion originelle de la sexualité, que la psychanalyse va jusqu'à attribuer au bébé dans sa couche et qui me secoua dès l'âge de cinq ans. Et là, dans cette cour un peu triste où j'étais si heureuse de vivre mon idéal, pendant la leçon de gymnastique, mon corps soudain me parlait et me faisait éprouver *autre chose* d'aussi agréable que mon adoration mystique.

Ce goût du plaisir ne me quitta jamais et pourtant je crois être restée simple et pure dans ma conduite, être restée en accord. Dieu qui, dit-on, voit tout de nos plus secrètes pensées, pourrait témoigner du goût de l'amour physique qu'il m'a donné tout en me laissant mon âme et mes manières de petite fille. Quel que soit le don de moi-même que j'aie pu faire aux passions, c'est en ce temps-là que s'est enracinée en moi la violence d'un amour unique et jamais égalé. Mes prières naïves et véritablement amoureuses s'adressaient au Créateur, corps et âme, certaine que l'Être suprême, ce Dieu fait homme, s'intéresserait à moi comme à son enfant préféré de toute éternité. Je chercherais toute ma vie cet homme idéal, égal de Dieu.

Ainsi, la grâce m'abandonnait, l'ange cédait la place à la petite diablesse. D'ailleurs, Satan l'impur me guettait au coin de la rue. C'est le cas de le dire.

Le concierge du 4, rue Saint-Bon m'attendait sur mon chemin et me montrait chaque matin toute sa boutique, un affreux cou de poulet flasque et tremblant au milieu de poils brunâtres.

Un peu plus loin, dans la zone des filles de joie, je rencontrais souvent une Marie Madeleine, une petite femme jeune, brune, appétissante comme un fruit mûr, une sorte de Louise Brook. Elle avait remarqué mon pieux manège. Elle m'appelait et me donnait une pièce de monnaie « pour un cierge à la Bonne Mère ». Je m'acquittais de ma tâche avec componction et j'adressais à la Vierge les prières les plus ferventes pour le rachat de mon amie de petite vertu. J'étais en communion avec la douleur, le pêché. Ma piété était à l'épreuve de la réalité.

Parmi les nombreuses clés qui pendent à la ceinture de Sœur Jeanne, l'une entrouvre un cagibi sous l'escalier. C'est une sorte de bazar où les denrées alimentaires voisinent avec du linge, des savons, du chocolat, de la naphtaline. Il s'en dégage une odeur qui fait penser à l'épicerie de la maman de Charlotte, au coin de la rue Brise-Miche. Sur le mur, une liste signale les adresses des pauvres à secourir. Avec un doux sourire, Sœur Françoise nous remet un paquet à porter 82, rue Saint-Martin.

— Odette, Gabrielle, c'est votre tour d'aller chez cette malheureuse Madame X. qui ne peut pas marcher. La clé est toujours sur sa porte. Entrez et soyez bonnes avec elle.

Nous aimons nous promener sans surveillance dans les rues. Gabrielle est ma vraie copine, elle est d'accord avec tout ce que je veux et, en plus, c'est la reine des fous rires! Et les fous rires, c'est mon pain quotidien! Nous voici donc libres, à deux, dans la rue!

Le quartier du plateau Beaubourg où nous nous enfoncions était alors un cloaque de maisons lépreuses, de bouges sordides, de ruelles humides. Ce pittoresque et vieux Paris suscite un peu de nostalgie, parfois, mais il faut se méfier du pittoresque : il est souvent le masque trompeur de la laideur, de la misère, de l'insalubrité...

N'empêche, tel était le décor de notre enfance, noir, lépreux et sale. Mais c'était notre enfance et nous étions chez nous.

— Allons d'abord au portail de l'église, me dit Gabrielle, il paraît qu'on voit des choses!

À la pointe de l'ogive, là où devrait siéger l'Éternel, en effet, nous voyons *des choses*... Un démon se présente sous une double nature, masculine, féminine. Deux seins émergent d'une poitrine velue. Il a deux ailes dans le dos, le sexe érigé, les genoux pliés en X, le visage barbu, souriant, surmonté d'une paire de cornes. Nous sommes fascinées par ce démon à la place de Dieu. C'est notre première expérience ésotérique : j'apprendrai plus tard que nous étions devant une trace des Templiers venus d'Asie Mineure, transportant avec eux l'énigme du Baphomet, qui donne, à l'envers : TEMOHPAB (c'est-à-dire, en hébreu, «le Double Oiseau du Père»), et que l'église Saint-Merri est un haut lieu de l'occultisme.

Nous poursuivons notre promenade dans notre cour des Miracles. Les nombreux clochards ont établi leurs quartiers dans tous les bistrots, nombreux eux aussi, qui jalonnent notre chemin. Il suffit qu'une porte s'entrouvre pour être suffoquées par le bruit, la fumée, l'odeur sale des corps ruinés, les relents de vin aigre, d'ail et de camembert trop fait. À même le sol, solitaires et déchus épouillent la vermine de leur torse velu. Inutile de nous recommander de ne pas nous attarder devant les «débits de boisson»...

Mon Dieu! Vous nous invitez à aimer notre prochain comme nous-mêmes, mais comment faire quand il est si répugnant? C'est peut-être pour nous habituer en vue de notre future vocation de religieuses soignant les lépreux? Notre cœur chavire, nous avons la nausée, nous courons au 82, grimpons un escalier sordide en colimaçon, un ivrogne vomit à nos pieds son trop-plein de pinard, Gabrielle se masque de son cache-col, moi de mon mouchoir, nous déposons lâchement le colis de Sœur Françoise devant la porte de la pauvre Madame X., ça lui fera une bonne surprise quand elle l'ouvrira, nous «oublions» qu'elle est paralysée et qu'il est évident que le colis sera subtilisé par un voisin aussi pauvre qu'elle, nous dévalons l'escalier et regagnons en courant l'abri de notre école…

Quelque chose en moi commença de se révolter : «Mon Père, pourquoi m'as-tu abandonné?», avait hurlé le Christ en croix. On me forçait à considérer comme bon un vieillard acariâtre qui avait laissé torturer son fils bien-aimé. La colombe du Saint-Esprit n'avait-elle pas volé assez vite pour apporter la cruelle nouvelle? Le Bon Dieu était-il si bon et à la fois sourd à la plainte de son fils comme à celle de tous les hommes?

Je posais des questions de petite fille. Personne n'entendait mon angoisse enfantine. D'ailleurs, la vie ne concerne pas les gosses. Qu'est-ce qu'un chagrin d'enfant? Un mauvais moment à passer, quelques larmes qui ne comptent pas? Non. Les enfants sont des humains au cœur gonflé d'absolu, bien plus sensible que celui des grands, raccorni d'avoir tant vécu.

Cette crainte de l'abandon prit une forme épouvantablement concrète : la peur de voir mourir mes parents, d'être un jour une orpheline.

Mon père avait organisé une fête à tout casser pour ma communion : «On ne pourra peut-être pas lui payer une telle noce pour son mariage, on ne sera peut-être plus là.»

*On ne sera peut-être plus là…*

J'étais une enfant de vieux, mais je n'avais pas encore pris conscience de leur âge et des limites de leur existence. Mes désirs de fusion et d'éternité dans l'amour, dont ils avaient été la première incarnation, apparaissaient soudain dans leur fragilité. Je faisais le jeune et douloureux apprentissage des illusions perdues.

C'est en colonie de vacances que je devais ressentir le plus profondément la menace de l'abandon.

Quel malheur de ne pas appartenir à une famille provinciale ! Mes camarades allaient chez leurs grands-parents, au bord de la mer, ou bien à la campagne où se font les moissons, en Auvergne avec un grand-père pêcheur de truites dans les torrents glacés, dans le Midi près d'un « tonton » qui galèje et emmène la petite famille en bateau, ou encore chez une douce et très vieille Mamie qu'il faut aider à remplir les bocaux de confitures pour l'hiver... Cette vie campagnarde, ces vacances, ces lumières, je les connais par cœur... En imagination ! Et malgré ça, elles vivent toujours en moi avec une infinie nostalgie...

Moi, j'avais la colo. Le mot lui-même me semblait aussi barbare que paradoxal : j'avais appris en géo que les colonies étaient pleines de sauvages sous un soleil torride, qu'on y croquait du manioc et de la canne à sucre, qu'on y extrayait des minerais, que le taux de mortalité y atteignait des sommets à cause de maladies terribles que nos prêtres et nos sœurs missionnaires, porteurs de religion, allaient combattre au nom du Christ. La colo de Saint-Flour ne devait pas se révéler si terrible, mais tout de même...

Maman et Sœur Françoise avaient donc convenu qu'un changement d'air était nécessaire à ma croissance – qui se faisait prier. La brasserie ne connaissant aucun repos, je fus envoyée à Saint-Flour, dans le Cantal, avec un petit trousseau marqué à mes initiales depuis le gant de toilette jusqu'au linge de corps. Dès le départ, je fis preuve d'une humeur massacrante. J'étais excédée par la marmaille épuisante de cris, de larmes, qui s'engouffrait en désordre dans un wagon de seconde, les valises en bandoulière. Avec mon amie Gabrielle, nous nous précipitons vers deux places isolées, mais Sœur Françoise nous impose nos places réservées : la règle est de décourager les relations à deux. Le train siffle, démarre, crache son abominable fumée noire dont la pénétrante odeur de suie s'infiltre dans les compartiments malgré les fenêtres closes qui nous tiennent dans une ambiance surchauffée.

— Ma sœur, j'ai mal au cœur!

— Déjà? Quelques gouttes d'eau des Carmes sur un sucre et il n'y paraîtra plus. Installe-toi dans un coin, au cas où…

Le voyage me semble une éternité. Toutes s'endorment mais je veille, et je pense qu'il faudra subir la même épreuve au retour. Aujourd'hui encore, alors que mon métier m'oblige à de fréquents déplacements, j'ai l'horreur des voyages.

— Sœur Françoise, j'ai mal au cœur…

Et ce n'est pas fini. Il faut encore qu'un car nous conduise à l'orphelinat de Saint-Flour, au milieu d'une campagne qui m'éblouit, mais qui ne m'empêche pas de constater que je vais séjourner dans un *orphelinat.* Je trouvais de nouvelles raisons de m'angoisser.

La sinistre construction en granit des volcans transpirait la tristesse et jouait sur mon esprit comme une poignante prémonition. Nous fûmes accueillies par une nuée de vrais orphelins en tablier noir et chaussés de galoches qui produisaient un bruit retentissant sur les pavés d'une immense cour carrée. La seule gaieté de cette espèce de caserne était une jolie fontaine d'où jaillissait une eau pure et glacée.

Quelle impression de tristesse ensuite, dans le dortoir! Sous un portrait de Pie X, des lits de fer étaient alignés sous d'avares veilleuses. Entre les draps humides, j'avais la nostalgie de ma chambre de la rue Saint-Martin, malgré sa tenace odeur de cuisine. Je fixais longuement le rai de lumière sous la porte, qui donnait à l'obscurité une pâleur de fantôme. Quand la lumière s'effaçait, quand je plongeais dans la nuit la plus noire, je demeurais immobile, terrifiée, livrée au silence angoissant. Et d'abord, en effet, je n'entendais que mon silence. Comme le navigateur Alain Gerbault, je m'écoutais vivre, mais ce n'était pas encore un bruit merveilleux. C'était une absence effrayante. Mes larmes mouillaient mon oreiller… Pourquoi n'appartenais-je pas à une famille de nombreux cousins qui vous taquinent et vous procurent vos premiers émois amoureux, surtout le plus grand, celui qui parle peu et se promène seul, qui deviendra plus tard le parrain de votre premier enfant?

Puis le silence nocturne s'emplissait du chant des crapauds, du grésillement des insectes dans la chaleur des nuits d'été, et enfin le sommeil, cet ami de l'enfance, m'emportait dans l'oubli de ma peine.

Au réveil, je sursautais au son de la cloche suivi du vibrant «Vive Jésus, vive Jésus!» de Mademoiselle Émilienne qui saluait le jour nouveau. Mais tant que je n'étais pas reprise par les occupations de la journée, les jeux, les rires, le soleil, la délicieuse torpeur de l'après-midi, je vivais dans le manque de ceux que je craignais de ne jamais revoir.

L'absence d'hygiène où nous nous tenions m'étonne encore. À peine se débarbouillait-on, après la courte prière du matin, dans de petites cuvettes en émail pleines de l'eau glaciale de la fontaine. Brrrr... Sur le bord de la tablette reposaient le gant individuel, le verre à dents (un pot de moutarde), la «boîte personnelle» contenant une savonnette, une brosse à dents, une bouteille collective d'eau de Botto, une pierre de gypse rose à l'odeur de menthe sucrée. Une fois par semaine, nous prenions un bain, mais sans enlever notre chemise. Une jeune fille de bonne famille ne devait jamais avoir l'occasion de se voir nue. Les «grandes» déversaient des brocs d'eau chaude dans un baquet de bois où nous passions tour à tour, toutes dans la même eau. Tant mieux pour la première!

La première, c'était moi, faveur sans doute due à la générosité de Maman, avant le départ... Les surveillantes se mettaient à deux pour nous savonner et nous rincer hâtivement sous la chemise sale. La toile mouillée collait désagréablement à nos corps puis, avec une dextérité d'illusionniste, Mademoiselle Émilienne nous enfilait une chemise propre qui devrait à son tour «faire ses huits jours». L'opération s'était effectuée avec une telle rapidité que nous n'avions pas eu le temps d'apercevoir notre nudité.

Misère et pudeur des mœurs anciennes où l'hygiène était un luxe et une atteinte à la vertu!

Le réfectoire était probablement la pièce la plus sombre de l'orphelinat. On y accédait par quatre marches en sous-sol. Des lucarnes hautes, donnant au niveau des haies de buis de la cour, y dispensaient un pauvre jour. Soucieuse de ma croissance, Sœur Françoise cassait un jaune d'œuf frais dans mon café, le matin. J'allais de nausée en écœurement. Il me suffisait d'apercevoir ce mélange marronasse où surnageaient les yeux jaunes du beurre fondu des tartines pour être prise de vertiges. Par chance, Jeanne Charpiot était dotée d'un foie en acier; nous échangions donc furtivement nos bols et je quittais le lugubre réfectoire le ventre léger.

Nous voici parties en excursion à Chaudes-Aigues.

Nous transportons notre déjeuner dans des cantines d'aluminium à trois étages. Au fond, le plat de résistance, un sauté de veau aux haricots. Au deuxième étage, sardine, salade. Dans le troisième bac, de la crème gélatine à la vanille. Afin de rompre la monotonie de notre ordinaire, Sœur Françoise a emporté un panier d'œufs frais que nous ferons cuire dans la rue : Chaudes-Aigues jouit d'une source qui fournit à tous ses habitants une eau bouillante. Au creux des caniveaux, devant les maisons, flotte une vapeur. Nous déposons nos œufs avec des précautions de chattes. Petites Parisiennes ignorantes, étonnées, nous sommes éblouies par les mystères de la nature. Mais l'appétit ne vient pas et c'est Jeanne qui engloutit ma ration, puis nous faisons la sieste « au bout du monde », un petit bois de sapins déniché par les sœurs. L'ombre y est douce, nous glissons comme des patineuses sur le brillant tapis d'aiguilles de pin. Mais attention aux galipettes! Défense de montrer sa culotte! C'est commode… Mais tant mieux pour celle de Jeanne, elle est toujours si jaune de pipi!

Ça chuchotte :

— Y a Sœur Thérèse qu'a les jambes écartées! Ben ma vieille! Les sœurs mettent des culottes ouvertes?

Je ne dis mot, je sais que Maman porte les mêmes. Elle n'a pas encore sacrifié à la mode des petits pantalons en soie de couleur, comme Dolorès, l'aide de cuisine, sur lesquels elle brode des papillons ou des cœurs en dentelle. Quand elle a terminé sa journée, Dolorès monte dans sa chambre, sous les combles, chercher son « p'tit linge» pour le laver. Toute guillerette, elle redescend chaussée de mules de cocotte avec des pompons floches sur le cou-de-pied. Elle étend une série de petits pantalons au-dessus du fourneau de la cuisine, la chaleur les soulève, la soie s'écarte comme gonflée de cuisses invisibles... Je trouve Dolorès très belle. J'ai entendu ce qu'on dit d'elle : « Celle-là, mon vieux, elle sort sans sa bonne ! » Elle craque de partout dans sa blouse serrée qui maintient mal sa poitrine arrogante, dans ses bas de soie artificielle que tendent de robustes jarrets, et ses joues elles-mêmes éclatent de santé. L'après-midi, durant la « coupure », elle se fait une nouvelle beauté : tantôt c'est un serre-tête en ruban dans ses cheveux frisés, tantôt une mouche de velours noir posée au coin de la bouche comme les stars de cinéma. Elle vient de découvrir le Velouty de Dior, un fond de teint dont Maryse Bastié fait la réclame dans *L'Illustration.* Mon frère Raymond lui fait chaque jour des mamours pour qu'elle lui lave sa chemise quotidienne et Maman dit que c'est une bonne fille, « dommage seulement qu'elle ait le diable au corps ». Ce qui n'est pas évident à mes yeux, le diable étant sec, noir, fourchu, quand Dolorès est si ronde, rose et lisse comme une poupée...

La colo m'est de plus en plus pénible quand je pense à ma vie d'enfant gâtée à Victoria. Je mange le moins possible une nourriture qui me répugne. Je prends des couleurs mais pas d'embonpoint. Je n'aurai soigné ma croissance qu'en dévorant les gâteaux sucrés de mon amie Louise, laquelle n'est pas partageuse. Il faut troquer les gâteaux contre ma première place dans le baquet de la « grande toilette ». Sur le couvercle de la boîte, l'image d'une nonne invite à la dégustation. Troublant dilemme : le cinquième pêché capital vanté par une religieuse ! Par les Sœurs Macarons !

MAISON DES SŒURS MACARONS<br>
Fondée en 1793.<br>
Chaque macaron est revêtu de cette<br>
marque.

Les contrefacteurs seront
rigoureusement poursuivis.
Marque de fabrique, rue des
Sœurs-Macarons, 10, à Nancy.
Expéditions en France et à l'étranger.

Au cours d'une tournée en province, j'ai retrouvé une de ces boîtes, portant la même étiquette. Elle était vide. J'ai pourtant aussitôt reconnu dans ma bouche le goût de la nostalgie…

L'enfant le plus désespéré est capable de prodigieux rétablissements. Il possède la grâce d'investir le présent sous toutes ses apparences, de s'étonner d'abord, de souffrir souvent, puis de s'adapter, de se plier ou de s'échapper. L'orpheline qui couvait en moi devenait bientôt enfant trouvée ou fille de châtelains abandonnée, et je rejouais par cœur, et avec quel puissance évocatrice, les scènes les plus mélos des films du Gambetta-Palace.

Je pris bientôt les rênes d'une véritable petite troupe théâtrale au répertoire tout trouvé : le Nouveau Testament, bien sûr l'Ancien, c'est-à-dire la Bible, n'étant pas à l'époque très prisé du monde catholique, trop judaïque sans doute, ou protestant.

Donc d'abord : la Vierge. Le rôle est attribué à la plus sage d'entre nous, tant pis si c'est une godiche, la Vierge elle-même n'est pas une primesautière. J'ai le sens des responsabilités, je serai saint Joseph traînant sa petite famille sur le dos de Gaby, qui fait l'âne. Jeanne sera le bœuf. Fatiguée par son divin fardeau, Gaby propose qu'on dise une messe à l'intention des pécheurs. C'est toujours pour les pécheurs qu'il faut fuir, pour les pécheurs qu'il faut faire le sacrifice des bonbons, les pécheurs par-ci, les pécheurs par-là! Un seul pécheur met le ciel en joie quand cent justes enquiquinent Dieu le Père à mourir puisque, de toutes façons, les portes du paradis leur sont d'ores et déjà ouvertes. J'en arrive à me demander si je ne vais pas, un jour, opter pour le camp des pécheurs, on s'occupe d'eux, au moins! On prie pour eux!

Pour l'heure, on dit la messe sur le tronc d'un vieux sapin, des feuilles de fougère en guise de nappe d'autel, une timbale en guise de ciboire, des cailloux plats et blancs en guise d'hosties. C'est la grande Berthe qui fait le prêtre, elle sait par cœur et dans l'ordre les prières qu'il faut et actionner le claquoir pour nous faire lever et asseoir aux bons moments.

— Nous sommes sœurs cloîtrées, propose Jeanne, ce serait plus pire.

Elle a raison : on ne peut concevoir la vocation sans douleur, sinon, où serait le mérite? Nous prenons donc des poses inconfortables dans le souci d'humilier notre corps, nous nous jetons à genoux pour mieux souffrir, nous glissons les bras en croix vers la sainte table de fortune, la bouche ouverte, nous recevons la communion, l'hostie-caillou, des mains de Lucie qui a fait sa communion solennelle et qui a sur nous la supériorité de l'initiée. Cette gourde de Charlotte dit ensuite je ne sais quelle prière, le caillou dans la bouche, et l'avale!

— Ma sœur, ma sœur, y a Charlotte qu'a avalé un caillou!

— Pourquoi suce-t-elle des cailloux?

— Mais pour l'hostie!

Nous sommes punies. Condamnées au silence à distance respectueuse les unes des autres.

— Moi je te dis que dans le corps, un caillou ça ne fond pas, ça gonfle.

Charlotte pleurniche, elle se voit déjà aux portes de la mort.

— Si tu meurs cette nuit, tu seras une sainte puisque tu auras fait ta communion.

La perspective du bonheur éternel console Charlotte qui aura, en vue d'une prompte expulsion intestinale, double ration de pruneaux comme dessert.

Une autre tragédie me transportait dans le monde sublime de la transfiguration religieuse : *Les Chrétiens au lion.* J'y triomphais dans le rôle de la petite martyre aux yeux crevés, deux grosses taches de mercurochrome sur de la gaze immaculée figurant les horribles blessures.

— Je vois mon Dieu, je vois les anges, je vois passer les célestes phalanges…

À l'entracte, c'est encore moi qui vendais la plus grande quantité de bonbons. Mais Sœur Françoise veille sur ma modestie et me fait promettre de ne pas tirer orgueil de mes succès.

Promesse tenue toute ma vie!

Quand, enfin, le train s'ébranla pour quitter Saint-Flour, quand la locomotive cracha sa fumée noire en sifflant gaiement, je fus inondée par la joie du retour et le voyage me parut infini jusqu'au square de la tour Saint-Jacques, jusqu'à la brasserie Victoria, jusqu'aux bras de mes parents que je retrouvais vivants comme à la fin d'un cauchemar.

Vivants!

Comme le temps m'avait paru long...

Une grande partie de l'enfance semble ainsi se passer à attendre que ça finisse. Mais que finisse quoi? L'enfance sait ce qu'elle veut : elle veut sortir de l'enfance. Mais je vivais sans doute avec des sœurs qui n'en étaient précisément pas sorties, liées par des vœux insensés et magnifiques où elles trouvaient leur liberté, et qui s'évertuaient à cultiver, à perpétuer en nous l'esprit d'enfance. Chaque année, la procession de la Fête-Dieu exprimait le plus hautement cette ambition...

En fait, ces saintes avaient le sens du spectacle, de la mise en scène, de l'équipe et de l'organisation.

D'abord nous priions sainte Claire pour avoir le beau temps. Ensuite le réfectoire était converti en atelier de fleuriste pour la fabrication des roses en papier. Il en fallait beaucoup, beaucoup! Nous sommes cinq petites, quelques moyennes, deux grandes et même des mamans et des «dames d'œuvre», pour débiter des rames de papier de soie d'après patron. Assises face à face devant de longues tables, les joyeuses ouvrières rassemblent les pétales découpés. Pour faire joli, on détend même les bordures à l'aide d'une aiguille à tricoter, imitant le jeu gracieux de la nature qui se plaît à enrouler certains pétales sur eux-mêmes. C'est une joie de voir s'amonceler tant de fleurs dans les corbeilles d'osier qui servent d'habitude à la distribution des brioches bénites offertes par les paroissiens les plus généreux (ma mère, la plupart du temps).

— Où sont prévus les reposoirs?, demande Madame de Droumaguer.

— Le premier à la sortie du grand portail de l'église, répond Sœur Madeleine, le second à l'angle de la rue Brise-Miche et du cloître Saint-Merri, et le dernier ici, dans la cour de récréation.

Viviane Bromberger, fille d'un maroquinier juif de la rue des Blancs-Manteaux, nouvelle venue aussitôt remarquée pour son intelligence et ses dons en calcul, n'entend rien à ce vocabulaire et s'interroge :

— C'est quoi, la Fête-Dieu?

— C'est dans deux dimanches, explique la turbulente Charlotte, et c'est pour… C'est pour…

— C'est un jour destiné tout particulièrement à la vénération de Jésus, glisse Sœur Madeleine en tentant de calmer notre agitation.

— Comme Noël, demande Viviane?

— Eh non, eh! Noël, c'est quand il est tout petit, s'exclame Charlotte.

— Comme Pâques, alors?

— Non, je te dis, Pâques, c'est quand il est ressuscité!

— Pas du tout, dit une autre, Pâques, c'est quand Marie Madeleine prend Jésus, à la sortie du tombeau, pour un jardinier.

— Continuons à fabriquer nos roses en l'honneur de ce jardinier divin, propose la Sœur.

— Ça n'explique pas à Viviane ce qui va se passer.

— Eh bien, après la grand-messe, au lieu de se séparer comme d'habitude pour rentrer chez nous, nous resterons en rang par deux attendant, pour le suivre, Monsieur le curé porteur du saint sacrement. Nous sortirons par le grand portail dans la rue Saint-Martin.

— Dans la rue!

— Évidemment, si ce n'est pas dans la rue, où veux-tu qu'on fasse la procession?

— Comme un défilé militaire? dit Marie-Louise dont le papa est garde républicain.

— Oui, mais les cantiques sont plus beaux et la marche plus lente, et, en plus, il y a le saint sacrement.

— Qu'est-ce que c'est, ma sœur, le saint sacrement?

— C'est le corps de Notre-Seigneur enfermé dans l'hostie.

— Comment est-ce possible?, demande Viviane en ouvrant de grands yeux.

— Ne cherche pas, c'est comme ça, c'est un mystère, dit l'une, catégorique.

— Il paraît que ce jour-là on sort ce qu'il y a de plus beau, les ciboires, les calices, les ostensoirs en or massif, aussi beaux que le trésor de Notre-Dame. Tu l'as vu, toi, le trésor de Notre-Dame? Moi je l'ai vu.

— Monsieur le curé, poursuit Sœur Madeleine, portera avec respect l'ostensoir abrité sous un dais à franges d'or soutenu par quatre clercs. Ils sortiront par le grand portail pour le *O salutaris hostia.*

— C'est du latin, s'écrie Viviane! Mon père il veut que j'apprenne le latin et le grec.

— Devant, il y aura des anges, c'est la classe des toutes petites, habillées de blanc, avec des ailes en papier. Elles parsèmeront la chaussée de pétales de roses.

— Celles que nous fabriquons?

— Non, de vraies roses contenues dans des corbeilles attachées à leur cou, pour que le sol, jonché de roses effeuillées, dégage une odeur de jardin, vous comprenez? Derrière le saint sacrement défilera le clergé, Monsieur l'abbé Krempf, Monsieur l'abbé Dubois, Monsieur l'abbé Guillaud, et puis ce sera nous, les communiantes, et ensuite les persévérantes, et puis les Enfants de Marie, vêtues comme des Saintes Vierges, et enfin les fidèles. Entre chaque groupe il y aura des étendards portés par les Frères de Saint-Vincent-de-Paul.

— Pourquoi les étendards sont-ils portés par les Frères?

— Parce qu'y sont trop lourds pour une femme.

— Il y aura d'abord l'étendard de Jeanne d'Arc, avec sa hampe dorée terminée par une fleur de lys en cuivre brillant. C'est un grand carré de soie représentant d'un côté Jeanne la bergère écoutant ses voix, de l'autre Jeanne la guerrière harnachée de métal et se préparant à bouter les Anglais hors de France. Il y aura ensuite l'étendard de la Vierge Marie qui ressemble à la médaille de l'Immaculée Conception que vous portez toutes, et qui représente la Vierge couronnée de roses et écrasant le Démon à ses pieds, avec, au dos, les initiales A.M. pour *Ave Maria.*

Le regard de Viviane s'allume à la pensée de si merveilleuses fêtes. Nous avons notre public, nous nous enthousiasmons...

— Moi, celui que je préfère, dit l'une, c'est celui du Sacré Cœur parce qu'on ne le voit presque jamais! Il est tout rouge, comme du sang, avec un cœur couronné d'épines...

— Même qu'il saigne des larmes d'or.

— Et, sur l'envers, un petit mouton en laine toute blanche et douce, je l'ai touché, moi, quand on l'a replié l'année dernière!

— Oh la menteuse-eu! C'est pas les filles qui s'en occupent, des étendards, c'est les clercs! Et puis on dit pas un mouton, on dit l'agneau pascal!

— C'est quoi, un reposoir, demande Viviane?

— C'est les endroits où on se repose, eh!

— Chutt..., dit gentiment Sœur Madeleine. Les reposoirs, ce sont les autels en plein air devant lesquels on fait halte pour une prière. Ils sont décorés de dentelle blanche, de broderies et de guirlandes de fleurs, celles que nous sommes en train de préparer. Ces différentes stations permettent à Monsieur le curé de déposer l'ostensoir contenant l'hostie et de bénir les fidèles qui se signent à leur fenêtre.

— Y a du monde au balcon! s'exclame l'impertinente Charlotte...

— C'est en quoi, l'hostie?

— En pain azyme.

— Nous autres, du pain azyme, on en mange tous les jours, dit Viviane.

Notre effarement à la pensée de la famille Bromberger baignant dans le sacrilège et se nourrissant tous les jours du corps de Notre-Seigneur!

Quant à moi, je me demanderai longtemps qui était ce Zime dont nous mangions le pain…

— L'hostie ne devient le corps du Christ que lorsqu'elle est consacrée par le prêtre durant la messe, au moment de l'offertoire, précise la plus forte d'entre nous, Reine, qui, décidément, mérite son ruban d'honneur.

— Nous bavardons trop et nous n'avançons pas, dit Sœur Madeleine. Chantons pour nous donner du cœur à l'ouvrage, Marguerite nous accompagnera au piano.

Marguerite ne se fait pas prier. Elle apprend le piano avec Mademoiselle Marie, notre professeur aveugle qui dirige les chants, le dimanche à la messe.

Ce piano, j'en connais les touches usées, jaunies, et je ne l'aime pas depuis la mort de ma chère Mademoiselle Yvonne. J'ai peur de Mademoiselle Marie que sa cécité rend très susceptible. Elle ne se sépare jamais d'un gros livre écrit en braille et dont elle poursuit la lecture même en marchant. Ses doigts déliés, aux ongles ras pour permettre le toucher, courent sur ce mystérieux grimoire en relief. Ses yeux sont enfoncés dans des orbites sombres aux paupières collées qui se soulèvent parfois laissant à peine apercevoir un mince filet blanc. Son visage levé en permanence semble interroger le ciel qui lui dispense, à défaut de lumière, des flots d'harmonie qu'elle retraduit au piano.

Marguerite prélude un air à la mode chanté par Willy Tunis au Théâtre Mogador, où Marceline et René m'ont emmenée écouter l'opérette *Au pays du sourire*…

*Je t'ai donné mon cœur*
*Tu tiens en toi tout mon bonheur*
*Sans ton baiser il meurt*
*Car sans soleil meurent les fleurs…*

À ces mots, Sœur Madeleine se précipite vers le piano dont elle rabat vivement le couvercle sur les doigts de la malheureuse Marguerite.

Silence…

Telle une prairie qui s'éveille au printemps, toute une floraison de mains chargées de fleurs multicolores reste suspendue… Marguerite paraît meurtrie, elle n'avait pas vu malice dans cette chanson que Sœur Madeleine juge osée. Résignée, Marguerite cache sous ses paupières des larmes de déconvenue, chacune reprend son travail dans le silence, mais le cœur n'y est plus.

Dire que c'était une fête…

Allons, Odette, allons! Tu étais bien au pays du sourire et ton cœur y est toujours…

## Chapitre VI

# Avenue Gambetta

*Même si on va très loin,*
*on ira encore qu'à Asnières ou aux carrières Saint-Denis,*
*on n'ira jamais que dans les faubourgs de l'infini!*
JEAN COCTEAU

— Ma p'tite poule, nous avons vendu la brasserie et nous allons devoir déménager…

Mon jeune esprit saisit-il complètement le sens de cette phrase? Mes parents avaient décidé de prendre une retraite méritée non loin du quartier de leurs débuts, à Ménilmontant, rue Gambetta. J'avais peine à imaginer que la vie est une succession de départs, parfois de retours, mais toujours de séparations et de deuils.

Je mesurai la gravité de ce changement en entrant à l'école communale.

Ce fut pour moi un choc : je quittais la tendresse toute personnelle (devrais-je dire maternelle?) que me prodiguaient Sœur Françoise et les autres religieuses, pour l'anonymat le plus brutal : désormais, on m'appelait par mon nom de famille. Chaque fois que j'entendais : « Dhommée! », je croyais recevoir un coup de poignard dans le cœur. Les larmes me montaient aux yeux. Jamais je ne me ferais à cette façon militaire de s'adresser à un enfant. Ainsi, je perdais mon enfance avec mon prénom, si cher aux bonnes sœurs de l'école du cloître Saint-Merri, qui prétendaient attirer les grâces de nos saints patrons chaque fois qu'elles les prononçaient.

À ma grande stupéfaction, nos professeurs n'enseignaient qu'une seule matière. De ma noble écriture, j'inscrivis leurs noms en lettres rondes sur la couverture de mes cahiers en face de la matière enseignée. Ma fâcheuse disposition à la calligraphie me valut aussitôt la corvée de tenir le cahier de présence des élèves. Et, obéissant à ma nature de petit soldat, je me jetai bravement dans ce nouvel univers avec toute ma gaieté qui attirait les sympathies.

Douée d'une grande capacité d'adaptation, mon sens de l'humour me tint lieu de refuge et dissimula la profonde tristesse qui m'habita d'abord. Et puis, portée par mon sens de l'observation, et sans doute par mon énergie vitale, j'eus tôt fait de m'intéresser à tout et à tous.

J'entrais dans l'âge ingrat, ce malaise qui dure des années : acné juvénile, cheveux gras, derrière lourd… Je me trouvais laide. Ma gaieté communicative, en classe, retombait souvent, dans les moments de solitude, pour laisser place à une nostalgie de jeune fille élevée par des parents âgés, pourtant si affectueux, et abandonnée par ses frères déjà établis. Je ne trouvais aucun avantage à ma nouvelle situation de fille unique.

Est-ce la raison pour laquelle je cultivais ardemment mon sens de l'amitié? Je me choisissais des amies ravissantes, ce qui, inévitablement, m'inoculait un douloureux complexe d'infériorité. Elles étaient belles, bien habillées, et semblaient souffrir moins que moi des inconvénients de la puberté. Je me répétais, à m'en démolir le moral, que jamais, jamais aucun homme ne pourrait m'aimer.

Pauvre de moi, qui avais le cœur si romanesque!

La plus jolie de mes camarades débordait d'imagination quant aux ravages de sa séduction : tous les lundis, elle me racontait les succès qu'elle avait remportés, la veille, au bal. Les demandes en mariage pleuvaient chaque semaine et je la croyais dur comme fer. Je me désolais de ne pouvoir inspirer de tels sentiments. L'éducation que j'avais reçue me tenait dans une exigence de comportement tout à fait archaïque : même s'il m'arrivait de fréquenter les bals, mes seules joies me venaient de la lecture et de la musique.

Trop nourrie d'histoires romanesques, je rêvais d'une famille de grande origine, riche d'un passé ancestral et amie du goût, de la culture, une famille capable de fasciner la curiosité d'un romancier.

Ah, si j'étais née dans une famille riche!

Je rêvais de toilettes, de confort et de luxe. Provinciale, ma famille idéale possédait une demeure de tradition avec beaucoup de chambres d'amis, une nombreuse cousinade retrouvant, au moment des grandes vacances, des greniers débordant d'objets oubliés et si nécessaires aux comédies de salon. L'été, pendant que l'on préparait les confitures, je m'abandonnais aux premiers troubles amoureux dans la profondeur des jardins, où l'odeur de la nature se mêle à l'âcre senteur des adolescents. J'avais épousé mon amour de toujours sous l'œil attentif du médecin de famille, élevant mes enfants dans la morale et la religion. J'avais tremblé pour leurs maladies enfantines et reposé ma tête sur le cœur d'un mari sérieux qui faisait dans les affaires. Nous habitions une maison confortable et bien agencée où je m'attachais à conserver les vieux meubles, les livres, le linge et les objets venus de respectables héritages. Un coin, dans la maison, m'attendait pour mourir, une couchette dans une alcôve, élégamment dissimulée derrière des voiles de mousseline. Je m'étais éteinte sous l'œil attendri des enfants de mes enfants, les assurant de la clémence divine… J'étais discrètement passée dans la vie.

Mais je suis tout autre!

Le destin a fait de moi un globe-trotter des quartiers, une petite parigote, une petite fille à soldats, une gosse des trottoirs, un clown d'autant plus drôle qu'il est sérieux, une femme stérile et malheureuse de n'avoir pas de vrai mec, une locomotive, mais mise sur une voie de garage, une énergique, oui, mais tellement solitaire et ne possédant pas cet air de fragilité, de douceur et de soumission, qui retient les hommes.

J'ai voulu être artiste parce que je m'imaginais qu'ainsi je posséderais autre chose : non seulement la beauté, mais aussi l'originalité, la singularité de l'intelligence. Appartenant à la classe des petits Français moyens, je voulais quitter la banalité de l'ordre établi, des peurs quotidiennes, de la résignation, et accéder à une sphère supérieure. Issue de gens sans importance, je m'en prenais au hasard d'avoir si mal distribué les rôles. N'étais-je pas capable, moi aussi, de vivre dans des demeures, des châteaux, au milieu des œuvres d'art, environnée de musiques, allongée sur de nombreux coussins qui vous initient à l'amour?

On allait voir ce qu'on allait voir…

Les chansons occupaient déjà une grande place dans ma vie. J'alimentais mon répertoire personnel chez une vieille marchande de musique et de mercerie, rue du Docteur-Paquelin, en face de l'école. Ma *Petite marchande de prose* [1] à moi…

Cette boutique fut ma première bibliothèque. À la maison, j'avais dévoré tout Hugo et *L'Illustration.* Chez Madame Régnier, ma culture s'ouvrait à Colette, George Sand, Roger Martin du Gard, Zola… Comme au cinéma, je m'identifiais aux héroïnes amoureuses, je pleurais, j'enrageais en lisant leurs destins contraires, je m'effrayais devant les libertinages des *Claudine*, et je m'apprêtais à ouvrir les bras à un poète maudit, à un musicien poitrinaire, pour qui je serais une seconde mère! Chopin et Musset ont ainsi tenu, dans mon cœur, la place de l'Ange fragile, du Dieu d'autant plus indispensable que je pouvais le dominer. Et, comme sainte Thérèse, je deviendrais une bagnarde de l'amour, visitée une ou deux fois au cours de sa lumineuse et austère existence dans sa cellule de nonne…

Tous les soirs, dans la minuscule boutique au parfum bon marché mêlé aux vapeurs de soupe aux poireaux, j'achetais des photos d'actrices et des chansons à la mode. Arrivée à la maison,

1. Bonjour, Monsieur Pennac.

je déchiffrais au piano. Je chantais tout le temps, pour moi, pour le plaisir, cultivant sans peine une excellente mémoire musicale qui devait me pousser sur les podiums de nombreux «Crochets».

Et ce n'est sans doute pas un hasard si la plus remarquable de mes professeurs était notre prof de chant, Madame Kosciusko, qui portait, à côté de ce nom impossible à prononcer, le plus doux des prénoms : Diane. Elle n'enseignait pas seulement dans les écoles de la Ville de Paris; elle était aussi la répétitrice de Reynaldo Hahn, à l'Opéra et à l'Opéra-Comique. Professeur infatigable, capable d'une extrême patience et de colères homériques, Diane Kosczitusko nous faisait découvrir le monde merveilleux de la musique et du chant. Elle nous emmenait parfois au Châtelet, assister aux représentations de *Mam'zelle Nitouche* et *Rose de France.* Elle mettait en scène, pour nous et avec nous, des opérettes. Elle prenait sur son temps des heures de répétition qui se prolongeaient, une ou deux fois par semaine, tard dans la soirée. Perfectionniste et de tempérament volcanique, elle nous menait tambour battant, à coups de règle sur le piano, de rappels à l'ordre et de rudes «savons». Mais quelle récompense lorsque, satisfaite du résultat, elle nous serrait dans ses bras, aussi fougueuse dans ses débordements de tendresse que dans ses éclats de colère!

C'est ainsi que les élèves des cours complémentaires de l'école communale de la rue Gambetta présentèrent, aux fêtes de l'école, *Madame l'archiduc, Les Petits Michu, Véronique, Les Deux Aveugles, Mireille, Le Roi l'a dit...* Dans *La Fille de Madame Angot,* je tenais, avec une farouche sincérité, le rôle de Pomponnet, le jeune coiffeur amusant et naïf, agenouillé devant mon amie Solange qui interprétait Mademoiselle Lange.

Nous savions, Solange et moi, que nous étions un peu les petites vedettes de l'école. Nous chantions ensemble de nombreux duos. Je me souviens que l'un d'eux mettait en scène deux jeunes internes d'une pension à discipline rigide où l'on se devait de remplacer le mot *amour* par *tambour,* et *baiser* par *fauteuil...*

Alors, dans ce duo de comédie, nous avions à la bouche le goût du succès!

Pour interpréter le duo de *Véronique*, il nous fallait un âne. Je savais, pour y être allée en promenade avec ma nourrice du temps du Café des Arts, que sur la «zone», du côté du petit chemin de fer de ceinture, des femmes gardaient des troupeaux de chèvres et quelques ânes. Je partis donc à l'aventure avec Solange, à travers les terrains vagues parsemés de masures lézardées, couvertes, le plus souvent, de tôle ondulée rouillée. On nous donna l'adresse d'un «chiff'tir» qui pourrait sûrement nous rendre ce service.

La cabane du chiffonnier semblait tout droit sortie des *Misérables* : une palissade déglinguée en gardait piteusement l'entrée. Une ficelle effilochée pendait au-dessous d'une clochette. Un écriteau intimait l'ordre : «Sonnez». Une porte clouée de planches disparates et mal jointes s'ouvrit en couinant sur une petite vieille noire, rondelette, d'abord soupçonneuse comme une Thénardier. Mais son visage couperosé, son regard vif, son attention immédiate à notre égard nous inspirèrent aussitôt de la sympathie. Informée des raisons de notre visite, elle nous guida, très souriante, vers une sorte de box, de remise toute de guingois, en planches, en tôle, recouverte de feuillage, où se trouvait notre trésor : un âne superbe, un âne comme on n'en pouvait espérer d'autre, grand, gris, doux, au regard humain et aux oreilles démesurées, dignes du bonnet de nos écoles. Nous restâmes stupéfaites devant le splendide animal comme devant l'arbre de Noël.

Et il s'appelait Gamin! Nous étions au comble de l'enthousiasme.

La chiffonnière, après avoir harnaché l'âne, nous tendit la bride et nous repartîmes, clopin-clopant, vers la Porte des Lilas. Le boulanger nous offrit trois croissants, un pour chacune, et le troisième pour Gamin, qui se délecta. Les frondaisons de l'avenue Gambetta, qui ressemblait à cette époque à la grand-rue d'un village, semblaient s'incliner sur notre passage. Nous n'aurions pas été plus fières en descendant les Champs-Élysées.

Avant d'arriver à la hauteur de notre école, nous fîmes halte devant le café-restaurant de Louis et Jeanne Chassagne.

— Eh bien, ma p'tite Odette, où c'est qu'on va comme ça? À la crèche? C'est pas Noël, pourtant!

— Non. C'est pour *Véronique*!

Les clients, interrompant leur déjeuner, étaient sortis, serviette à la main, pour s'attendrir sur notre charmant équipage. Il me semblait entendre à nouveau la bonne rumeur du Café des Arts et de la brasserie Victoria, la voix gouailleuse des artisans, des ouvriers, des chauffeurs de taxi… Les Chassagne, avec leur fort accent de Corrèze, ressemblaient à mes parents par leur abnégation, leur ardeur au boulot, leur courage. Un petit garçon brun se faufila puis osa promener sa petite main sur le pelage de Gamin.

Quand, au hasard de mes pas, il m'arrive de monter vers mon vieux quartier, je m'arrête devant la petite maison du 155, avenue Gambetta. Sur une plaque de marbre blanc, on peut lire :

Ici vécut André Chassagne
Mort pour que vive la France
Fusillé par les Allemands au
Mont Valérien
le 6 octobre 1943
à l'âge de 21 ans.

C'était lui, André, le petit garçon brun qui, à l'aube de son existence d'homme, avait donné sa vie. Il était le fils unique des Chassagne dont le restaurant était un rendez-vous connu des résistants. Jeanne Chassagne avait confié certain blessé aux soins du docteur Topart, le père de Jean, le grand comédien. Jamais le docteur ne prenait d'honoraires, jamais il ne posait de questions…

J'éprouve émotion et respect devant ces figures discrètes du combat de l'ombre, qui entrèrent bientôt dans la clandestinité, blessés à jamais dans leur chair. Louis disparut le premier. Jeanne fut tuée par une automobile en 1975, à Bourg-la-Reine, alors qu'elle traversait sagement au passage clouté… place de la Résistance!

Revenons à Gamin qui, pour être un âne idéal, était un peu trop gros… Les machinistes improvisés qu'étaient nos pères respectifs parvinrent difficilement à faire cadrer son ventre volumineux avec la porte étroite de notre petit théâtre. Après mille efforts, l'âne foula enfin de ses sabots les planches de la scène. Était-ce l'émotion artistique? Le trac? Était-il aveuglé par les sunlights? Étourdi par les exclamations qui l'avaient accompagné jusque-là? Toujours est-il qu'il s'extériorisa de la plus époustouflante des façons, laissant libre cours à ses généreux intestins.

Il fallut se séparer de Gamin, remonter l'avenue Gambetta dans la lumière triste de la fin d'après-midi. Nous n'étions plus entourées de l'admiration universelle et nous rasions les murs, inquiètes surtout de la déception de notre chiff'tir qui s'était fait une telle joie de nous contenter… À notre grande surprise, elle nous accueillit gaiement et nous emmena vers une autre masure trouver ce qu'on appelle, en termes de métier, une doublure. Sans faire aucune difficulté, un chiffonnier nous confia sa «Nénette», une petite femelle beaucoup plus adaptée aux mesures de notre entreprise et de notre théâtre.

Nénette connut une véritable métamorphose : elle apparut sur la scène bichonnée, enrubannée, étrillée, torsadée, et même parfumée par les dizaines de baisers qu'elle recevait à chaque instant. Elle semblait très à l'aise dans la carrière qu'elle venait d'entamer et aurait pu finir titulaire du rôle au Châtelet. Tout en chantant, je lui donnais un sucre qu'elle mangeait avec discrétion, soucieuse de ne pas me voler la vedette. Quand notre duo fut bissé, elle dressa fièrement sa petite tête ornée de fleurs et ses naseaux frémirent. Elle mordait au cabotinage. C'est du moins ce que j'ai toujours cru.

Au deuxième rang d'orchestre, les chiffonniers endimanchés (y compris notre vieille amie, la sympathique Thénardier), rouges de fierté et d'émotion, grisés par le succès de leur petite ânesse, semblaient dire à qui voulait l'entendre :

— C'est pas parce qu'elle est la nôtre, mais quelle artiste!

Ils assistèrent aux trois représentations avec la même joie, la même fierté, et à la même place. Un cachet fut remis à Nénette dont l'importance n'avait d'égal que son talent, et qui fut en partie dépensé au comptoir des Chassagne, sur le chemin de retour vers la zone des Lilas…

Je me souviens aussi – et tant pis si je passe de l'âne au coq… – de certaine visite faite au costumier chez qui nous devions louer nos déguisements. Nous étions deux ou trois copines à flâner parmi les rangées de costumes bizarres ou somptueux lorsque, au bout d'une allée, un couple s'avança. Elle, superbe créature sûre de sa beauté et de sa jeunesse, c'était Nita Raya accompagnée de l'extraordinaire, du fantastique, de l'admirable Maurice Chevalier. Cette vedette, dont le nom brillait en lettres électriques au fronton de tous les théâtres du monde, devait avoir pour nous, balbutiantes débutantes, un comportement étranger au commun des mortels. Mais le dieu de l'Olympe était-il mal chaussé? Enrhumé? Il marchait lourdement d'un pas de canard perdu sur une route de campagne et, comble de déception, se râclait la gorge et crachotait sans retenue, comme le Maçon qu'il devait rendre si populaire… Le dieu était descendu de son piédestal, la star de son ciel…

Heureusement, Nénette n'avait pas déçu, elle!

Un jour que nous répétions sous le préau, notre sous-directeur, un très, très vieux garçon, vint à passer dans son costume usé, suranné. Très troublées par son mariage tardif, impensable pour les adolescentes que nous étions, nous ne pouvions nous empêcher de bombarder de curieux regards ce jeune marié plus que rassis. Nous le suivîmes jusque chez lui pour tenter d'imaginer, derrière les rideaux de son rez-de-chaussée, la situation croustillante du vieux «dirlo» dans les bras de sa jeune épousée.

Cet âge est sans pitié…

Jamais nous n'aurions osé une telle indiscrétion avec notre directrice, Madame Kauffmann. Nous devions, en entrant chaque jour à l'école, passer devant elle. Nous montions les escaliers en chantant, comme à l'école des sœurs, mais les cantiques avait cédé le pas, si j'ose dire, aux marches et aux vieilles chansons de France. Au-dessous du règlement intérieur affiché à l'entrée, on avait épinglé cet avis qui aurait réjoui plus d'un poète surréaliste de la même époque :

Il est interdit d'apprendre aux élèves
des chants d'amour.
Signé : le Chef d'Établissement.

Notre directrice, Madame Kauffmann, dite le Gendarme, appliquait ainsi, avec sa vigueur alsacienne, un régime quasi militaire. Chaque élève passait devant elle en inclinant la tête pour la saluer, tandis qu'elle se livrait à une véritable inspection :

— Mademoiselle Untel, une blouse n'est pas un chiffon! Et vous, Mademoiselle X, le bouton, c'est pour aujourd'hui ou pour demain?

Elle seule nous donnait du «Mademoiselle» et je l'en respectais davantage.

Ses ordres étant souvent précédés d'un coup de sifflet, on l'appelait tout naturellement la Mère Coup de sifflet. Si nous dépassions une «bande de couloir», dessinée au sol pour laisser libre passage aux professeurs et nous obliger à circuler en file indienne, nous étions sifflées illico; alors, pétrifiées de terreur, nous nous immobilisions et étions sommées de nous avancer jusqu'aux pieds de la statue du commandeur pour nous entendre dire :

— Si vous ne comprenez rien à la discipline, je ferai venir votre père, je prendrai des sanctions, ou bien vous laverez le couloir, à votre choix.

Certains parents demandèrent son déplacement, mais en vain : Madame Kauffmann était supposée entretenir certaine relation avec un conseiller municipal et, de ce fait, était intouchable. Je ne sais si notre cerbère avait le bras si long, mais je conviens que son austérité paraissait plus adaptée à un régiment d'affreux qu'à une meute de gamines écervelées.

La sévère directrice cachait une autre femme, admirable de conscience professionnelle, de générosité envers ses élèves, et que j'eus le privilège de bien connaître.

Madame Kauffmann me donna des cours particuliers afin de me permettre de rattraper l'année de retard due à mon attachement pour Sœur Françoise. Elle se prit aussi d'amitié pour Andrée, mon inséparable amie. Elle nous inculqua la curiosité de l'étude et exigea de nous une impeccable calligraphie, signe d'application et de respect envers le lecteur. Mais surtout, elle était un professeur de français exceptionnel et c'est à elle que je dois le peu de culture littéraire que je possède. J'obtins même mon brevet avec mention grâce au coefficient 3 des épreuves de composition où je me débrouillais plutôt bien…

Se gardant de critiquer mon inclination pour les images recherchées et pas toujours très pertinentes, Madame Kauffmann m'invitait à une certaine exigence :

— Épargnez votre goût des mots qui font joli au profit de la recherche du mot seul, du mot qui les concentre tous, du mot juste. Cette quintessence vous gagnera la sympathie du lecteur, toujours reconnaissant devant la concision et la clarté. Quand je pense que notre auguste Cycle Primaire Supérieur exclut le latin de ses disciplines! Vous en auriez une meilleure orthographe et votre sens de la déduction vous aiderait dans les narrations.

Puissé-je ici encore écouter ce conseil…

Souvent elle nous conduisait au Louvre, Andrée et moi. Très informée des choses de l'art contemporain, elle nous fit aimer Georges Braque alors que nous n'étions que des gamines. Ensuite, elle nous quittait et nous allions prendre le thé à la Régence, au milieu d'une société de dames gourmandes et d'artistes du Français. Pour clore la débauche, nous rentrions avenue Gambetta en taxi et j'empruntais le montant de la course à la concierge…

C'est ainsi que j'appris qu'aucun être n'est ce qu'il paraît; que chacun mérite un effort d'attention, de compréhension, si l'on veut toucher à son secret multiple…

Madame Kauffmann crut bon, un jour, d'initier ses élèves au maniement de l'aspirateur, appareil ménager tout nouveau sur le marché. Une collecte fut organisée et l'inauguration eut lieu sous le préau. Le cercle de famille, élèves et professeurs, s'était réuni autour de l'appareil emballé comme un cadeau de Noël. C'était à qui dépouillerait le jouet mécanique sous les cris des enfants impatients. À tour de rôle, les élèves s'essayèrent au maniement de l'engin qui ronflait par-dessus les voix joyeuses et les conseils des professeurs. La cérémonie dura aussi longtemps qu'il le fallut pour que chacune d'entre nous reçoive ce baptême d'enseignement ménager. Imagine-t-on aujourd'hui une école entière faisant la queue sous un préau pour essayer un aspirateur sous l'œil sérieux et sévère de la directrice?

— Eh bien! Mesdemoiselles, désormais vous saurez vous servir d'un aspirateur!

On ne revit plus jamais l'engin. Aux dires des mauvaises langues, les tapis de Madame Kauffmann étaient d'une propreté sans égale.

Tout était gris chez Madame Meunier, ses cheveux, raie au milieu, macarons sur les oreilles, ses blouses, son teint, sa pédagogie. Elle essayait de nous enseigner le dessin.

Pour moi, le seul attrait de ce cours tenait dans le matériel. Les plus fortunées d'entre nous possédaient une «mallette complète», et la majorité un sac de toile coulissée par un cordon. Le choix du tissu était révélateur du goût de l'enfant ou de la mère : le mien était en cretonne fleurie trouvée dans les coupons de maman. J'y rangeais les crayons et le taille-crayons, le compas et la règle graduée, les pinceaux et la boîte de tubes, sans oublier un chiffon. Le grand chic consistait à faire durer ce sac toute l'année : l'abondance de taches de couleur était un signe extérieur d'activité artistique!

Le sac abritait aussi le goûter quotidien et les chaussons de gym. S'ensuivait un curieux mélange d'odeurs : le chiffon sentait l'orange, le petit pain avait le goût âcre des crayons, et la banane celui des semelles de caoutchouc... Mais l'enfance n'est pas regardante.

Pourquoi les accessoires d'école gardent-ils, à une telle distance, un relief si précis? Pourquoi se souvenir avec cette densité du crissement de la plume Sergent Major sur le papier à grands carreaux? De l'odeur de cire de la classe? Du parfum de l'encre violette, lorsqu'on écrit, le nez à quelques centimètres de la feuille? Les pupitres, ou plutôt les cases, de couleur noire, gardaient la marque d'initiales taillées à même le bois et les traces d'encrier renversé. Un trou était là pour recevoir les petits récipients de porcelaine blanche que la femme de service remplissait chaque lundi à l'aide d'une grosse bouteille à bec verseur. Pourquoi ces détails insignifiants réapparaissent-ils avec la précision d'un gros plan? Et pourquoi conserver un souvenir aussi net des fameuses natures mortes de Madame Meunier?

Figures invariablement imposées, elles appartenaient à son univers monotone et grisâtre : sans aucun effort de recherche, de rythme, ou de composition, elle posait sur son bureau des objets trouvés dans l'armoire aux fournitures : bouteille d'eau de javel, brosse en chiendent, boîte de savon noir. Il lui arrivait de faire un effort pictural en ajoutant à ce trivial bric-à-brac un fossile, une araignée de mer desséchée, une feuille morte, un marron déposé par la chouchoute-qui-pense-toujours-à-apporter-quelque-chose-à-la-maîtresse, un livre, plusieurs livres, et, parfois, ô débauche!, un fruit de saison...

La variété de son inspiration lui dictait la même entrée en matière, toujours la même :

— Aujourd'hui, Mesdemoiselles, composition de nature morte.

— Morte et ressuscitée, glissait entre ses dents une spirituelle.

— Je ne veux rien entendre. L'application exige le silence. Zéro de conduite à qui se dissipe.

— Et te dérange pendant que tu fais ton courrier, achevait l'ironiste qui avait vu juste dans le jeu de la prof.

On ferme un œil pour évaluer la proportion des objets en tenant un crayon à bout de bras. Ce concours de grimaces s'accompagne d'un grand remue-ménage : chacune prétend chercher le meilleur angle de vue.

— Madame, j'y vois rien!

— Déplacez-vous.

— Madame, y'a la tête à Germaine qu'est trop grosse, elle bouche le pot.

— Changez de place.

Au passage, on échange des bonbons, des gommes, des crayons, on se pince, on se tire les nattes…

— Aïe!

— Qui a crié?

— Moi, Madame, j'ai fait tomber mon eau.

La petite timbale dans laquelle nous trempons nos pinceaux vient de rouler avec un bruit de crécelle.

— Zéro de conduite général si j'entends encore un bruit.

Un calme hypocrite se fait sur notre armée de règles tendues à bout de bras et qui avance à pas de loup dans un fou rire étouffé…

Nonchalente, Madame Meunier nous immobilise :

— D'accord. Zéro de conduite général. Et vous ne l'avez pas volé.

— Mais j'ai rien fait, moi, larmoie la plus sage!

— Rien fait, c'est exactement ce que je vous reproche. Vous n'avez même pas établi vos proportions, achève Madame Meunier en agitant la feuille vierge de la pleurnicheuse en mal d'inspiration. Les autres, pendant ce temps, s'emploient à faire entrer une cruche ventrue dans des carrés et des rectangles, et, malgré cela, nos cruches ont l'air de se tordre le ventre de douleur…

Heureusement pour moi, les fées de la musique s'étaient penchées sur mon berceau; parce que celles des beaux-arts, qui sont aux arts, comme on sait, ce qu'une belle-mère est à une mère, devaient être en congé le jour de ma naissance!

J'éprouvais un tout autre attachement pour la triste Mademoiselle Seguin, vieille fille accablée par un chagrin d'amour. Tour à tour prof d'histoire et géo ou de français, suivant le degré des classes, elle était de la «phalange des inépousées», que la Grande Guerre avait privées de leurs fiancés.

Au cours de rédaction, elle nous lisait les lettres de son fiancé disparu. Elle considérait cette littérature comme un modèle du genre, et elle n'avait pas tort : le chagrin l'envahissait à chaque lecture et c'est en larmes que nous refermions nos cahiers sur les malheurs de notre pauvre maîtresse.

Ce deuil avait un peu perturbé cette obsédée du «péril jaune», auquel nous ne comprenions rien. Dans le métro, elle faisait signe au machiniste en levant son parapluie comme si elle hélait un taxi... Mais aussi, elle écrivait d'assez beaux poèmes; plus tard, quand elle apprit que je faisais du théâtre, elle m'envoya ses recueils pour que j'en lise des extraits à la radio, et je regrette de n'avoir pu lui donner cette joie, car son talent était réel.

Un soir, comme les vacances approchaient et qu'une certaine détente présidait au travail, elle céda à une aimable provocation de ses élèves : elle se mit à chanter *Le ciel est par-dessus le toit* d'une voix lyrique et puissante qui ameuta les classes voisines. Des nez se collèrent à toutes les vitres, des regards étonnés écoutèrent longuement, et en silence, cette voix surprenante et sincère qui envahissait les couloirs, se glissait au-dehors, sous les préaux, sous les arbres, puis vers *le ciel, par-dessus le toit...*

La douce demoiselle était le souffre-douleur de Madame Contran, professeur de sciences naturelles. Mademoiselle Seguin se drapait quotidiennement d'un châle de dentelle de laine mauve qu'elle serrait contre sa poitrine comme pour se protéger des foudres parfois spectaculaires de Madame Contran. Son joli visage un peu trop poudré, auréolé d'une coiffure floue, contrastait avec la figure revêche et sans fard de l'austère scientifique. Si l'une n'avait que sa pâle innocence de victime à opposer aux brutalités de la vie, l'autre était armée de solides prothèses dentaires qui la faisaient postillonner loin, car ses râteliers se relâchaient et butaient allégrement l'un contre l'autre. Malheur à qui osait pouffer de rire lorsqu'elle prétendait nous indiquer la bonne articulation de *Rome, unique objet de mon ressentiment*! Adepte du darwinisme, elle éprouvait un plaisir malin, bien sûr, à nous expliquer que l'homme descend du singe, ce qui fut, pour moi, une révélation.

Les sœurs ne m'avaient-elles pas convaincue de la création du premier homme par Dieu? Adam avait été sculpté dans l'argile des mains mêmes de son créateur, et Ève, l'intelligente puisqu'elle souhaitait en savoir davantage, était née d'une côte de l'auguste premier mâle. Et voici qu'une sèche mécréante m'enseignait que la mère Nature n'avait aucune notion du mal, du bien, encore moins du péché, que j'étais sur cette terre comme dans cette école, *libre et obligatoire*, et que mon seul plaisir serait de prolonger le fameux péché par le goût du savoir qui ne sentait plus, hélas, la pomme reinette et les parfums d'Éden, mais l'odeur de la satinette, des tabliers noirs et de la craie.

Mais alors? Le Paradis perdu?

— Mais oui, Dhommée, vous ne croyez pas si bien dire : perdu!

Quelle impression de défaite alors, en moi...

Nous avions fini par comprendre que la vie de ces deux êtres si diamétralement opposés s'était étroitement et jalousement fondue. Elles nous intriguaient; nous guettions chaque jour leur apparition dans la cour, tentant de surprendre un geste, un regard, une attention, une attitude équivoque...

Des années plus tard, un jour que mon amie Solange achetait des laitues au marché, la marchande enveloppa la salade dans un journal *Détective*. Stupéfaction! Mademoiselle Seguin avait été empoisonnée par l'amie avec laquelle elle avait décidé de finir ses jours...

Nous savions qu'elles avaient des rapports plus souvent orageux que tendres, mais de là à s'entre-tuer...

Ce temps de l'adolescence était celui des copines. Andrée, Solange, Marcelle, qui se faisait appeler Joëlle, Irène, Lucette...

Je ne sais plus laquelle était *la cancre*. Consciente que son charme allait lui fournir des occupations plus intéressantes que les études, elle acceptait sans complexe sa place de dernière, mais en se comportant comme une star. Ayant rejeté en arrière d'un gracieux mouvement sa blonde chevelure, elle franchissait lentement la distance entre le fond de la classe et le bureau de la maîtresse, en roulant les hanches et sans un regard pour personne, elle remettait sa copie à peine noircie de quelques lignes souvent moins longues que le questionnaire lui-même, puis elle retournait à sa place, au fond, sous nos regards épatés!

Ma pensée revient sans cesse sur celle qui me raccompagnait tous les jours, que je raccompagnais ensuite, et puis encore un bout de chemin en sens inverse, et encore un autre… Il semblait qu'on ne pouvait pas se quitter…

J'aimais la sûre compagnie d'Andrée au visage lumineux, rayonnant d'un sourire qui prenait toute la place, et dont la maturité précoce, la gravité m'impressionnaient. Des liens d'une tendre amitié s'étaient tissés entre nous. Nous partagions une forte complicité, nous confiant nos joies, nos espoirs, nos chagrins. Parfois, en silence, le seul contact de nos mains réunies nous rendait heureuses.

Un jour, la pluie s'était mise à tomber dru au cours de la récréation. Nous étions toutes éparpillées à la recherche d'un abri contre l'ondée. Andrée et moi, tels deux moineaux, avions trouvé un refuge contre une porte séparant le préau de la cour; dans cet espace étroit, nous étions blotties l'une contre l'autre. D'un geste tendre elle m'avait entouré les épaules de son bras; moi, je la tenais par la taille. Enfants que nous étions! Il n'y avait aucune équivoque dans ces gestes… Nous n'échangions aucune parole. Nous nous contentions de regarder les gouttes s'écraser au sol et les flaques se former à nos pieds. Je savourais avec elle, si naïvement embrassées, des minutes d'un bonheur innocent. Et je pensais, candidement, qu'il ne pourrait rien m'arriver de fatal tant que je conserverais la tendresse d'Andrée.

Le coup de sifflet strident de la fin de récréation vint rompre le charme de cet instant merveilleux.

À l'âge où, chez l'adolescente, le cœur et l'esprit s'éveillent à l'amour, qui conserve encore pour elle son grand mystère, un intense besoin de tendresse lui fait ressentir, parfois, pour une amie, les sentiments qu'elle éprouvera plus tard pour celui qui l'apprivoisera… C'est ainsi que ce besoin d'amour se trouvait comblé, pour Odette et Andrée, par leur amitié chaste. N'importe quel garçon aurait fait figure d'intrus dans ce monde clos de jeunes filles en fleurs et le regard que nous posions sur le sexe opposé était impitoyable.

Ainsi, un grand gars de l'école de garçons connut un certain succès auprès de notre petite bande. Il traînait un air dédaigneux, sans jamais de cartable sous le bras, et portait des chaussures à semelles de crêpe. Il chaloupait en marchant, à la manière des voyous. Mais il nous en imposait tellement que par dérision, et comme pour se défendre de son charme, nous appelions ce Michou : Chimou.

En ce temps-là, les filles n'avaient pas de contact avec les garçons, jamais. Certes, mes frères m'avaient aidée à ne pas grandir complètement idiote, mais il ne pouvait être question de garçon sans mariage, sujet plus important que la santé. L'amour ne se concevait que dans la fusion éternelle de deux âmes fidèles et l'établissement d'une famille sérieuse. Ainsi, à chaque carte postale que je recevais de mon premier amoureux de vacances, un certain Robert, Maman me demandait :

— Est-ce qu'il parle du bon motif?

Ce flirt de jeunesse s'est éteint parce que Robert ne pouvait être pris au sérieux :

— Si, à la prochaine carte postale, il ne parle pas du bon motif, il faudra cesser toute relation!

Quelle jeune fille d'aujourd'hui se laisserait dicter pareille conduite?

Vingt ans plus tard, Robert s'est retrouvé, à la lettre, *sur ma route.* J'étais arrêtée à un croisement, en Normandie. Lui également, en attente sur ma gauche… Surprise, sourires…

— Robert!

— Odette!

Le hasard, qui ne fait pas les choses à moitié, voulait que je fusse vêtue d'une robe blanche, comme pour le «bon motif»… Nous avons échangé des regards attendris, quelques banalités puis, chacun à son volant, nous avons continué notre route.

C'est encore avec Andrée que j'allais au théâtre de l'ABC, le dimanche en matinée, pour écouter chanter Lys Gauty, Lucienne Boyer, Marie Dubas, Charles (Trenet) et Johnny, Pils

# Odette Laure

*mon enfance, ma famille*

Malgré la tradition, pas de peau d'ours pour ma première photo.
Ma gouvernante, une Lorientaise, m'habillait dans les chutes de ses costumes bretons. Une nounou que j'avais baptisée Mama.
Le nom lui resta. Ah oui, à noter : déjà l'amour des roses.

Tendre connivence qui ne s'est jamais démentie avec mon frère Raymond. J'ai 3 ou 4 ans, et lui 8. La main sur l'épaule, il tente de me rassurer sur les malheurs... et les bonheurs qui m'attendent.
Sur la vie en somme.

Fierté d'une maman qui assiste au succès de sa p'tite poule, grande première à Bobino en 1955.
Encore et toujours des roses.

Je ne peux pas être sur la photo du *Café liquoriste des arts, salons pour noces et banquets*, que tiennent mes parents car elle date de 1915. Moi, je ne suis venue mettre mon grain de sel qu'en 1917.

A gauche, ma maman, à qui paraît-il je ressemble beaucoup, modèle de générosité et de dévouement, et mon papa qui, lui, a les traits du président Truman et qui nous a donné le sens du labeur et du devoir.

Mes débuts au cabaret
de Suzy Solidor, *La Vie parisienne*
en 1945. Je chantais : *Ma vie*.

Ma première photo de disque
en 1950. Faut croquer la vie
à belles... dents, n'est-ce pas ?

Pourquoi n'ai-je toujours récolté, dans
les comédies musicales comme ailleurs, que des rôles
de cocottes ? La mode du cinéma chantant : moi
en P'tite chose dans *Mitsou* de Colette.

# la chanson

Trois de mes disques. *Le tango immobile*... tout un programme. *Mon manège à moi*... qui me fait toujours tourner la tête. Et *Allô mon cœur*... il est malade.

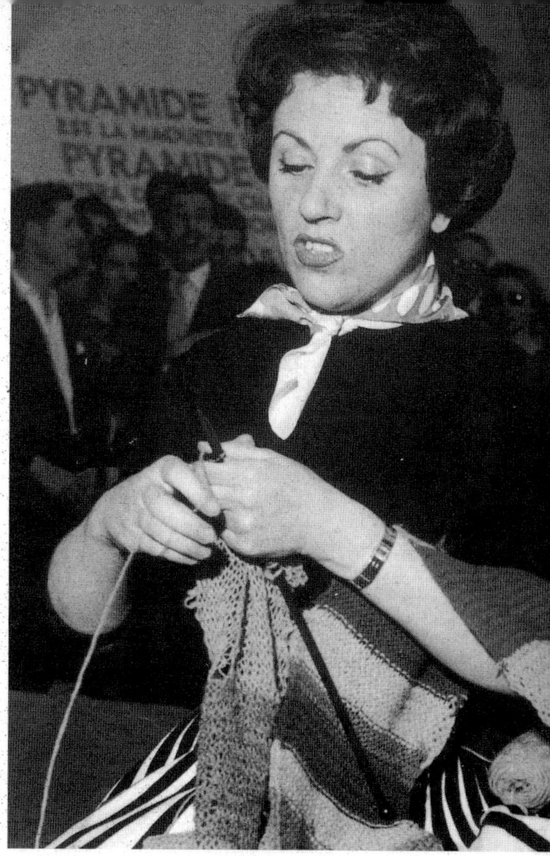


*Moi j'tricote, j'suis idiote*. Mais il paraît que je le suis beaucoup moins que je l'ai chanté.

Le Grand Prix du disque en 1950 aux côtés de Fernandel. « Alors, heureuse ? » comme il est dit dans la chanson. Non, j'suis nerveuse.

Les Compagnons de la Chanson, Ginger Rogers et son boy-friend Jacques Bergerac. Une tournée à Montréal en 1954 où je chantais dans un cabaret appelé *Le Saint-germain-des-Prés*.

A ne pas y croire. A mon retour d'Amérique, mon voisin d'avion était beau, séduisant, séducteur. Comme il n'a pas de photo de lui, il signe une des miennes : Gary Cooper. Plus grand tu meurs.

Les cornes au-dessus de ma tête. Comprenne qui veut, comprend qui sait !

J'ai 15 ans et je suis déjà à genoux. C'est le spectacle annuel donné à l'école des Jeunes Filles de l'avenue Gambetta, à Paris, où je joue Pomponnet dans *La Fille de Madame Angot*.
Le goût des planches, déjà.

*Faut marier maman*, en 1950. Autour de Denise Grey, dans une comédie musicale mise en scène par Pierre Dux – excusez du peu –, une brochette de pin-up.
Quand je rentrais sur scène, très dévêtue, la salle, étonnée, faisait : « Oh ! »

Robert Lamoureux, qui porte bien son nom, dans *La brune que voilà*.
C'était moi la brune.

Conversation joyeuse avec Jean Poiret, avec qui j'ai joué *Joyeuses Pâques* en 1980.

Joli costume signé Lise Delamare pour la pièce *Chéri* en 1981.

Metteur en scène multidisciplinaire, Jean-Laurent Cochet a réuni une troupe d'élite pour jouer *Véronique* en 1972 à la Gaîté-Lyrique : Annick Dutertre et Danièle Chlostawa.

Je pris plaisir à parodier Gabin en disant sans cesse à Michèle Morgan : « T'as d'beaux yeux, tu sais. »

*Du côté de chez l'autre*, un de mes premiers rôles importants. La distribution ? Pascale Roberts, Marie Dems, Claude Piéplu et Claude Brasseur.

*On m'appelle Emilie*, en 1984, avec Maria Pacôme et un débutant nommé Patrick Bruel. Adorable garçon. Merci, Maria, de m'avoir donné ce rôle en or.

Première apparition au cinéma dans *La Marie du port* en 1950. Argument décisif pour séduire Gabin, la star des stars : le sandwich... au Jean bon bien sûr.

Qui aurait dit qu'un jour je me marierais avec Dirk Bogarde! Hélas, c'est seulement au cinéma dans le film de Bertrand Tavernier : *Daddy Nostalgie*.

Porte ouverte sur l'univers des petites femmes vues

« Tu peux monter, ma femme est revenue. » Encore un rôle de fille légère face à Raymond Soupleix, dans *Lady Paname*.

par Colette : c'est *Mitsou* avec Danielle Delorme.

Grand succès populaire : *Le Viager*, de Pierre Tchernia en 1971 avec, entre autres, Michel Galabru, Jean-Pierre Darras, Rosy Varte...

*Les Mamies.*
De gauche à droite : la reine de la chine, Sophie Desmarets ; le modèle de l'optimisme, Paulette Dubost ; ma copine de cabaret, Jackie Sardou ; l'idole de mes jeunes années, Danielle Darrieux ; aussi bonne que belle, Catherine Rouvel ; et, enfin, un vrai petit soldat, Marthe Villalonga. Et moi, bien sûr, déguisée en Yvette Horner bien que je ne sache pas jouer de l'accordéon.

# Odette Laure
## le cinéma

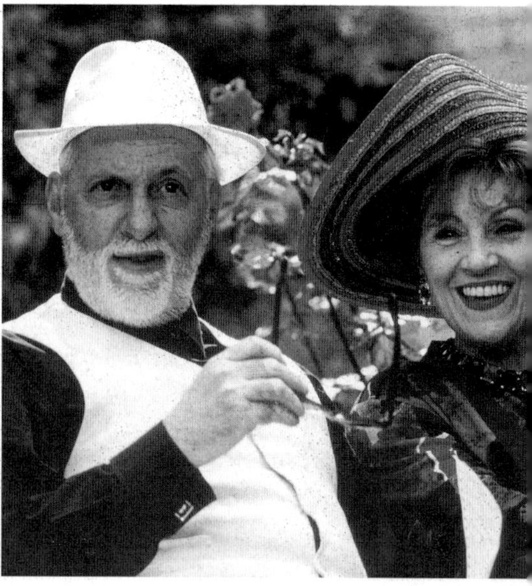

Comme les Mousquetaires, retrouvailles vingt ans après *Le Viager* avec le génial Michel Serrault. Dans un autre film de Pierre Tchernia.

Le Bébel et la bête.

L'ange Gabriel dans son studio. Chacun le veut pour frère, fils, mari ou gendre, pour moi c'est le plus tendre des amis : Michel Drucker.

Smaïn omet ma nomination au César du meilleur second rôle en 1991. « Eh ben, et moi alors ! » Eclat de rire général. Un oubli devient une consécration.

Quelle brochette ! Sauf erreur ou omission, qu'ils me pardonnent.
En haut, de gauche à droite : Jacqueline François, Paul Perri, Edith Piaf, Jacques Pills, bibi, mon idole du music-hall Marie Dubas et un profil perdu d'Albert, des Compagnons de la Chanson. En bas, Simone Renant, Jean-Pierre Aumont, Madeleine Lebaud.

De Courbevoie à Belleville,
de Garance à Odette...
elle avait tout compris, Arletty.

Janvier 78

Ton cœur a ton secret.
Ta voix a ton mystère.
Arletty

# Odette Laure

## les amis les amours

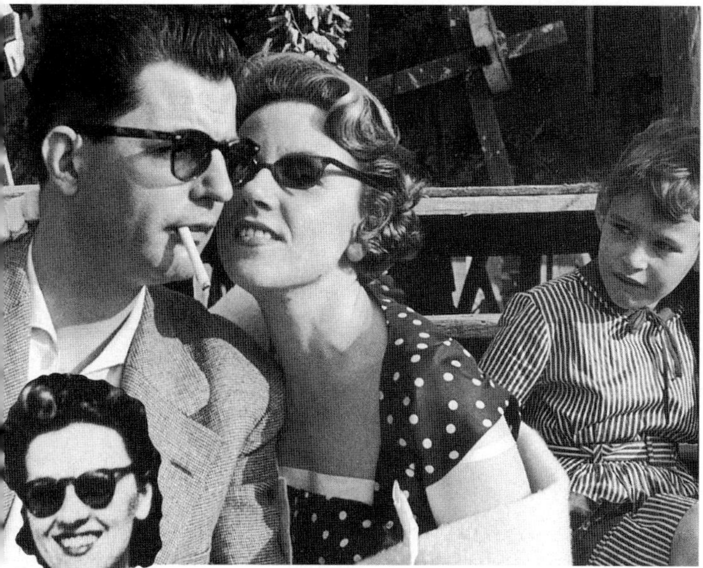

Hymne à l'amour avec un Compagnon de la Chanson.

Bras dessus, bras dessous avec ma payse Edith Piaf.

De haut en bas :

Le premier.

Le poète breton.

Le compagnon bien-aimé.

Le gentleman-farmer.

Bonne à encadrer, non ?

et Tabet qui reprenaient des chansons de Mireille et Jean Nohain. Comme nous n'avions pas les moyens de nous offrir des places assises, nous allions au promenoir, mais nos gentilles mines et nos mises coquettes nous attiraient les bonnes grâces des ouvreuses qui, presque toujours, dès le deuxième numéro, nous faisaient asseoir sur des strapontins.

Un dimanche, nous fûmes sans doute considérées comme assez grandes pour avoir la permission spéciale d'aller danser au Chalet du Lac, au bois de Vincennes. Andrée était accompagnée de son flirt, un jeune instituteur. Un camarade de promotion nous conduisit en voiture. Je fus saisie par sa ressemblance avec l'acteur Jean Murat. Il en avait la beauté et le sourire. J'aurai l'occasion de parler de lui plus longuement, et pour le bon motif, car il deviendra mon mari.

Mais avant d'en arriver là, et tout comme dans les comédies de Molière où les jeunes gens doivent obéir aux volontés de leurs Géronte de pères, je dus moi aussi passer par l'épreuve d'un mariage arrangé.

Andrée m'avait abandonnée, pas moins que cela, pour les vacances de Noël, en partant en Angleterre. Puis rebelote pour les vacances de Pâques! À son retour, j'étais fiancée à un marchand de chaussures d'Épinal. Un petit bonhomme suffisant et sans esprit, plutôt leste et audacieux. Il était bien parvenu à me troubler un peu en me caressant dans un cinéma où il m'avait emmenée, mais, revenue à la lumière du jour, je me ressaisis promptement : je n'aimais pas cet homme. Et puis, était-il question une seule seconde de quitter Paris, Andrée, ma famille? Insupportable! Je ne tardai pas à sombrer dans un désespoir d'une surprenante violence.

Les femmes, et surtout ma belle-sœur à qui revenait l'excellente idée de nous-avoir-présenté-quelqu'un-de-ses-brillantes-relations, suggéraient de laisser passer l'orage : le temps, la réflexion conduiraient sans doute la petite Odette à considérer les choses d'un autre œil... Elles tentaient ainsi d'adoucir le courroux de mon père qui, pour la première fois, me désavouait.

Folle de chagrin, je courus dans ma chambre.

Attendri par la blessure de sa fille chérie, mon père vint s'agenouiller au pied de mon lit. Mon chagrin ne s'apaisa qu'après de longues minutes. Sans doute ému et impressionné, Papa bredouilla des mots en forme d'excuse et de consolation :

— Mais alors, ma petite fille, si tu désespères à ce point pour une chose qu'il suffit de régler définitivement, alors tu n'es pas faite pour vivre!

Les mots glissaient sur mon esprit endolori comme la pluie sur les plumes du canard. Je ne voyais qu'une seule chose à travers mes larmes : les binocles de mon père, qui lui tombaient sur le nez. Partagée entre mon amour pour lui et ma détestation du moment, je n'entendais que le bruit de mon cœur...

Et pourtant...

Ce que je n'avais pas voulu entendre ce jour-là me hantera toute ma vie : je n'étais pas faite pour vivre.

Le mariage ne s'est pas fait, bien sûr. Mes parents cédèrent aux volontés de leur petite fille. Je n'avais que dix-sept ans.

Mais *je n'étais pas faite pour vivre...*

Les doutes qui ne cesseront de harceler mon existence, au cœur même des moments les plus évidents de réussite, se sont-ils cristallisés ce soir-là? Dans ces mots-là? Sur ce visage-là? Je venais d'affirmer mon goût pour la vérité, la sincérité dans les rapports humains. De crier que je ne vivrais que pour aimer!

Mais l'intuition de mon père avait percé mon secret : étais-je faite pour vivre?

Je sais pour quoi j'étais faite : pour m'endormir sur une poitrine mâle, les larmes de l'extase cueillies par une bouche aimée... Pour m'abandonner au désir apaisé, aux pensées engourdies... Pour répondre au grand appel que je ne cessais d'entendre... Pour emplir mon cœur d'un autre cœur... Comme c'est doux et généreux, le printemps d'une femme! Et quelle fortune, s'il est comblé! Mais si toutes ces fleurs se fanent, alors la vie qui reste à vivre n'est plus qu'un automne.

Georgette avait quitté l'école pour «entrer comme secrétaire» dans une compagnie d'assurances. Lorsque nous la retrouvâmes, quelques semaines plus tard, avenue Gambetta, elle nous annonça, fiérote :

— Vous savez, j'ai un amant.

Nous autres :!!!???

Georgette : Qu'est-ce que j'm'amuse!

Nous autres (au milieu de mille autres questions) : Où est-ce que vous vous rencontrez?

Georgette : Chez lui, pardi. Sa femme travaille toute la journée. Mais pendant qu'on fait l'amour, j'ai tout le temps envie de rire.

Nous (en chœur) : Pourquoi?

Georgette : Parce que sa femme est très jalouse et elle sait que son bonhomme est un coureur.

Nous (de plus en plus en chœur) : Alors?!

Georgette : Alors elle a un secret pour accrocher le col dur de son mari à la chemise, pour qu'il ne glisse pas.

Nous (même jeu) : Et alors!?

Georgette : Et alors il est obligé de garder son col accroché à la chemise. Et pour être plus sûr, il garde aussi la chemise…

À l'idée de ce vaudeville, nous faisions mine d'apprécier les exploits de celle qui, sur nous toutes, avait l'avantage certain d'avoir «fait l'amour». Nous avions beau «savoir», qu'est-ce que nous y connaissions?

La même Georgette, plutôt loquace à propos de «la chose», nous avait un jour indiqué une manière de recette :

— Moi, quand j'ai des p'tites idées qui m'passent par la tête, c'est avec la lampe de chevet.

Alors le chœur des copines : La lampe?!

— Oui, quoi, enfin… La p'tite ampoule!

La précocité de cette jeune fille se transforma plus tard en pratiques spéciales. Rencontrant un jour mon adorable amie, Irène, qui attendait un enfant, elle lui dit sans le moindre embarras :

— Quelle aubaine! J'espère que je ne vais pas te choquer, je vais te faire une proposition amusante. J'ai un ami très raffiné en amour et friand de parties triangulaires ou carrées. Si tu consentais à te joindre à nous, dans ton état, ça l'exciterait davantage et il m'en saurait gré.

La douce Irène crut que le sol lui manquait! Le souvenir de la lampe de chevet et de la petite ampoule lui revint en mémoire, et la lumière de l'amitié s'éteignit…

Irène possédait une sorte de génie poétique, sans doute inspiré par les activités pour le moins originales de son père : il était inventeur. Nombre de ses trouvailles sont, paraît-il, en application aujourd'hui encore. Sa fantaisie empêcha qu'on le prît au sérieux lorsqu'il inventa le premier planeur, qui fut expérimenté avec succès. Mais, en l'absence de capitaux, le brevet ne fut pas protégé.

Le savant homme obligeait sa petite famille à vivre au milieu de ses inventions, bidouillages, bricolages… Des tours, des machines, des scies, des chalumeaux fonctionnaient nuit et jour. À tout moment «sur le point de trouver la solution» et indifférent à tout ce qui n'était point sa création, l'ingénieur étourdi finit par décourager son épouse qui s'en fut trouver ailleurs une oreille plus attentive, une épaule plus accueillante, un bras plus disponible.

Irène choisit de rester près de son père dont la fantaisie la comblait d'une véritable complicité d'intelligence. Et ils noyèrent ensemble la douleur du départ maternel dans des indigestions de musique retransmise par des postes inventés par le génial papa.

En bavardant sous les marronniers roses de la cour de récréation, Irène ramassait les oiseaux tombés du nid. Puis, rasant le mur mitoyen de l'école de garçons, elle recevait des mots d'amour glissés sous la porte, en plein centre du mur. C'est à elle seule que ce message, un jour, pouvait être adressé : «Je t'embrasse chaudement sur ce papier glacé»!

Ainsi vivait le Cours complémentaire derrière les hauts murs gris de l'avenue Gambetta, suivant des règles dignes du siècle précédent. Dehors, le monde accélérait la cadence et le cinéma nous en donnait des nouvelles hebdomadaires succinctes mais éloquentes : les concours d'élégance automobile réunissaient le Tout-Paris, Charlot rendait visite à la capitale de la France, puis Gandhi en costume d'ascète.

Gandhi, Charlot… Deux continents au service d'une même idée qui enthousiasmait mon idéal : libérer le pauvre, soulager l'opprimé. J'éprouvais déjà moins d'intérêt pour l'Agha Khan jouant au golf, ou pour Adolf Hitler haranguant ses hordes devant le vieil Hindenburg. L'enlèvement du bébé de Lindbergh, le geste auguste de la Semeuse sur toutes les pièces de monnaie, le Bal des petits lits blancs, la Société des Nations, Herriot, Mandel, Paul Boncour, Reynaud, Laval, Painlevé, Flandin, Caillaux, Doumer, Buisson m'intéressaient sans doute moins que Fernandel, Raimu, Henri Garat, Harry Baur, Milton, Chevalier, Charpini et Brancato, Bach et Laverne… Sans oublier les «as» : Mermoz, Bossoutrot, Amelia Earhart, Costes et Bellonte.

Les magazines d'actualités avaient beau illustrer la montée des périls, les conversations s'achevaient en de rassurantes conclusions :

— Avec tous ces avions, ces chars, ces gaz! Ce serait trop horrible et seul un fou pourrait entraîner son pays!

Personne ne paraissait voir le fou envahir toutes les images…

On s'attachait plus agréablement aux photographies des riches qui prenaient quelque repos sur la Côte d'Azur, et nous étions nombreux à nous rassurer du bonheur d'une poignée de veinards. Quelle insouciance chez les jeunes filles!

Et c'est encore au cinéma que je devais découvrir une impression nouvelle : les images dont je m'enchantais jusqu'alors passivement commencèrent à changer de signification par l'effet d'une brusque évolution intérieure. Je n'acceptais plus seulement de recevoir les choses : je voulais les vivre à mon tour, personnellement. Je me mis à exécrer les clichés assénés négligemment par les adultes :

— Gardez vos larmes pour vos chagrins d'amour!

Madame Pastre, notre professeur de sténo, atteignait parfois des sommets de mépris :

— Ne pleurez pas, Dhommée, ça abîme les yeux!

Docile, comme toujours, je baissais la tête, alors que j'aurais aimé avoir le courage soudain, comme une héroïne de cinéma, de me dresser devant ce monument de sotte suffisance et d'oser lui dire en face :

— Non, Madame, ça les rend plus beaux! Y a qu'à voir ceux de Garbo!

Ma révolte aurait alors attiré l'admiration vraie du public, tandis que mon aimable grain de sel n'a fait que l'amuser…

Enfant sage et aimée dans un milieu paisible, la bonne petite Odette garde ainsi de son adolescence le souvenir d'une très longue attente, faite de silences et d'incompréhension : la morale, les convenances imposaient entre mère et fille une distance infranchissable, et il m'était impossible d'admettre la féminité de celle qui m'avait portée dans son ventre. Cette absence de complicité maternelle qui m'aurait, me semble-t-il, éclairée sur la vie, sur l'amour, sur l'homme, ou sur les hommes, me fit cruellement défaut. Je plongeai dans une infinie solitude, malgré mes amitiés nombreuses, et dans un mécontentement de moi-même qui me privaient des joies que procure l'adolescence dans ce qu'elle garde de l'enfance. Mais était-ce le sentiment que la jeunesse allait finir, que l'enfance était désormais derrière moi, que j'allais à nouveau passer par une séparation, un deuil de moi-même, qui me remplissait de mélancolie?

Non, mon cœur ne s'emplissait pas de mélancolie, mais bien plutôt d'inquiétude.

L'avenir frappait à ma porte.

Arrive un temps où toute jeune femme, tout jeune homme se trouve sur un seuil. Derrière elle, derrière lui, commencent à se fermer les maisons de l'enfance; devant elle, devant lui, indistinctes et comme dans un brouillard qui suggère bien des peurs, des terres nouvelles apparaissent. Le jeune homme, la jeune femme, s'efforce soudain de rompre avec les parents, avec le passé. Certains « brisent là » et claquent la porte sans cérémonie, ce qui est évidemment la méthode la plus expéditive et la moins embarrassante pour tous. Les autres, dont je fais partie, ne peuvent se passer d'une explication et laissent un message où le destinataire étonné ne déchiffre que révolte quand il s'agit, sans doute, d'amour…

Paris, automne 1996.

Chers parents,

Aurez-vous jamais connaissance de ce que je vous écris ? Je n'ai pour toute réponse que vos regards figés à jamais sur des photos anciennes. Regards lourds d'une mélancolie que vous m'avez léguée au premier rang de vos faiblesses, vous si courageux, pugnaces, attachés à vos devoirs aussi sûrement qu'à votre labeur quotidien. Que d'années ont passé depuis que vous êtes partis !

Eh bien ! Malgré bien des tentatives pour me rapprocher de vous, malgré les conseils de maîtres spirituels et mes tâtonnements égarés, de livres en revues, de sectes en méditations personnelles, je n'ai jamais, jamais senti le moindre fil me ramenant vers vous.

L'affaire est d'autant plus étrange que, de toutes mes forces, je vous ai appelés pour me sauver de ce monde en délire où je me noie et, cependant, puis-je l'avouer ?, je me souviens à peine de vous… Il me faut m'enfoncer jusqu'aux plus profondes ténèbres de mes pensées pour trouver une parcelle de vérité.

Papa chéri, toi qui m'adorais, toi que j'aimais tant, m'as-tu pardonné ta mort ? Comment ai-je pu te trahir à ce point ? Égoïste enfant, sombre femelle ! Pendant que tu agonisais, je donnais une nuit d'amour à l'homme dont j'étais folle. Au matin, ma vie avait basculé.

Cet hiver 1939 fut précoce et rigoureux. J'avais eu très froid dans le train qui m'emportait vers celui que je croyais aimer, Pierre… Il avait obtenu une permission d'une journée. Les soldats de son régiment cantonnaient chez l'habitant, du côté de Laon. Nos hôtes furent très accueillants et nous firent dormir dans une chambre familiale. En prévision d'un long voyage, j'avais acheté, gare du Nord, Autant en emporte le vent… J'ai bien du mal, aujourd'hui, à comprendre l'émotion que j'éprouvais auprès de cet homme qui m'avait connue vierge et que je ne cessais de désirer, malgré un très rapide désintéressement de sa part sitôt après notre mariage. Tu avais compris, cher Papa, combien j'allais souffrir avec ce fils de famille peu courageux qui se prenait pour Don Juan. Nous nous mariâmes en août 1938, au cours de cette année de toutes les peurs et de tous les espoirs, Munich surtout, qui nous fit tomber dans l'illusion de la paix...

Moi-même, malgré vos mises en garde, j'ai fait de mon désir l'illusion d'un amour.

Cher Papa, un jour tu vins sonner à la porte de l'appartement que nous occupions, avenue Gambetta, au-dessus du vôtre. Nous avions le téléphone; tu venais donc passer tes commandes «par fil» au bureau. Ma pauvre figure marquée de larmes a beau se forcer à un sourire, ton regard s'inquiète aussitôt. Tu ne dis rien sauf, en m'embrassant et en me serrant un peu plus fort que d'habitude dans tes bras, sauf ces mots à double sens qui disaient ton intelligence de la situation : «Ça va, ma p'tite poule?»

Que de sacrifices n'aviez-vous faits pour vos enfants? Vous n'êtiez pas dans le besoin et vous vous êtes cependant comportés comme des pauvres que l'inquiétude de manquer habite. Vous avez toujours eu les habitudes des pauvres gens : horreur du gâchis, sens de l'économie et, paradoxalement, vis-à-vis de vos enfants, des largesses dépassant le raisonnable.

La conséquence de votre éducation fut que je désirais avidement tout ce qui m'était refusé et que, sottement, j'attribuais à la richesse l'apanage de la beauté et du savoir. La fortune, chez nous, était réputée dépendre d'une puissance occulte qui distribuait ses privilèges à l'aveuglette, et que seul un travail acharné pourrait diminuer la distance qui nous séparait de ces privilèges.

Pour moi, la dernière, la plus gâtée, vous aviez voulu un mariage à la mesure du milieu bourgeois de mon promis. Notre installation nous fut offerte par vous, à côté de vous, dans cet appartement où déjà, cher Papa, tu fis preuve d'instinct et de prudence en m'installant, dans une des pièces, un petit salon de coiffure... Tu avais obtenu de la Préfecture mon «émancipation» pour que je puisse être déclarée artisane et exercer mes talents de coiffeuse auprès de vous.

Et aujourd'hui, ce qui m'étreint, c'est le souvenir de ton inquiétude devant mon extrême jeunesse alors que, déjà, les forces t'abandonnaient, usé que tu étais par une vie de travail inhumain. Tu disais toujours que j'étais un enfant de vieux...

Je travaillais bien. J'acquis une bonne clientèle en peu de temps et c'est toi, cher Papa, lorsque l'affluence me faisait sauter l'heure du déjeuner, c'est toi qui me préparait un sandwich au jambon, finement tartiné et relevé d'un peu de gruau aplati d'une main attentive, pour que la croûte soit plus tendre à mon palais délicat... Que n'aurais-tu fait pour ta fille chérie? J'en ai étonné plus d'un en lui apprenant que tu me pelais les grains de raisin! Comment se pouvait-il ensuite que les hommes ne parussent point des rustres, en comparaison?

C'est peut-être cela, chers Parents, que je suis venue vous reprocher : de m'avoir trop donné, de m'avoir offert un amour intelligent, libre, et cependant plein d'un souci de tous les instants, d'une vigilance, d'un esprit de protection qu'aucune autre personne au monde ne serait, dans l'avenir, capable d'égaler.

En me comblant, avez-vous fait mon malheur?

...

Comment se fait-il qu'une enfant aimée puisse écrire cela, qui est terrible : reprocher de trop aimer? Ou bien faut-il y voir l'expression paradoxale d'une vraie reconnaissance?

Me voici sur le point d'achever le récit de mon enfance et d'aborder, non sans appréhension, le monde de la femme, de l'adulte, de la «professionnelle». C'est peut-être cela, l'âge adulte : sortir de l'amateurisme. Charles Trenet dit quelque part (on ne prête qu'aux riches) : le professionnel, c'est celui qui fait ce qu'il aime, mais à longueur de journée...

Ai-je aimé être l'enfant que j'ai tenté de décrire? Et la femme que j'allais être?

Je doute de le savoir jamais.

Mes sentiments à l'égard du monde, et du monde à mon égard, se sont si régulièrement placés sous le signe de l'ambivalence qu'il m'est souvent difficile de démêler mon propre écheveau.

Ainsi, il me fallait quitter mes parents, mais quelle difficulté pour les remplacer! J'étais porteuse d'une incurable maladie : le mal d'aimer. Insatisfaite à jamais! Comme disait mon père :

— Insatiable p'tite poule!

J'étais dotée d'une aptitude sans limites à la souffrance, de tendances inquiètes, d'une grande réserve de larmes mais aussi de caresses : souvent, comme pour me consoler moi-même, je me caressais le visage à la soie de pétales de roses, me dispensant un indicible bonheur parfumé. Toute mon existence, je n'ai fait que m'attrister de souvenirs amers ou craindre des chagrins nouveaux, mon innocence se nourrissant de désirs autant que de refus.

L'amour physique me ferait découvrir l'enivrante inversion des nuits et des jours, la confusion des sentiments et les pulsions liées à la volupté…

Mais je demeurais si petite! Cela me révoltait! Peut-être dois-je remercier le ciel? Ma taille m'a inspiré une colère de tous les instants. Plus exactement, une implacable lucidité.

Et puis, c'est une dure école de vie que de naître après une tuerie en masse dont le sacrifice laisse croire que l'on peut vivre en paix, et de se retrouver à vingt ans devant une autre guerre…

Toute notre famille s'était regroupée du côté d'Enghien pour économiser des loyers en ces temps de disette. Mes frères et mon mari livraient leur «drôle de guerre». Dans ce monde de femmes seules et crevant autant de faim que de peur, mon père s'épuisait à gagner un maigre argent en allant chaque jour à Paris dans d'effrayantes conditions de transport. À soixante-quinze ans, au bout de ses peines, il avait repris le licou dans le froid glacial de l'hiver 1939-1940. Pauvre vieil homme sur qui, inéluctablement, le travail, le travail pénible s'acharnait!

La drôle de guerre fut hantée, pour toutes les familles de cette génération, par l'angoisse obsessionnelle des nouvelles du front, d'où le mari aimé, les frères si chers, adressaient des nouvelles banales en raison de la censure. Malgré tout, la lettre la plus anodine était un signe de vie qui soulageait l'inquiétude pendant quelques jours, quelques heures, et l'angoisse reprenait le dessus, avec le silence…

Pêle-mêle, mes souvenirs rassemblent dans une même pénurie l'amour, l'argent, le charbon et la nourriture. Nous vivions un deuil de tous les instants et cependant nous vivions. «On faisait avec.» Avec les cartes de rationnement, avec les queues devant les boulangeries, avec les transports désorganisés, avec le gazogène, avec le métro où, du moins, il faisait chaud, avec les vélo-cars... Les tandems-taxis, c'était pour les nantis, et il y en aura beaucoup, des nantis, durant ce temps maudit de l'Occupation! Combien de BOF [1] feront leur beurre sur le dos de ceux qui en manqueront si cruellement!

La guerre m'a plongée dans le doute le plus profond. Je connaissais le Dieu bon et rédempteur, mais je ne comprenais pas ce qu'on appellera plus tard «le silence de Dieu» devant l'horreur de ces quatre ou cinq années. Comment croire, désormais, à ce qu'on m'avait enseigné? Aux promesses, aux vertus qui changeaient constamment de camp? Rebelle, je ne condamnai pas ce Dieu que j'avais tant aimé, car on ne cesse pas d'aimer. Mais j'appris alors que je devais faire face, seule. Je devins une observatrice aiguë et désabusée.

Et je choisis, fidèle à ce que l'on attendait de moi, de prendre la chose à la légère. Je ne suis pas drôle, mais j'ai un pouvoir comique. La planète va exploser? Je vais trouver un truc marrant, comme une autre avait trouvé son truc en plumes! Chacun son truc...

Mais avant de devenir le «Charlot de la chansonnette [2]», excusez du peu, il faudra encore franchir bien des obstacles.

En cachette de mes parents, et surtout de mon père, je participai à des «Crochets», notamment ceux du Poste Parisien et de Radio Cité, que j'ai gagnés en 1936.

Parmi les candidats masculins se trouvait un autre inconnu, un jeune et beau décorateur : André Claveau, qui devait faire la plus brillante carrière des chanteurs de l'après-guerre.

Ayant remporté le concours, je reçus la proposition d'un engagement à la radio. Hélas, j'étais mineure et mon père s'y opposa fermement. Pour lui, la chanson, le théâtre, les planches, comme il disait, c'était la perdition. Il rêvait pour moi

---

1 Beurre-Œufs-Fromage, naturellement. Le *beauf* n'est-il pas son héritier spirituel?

2 Christian Brincourt, *Le Figaro*.

d'une intégration solide et rassurante dans la société. L'idéal était d'une part de me marier, d'autre part d'apprendre un bon métier. J'eus recours à un subterfuge qui, tout en calmant l'ire paternelle, entretenait un certain espoir : je serais coiffeuse et esthéticienne, espérant par ce biais aborder le monde du théâtre et du cinéma. Deux ans plus tard, j'obtenais mes diplômes.

J'effectuai mon apprentissage auprès d'Antoine – de son vrai nom Antoni Cierplikowski –, l'inventeur de la coupe au rasoir, du vernis à ongles, des faux cils et du rinçage mauve. C'est lui qui devait façonner les visages d'Arletty, Jacqueline Delubac, Ginger Rogers... Comme Chanel, Antoine avait inventé une nouvelle femme. Sa petite boutique de la rue Cambon, son «cirque», devait devenir le salon de coiffure le plus célèbre du monde grâce à Anna de Noailles, Sarah Bernhardt, la duchesse de Windsor, Eleanor Roosevelt, la reine Astrid, la Begum...

L'actrice Ève Lavallière inaugura la coupe à la Jeanne d'Arc qui fit la colossale fortune de son créateur. Les Américains lui offrirent un pont d'or en ouvrant à son nom plus de cent trente salons sur le territoire des États-Unis. Pour Joséphine Baker, pour Brigitte Helm, inoubliable incarnation d'Antinéa [1] à l'écran, il créa les accroche-cœurs laqués. Il osa les teintures les plus insolites, jusqu'aux cheveux bleus pour les vieilles dames, pour lui-même, et pour son chien. Il se fit construire un «building», avenue Paul-Doumer. Il recevait ses amis installé dans un cercueil de cristal et sous la protection d'un magnifique Van Dongen. Il y avait du Dali dans ce personnage extravagant, toujours en habit blanc, cape noire, escarpins à talons de cristal. Une sorte de Théophile Gautier avec ses cheveux longs et son gilet rouge, en perpétuelle recherche d'une querelle ou d'un scandale pour secouer la routine des jours....

J'ai aimé le métier de coiffeuse. Sous la main, la chevelure réagit comme un tissu, dans un espace de formes toujours inattendues et belles. Cheveux de nuit, blés d'or, châtaigne d'automne, blancheur des ans... Le miel, la soie, le soleil ont aidé les poètes à décrire cette souplesse de végétal, cette fluidité

1 De Pierre Benoit. Le nom de ses héroïnes commençait toujours par un A...

de rivière, cette liberté de serpent, cette nature vivante et indomptable.

J'éprouve un plaisir extrême à voir un coiffeur, lorsqu'il est artiste, aux prises avec de beaux cheveux. Et, une fois n'est pas coutume, j'ai souvent remarqué que cet art de la parure convient davantage à la main d'un homme : la chevelure est aussi indocile et capricieuse qu'une femme et semble réclamer une autorité mâle. Sous une main virile, elle consent à prendre forme, à devenir, quelques heures, une œuvre d'art éphémère. Cela m'est une jouissance d'observer l'artiste caressant la crinière, la comprimant, l'amenant à sa volonté tout en la flattant une fois soumise...

Pour l'observatrice que j'étais devenue, le salon de coiffure, à la façon du Café des Arts, m'était un nouveau théâtre. Ce monde futile et cependant actif, inquiet de son paraître, cette infatigable volière, était une source inépuisable de *mots*, de *brèves*, qui auraient fait la fortune du moindre amuseur...

L'une affirmait :

— Je déteste les homosexuels. Celui-là, par exemple, qu'il ne s'avise pas de me baiser la main! Je lui foutrais bien mon pied au cul, mais j'ai peur que la godasse y reste.

Telle altesse royale nous prenait parfois, nous autres modestes ouvrières, pour ses larbins :

— Annette, ramassez cette crotte derrière le fauteuil, Tulipe s'est oubliée.

— Je ne suis pas là pour ça, proteste Annette, offusquée.

— Annette, voyons! C'est une crotte royale, dit l'altesse.

Ginette vient au secours de son amie Annette :

— Hep! Princesse, venez un peu par ici, j'ai quéqu'chose à vous dire.

La Princesse obéit et Ginette, l'emmenant à l'écart, lui donna sans doute une leçon de savoir vivre...

Pardonnons à une autre comtesse qui ne savait pas ce qu'elle disait lorsqu'elle commandait à Roger, la star du moment :

— Roger, s'il vous plaît, aplatissez-moi le devant et bouffez-moi bien le derrière.

Une jeune veuve, assez proche de celle si joliment décrite par La Fontaine, venait de consacrer beaucoup de temps à sa beauté : esthétique, manucure, épilation complète – je dis bien : complète –, quand, s'offrant enfin aux mains de son coiffeur, elle confia sa douleur :

— Ne me faites pas une coiffure trop apprêtée, je vais tout à l'heure à l'enterrement de mon mari.

Grâce à mon métier, je faisais bouillir la marmite. J'étais l'homme du ménage.

Pourtant, n'avais-je pas épousé un beau parti? Pierre appartenait à une famille d'industriels. Dans le jardin de la villa d'Argenteuil, on jouait au tennis les jours de beau temps. J'aimais écouter le bruit paisible des balles contre les raquettes, entendre les éclats de rire dans la lumière printanière de cette rêveuse bourgeoisie, admirer la dextérité de mon mari, qui ressemblait à une star hollywoodienne. Il était expert en revers comme je devais l'être moi-même tout au long de ma vie sentimentale…

La sœur aînée de Pierre se plaisait à me faire sentir qu'on me faisait une grâce en me tolérant dans cette terre étrangère. Je n'avais pas vingt ans, Pierre vingt-cinq. Il vivait, apparemment, de ses représentations en huiles industrielles, le temps, du moins, que lui laissaient les femmes.

Je possédais un flair de chien de chasse : j'obéissais à un instinct aussi puissant qu'inexplicable, à une pulsion éminemment physique, tant il est vrai que le corps existe terriblement et affirme parfois ses désirs à grands cris. Et les silences masculins, durables, entêtés, ne laissent pas d'agiter un cœur amoureux. Tout comme les bêtes et les animaux domestiques, les femmes ont un besoin insensé d'entendre la voix humaine. Le silence du *bel indifférent* cher à Cocteau est, pour elles, proprement affolant.

Mon amour pour Pierre était habité d'un instinct inexplicable, celui de se nuire et d'aller au bout du chemin, où la sagesse commande de ne pas s'engager et sur lequel, pourtant, on avance, résolue et pleine d'une inavouable mélancolie. Je m'enfonçai tour à tour dans deux forces contraires : une apparence souriante et gaie devant le monde, un désespoir profond face à moi-même.

Avec un lyrisme débordant, seul le plaisir d'aimer pouvait, à mes yeux, transcender cette contradiction intérieure. Et j'aimais Pierre.

Mais voilà…

En cédant à mes doutes et poussée par la douleur que me procurait son silence, je ne résistai pas à faire ses fonds de poche et j'y trouvai ce que je redoutais d'y trouver : l'adresse d'un rendez-vous, rue des Acacias.

J'y allai, j'y courus, j'y volai : l'amour donne des ailes et la jalousie une implacable lucidité. Je ne fus pas déçue : notre Peugeot blanche était sagement garée devant une maison spécialisée en «appartements à louer à la journée», dans le quartier des meublés de la rue Troyon…

Pierre plaida magnifiquement coupable :

— J'ai été mis au monde pour le bonheur des femmes! Tu ne pourras pas m'empêcher de les combler. Oui, de les combler, car elles me le disent toutes : je suis un amant de première classe!

Et de m'inviter tendrement à comprendre cette faiblesse – ou cette qualité, selon le point de vue…

Bien entendu il m'était impossible de supporter, à tous les sens du terme, la liberté physique et sentimentale à laquelle prétendait celui qui devait prendre la place exclusive de Dieu dans mon être. Ma soif d'amour total ne trouvait aucun apaisement.

La séparation de la drôle de guerre raviva en moi la flamme de l'espérance. Pierre m'envoyait des lettres pleines d'élégance et de tendresse. J'avais épousé un héros lointain, officier et gentleman…

Lorsqu'il revint à Paris libre et vivant, je m'employai de toutes mes forces à rétablir notre conjugalité. J'assurais notre ordinaire en continuant de plus belle mon métier de coiffeuse. Et il fallut se rendre bientôt à l'évidence : alors que tout mon temps était occupé, le sien n'était que loisir pour se consacrer au bonheur des dames.

Vivre devint une absurdité. J'entendais la bonne voix de mon père répéter ces mots assassins :

— Mais alors, ma petite fille, si tu désespères à ce point, alors… tu n'es pas faite pour vivre!

Par la fenêtre à guillotine de notre appartement, avenue Gambetta, entre un soleil de fin d'automne. Assise devant la table, près de la cuisinière dont les brûleurs sont volontairement ouverts sans flamme, mes doigts se crispent sur le livre de Jacques Chardonne, *L'amour, c'est beaucoup plus que l'amour.*

Le bonheur qui fut un jour en cet instant n'est plus.

La jalousie, cette face d'ombre de l'amour, me tourmente au point de vouloir mourir. Dans une mise en scène de quatre sous, je crois atteindre au paroxysme de la passion déçue et j'attends la délivrance tout en lisant des mots d'amour. Les caractères devant mes yeux se mettent à danser…

*Le couple c'est l'amour… les jeunes filles amoureuses… mariage… pour une amoureuse il n'existe rien hormis ses larmes… l'amour… l'insécurité… les déceptions…*

Une odeur d'œuf pourri envahit mes narines, ma bouche, ma gorge. Mon cœur s'est réfugié dans mes tempes, un étau invisible enserre mon crâne, mon buste s'alourdit, je m'affaisse, un engourdissement gagne tout mon corps, dissipe les sensations…

Loin, très loin en moi, flotte une pensée diffuse, légère… Mourir n'est donc pas si difficile… Indifférente, j'emporte dans l'autre monde le désespoir d'une jeune femme inconsolable de n'être plus aimée.

L'arrivée imprévue de l'époux volage fait échouer le projet. Les pompiers accourent. L'un d'eux s'enferme malencontreusement dans la salle de bains. La farce, toujours, se mêle au tragique! On libère le malheureux pompier tout en s'occupant de moi. Lavage d'estomac, bouteille d'oxygène… Une odeur de buis, de fleurs fânées, de neige carbonique se mêle aux relents des odeurs ménagères qui montent du couloir… Ainsi se fixe en moi un parfum de mort close… Puis, secouée de nausées plus préoccupantes que mon chagrin et déjà envahie d'un sentiment d'échec qui porte autant à rire qu'à pleurer, je reprends conscience dans les bras du pompier délivré.

J'avais vingt ans.

Je voulais mourir.

Raté.

À Narvik se déroula une bataille cruelle entre toutes au cours de laquelle furent décimés les saint-cyriens qui chargeaient en gants blancs contre les nazis. Les «dragons portés», régiment motorisé où servait Pierre, furent miraculeusement épargnés et mon bel officier revint très rapidement à Paris pour nous en faire, à notre tour, partir. Il pensait que nous trouverions un abri sûr, Maman et moi, chez les beaux-parents de sa sœur, pâtissiers à Ruffec, dans les Charentes. Grâce à eux, je sais que la meilleure pâte feuilletée s'obtient avec de la végétaline.

Me voici donc au volant de la Peugeot blanche complice des libertinages de mon époux. Je ne sais pas conduire. L'autorité de Pierre triomphe immédiatement de mon appréhension :

— Tu m'as vu conduire. Tu sais.

Deux ou trois exercices et quelques conseils de prudence suffirent à cette unique leçon de conduite, et en route.

Juin 40…

Nous fuyions sur les routes ensoleillées et Maman, avec l'insouciance d'une enfant, s'émerveillait de la splendeur des cerisiers.

— Regarde comme les cerises sont belles cette année! Mais pourquoi ne t'arrêtes-tu pas?

— Maman! Je ne saurais pas repartir!

Les cerises! Les cerises du printemps 40!

À l'entrée du pont de Tours surgit un groupe d'enfants, une véritable colonie. Si le bon Dieu n'existe pas, je les écrase tous… Et, comme la mer Rouge devant Moïse, les enfants s'écartent au passage de ma Peugeot blanche klaxonnante…

Par quelles routes suis-je passée pour me retrouver le soir à La Souterraine et par quel effet de mon Ange le régiment en fuite de Pierre se trouvait-il là, sur mon chemin? Ce n'est pas vraisemblable et pourtant c'est vrai : je passai la nuit à la belle étoile, dans l'herbe d'un fossé, la tête posée contre l'épaule de mon mari, nos corps l'un contre l'autre…

Je n'ai souvenir de rien, dans cette nuit de guerre, que du goût du bonheur.

J'arrivai enfin à Ruffec au moment où la foire battait son plein.

Je stoppai au beau milieu des bestiaux bêlants, beuglants, pour demander innocemment :

— La pâtisserie de Monsieur Fredon, s'il vous plaît?

Indifférente à la bordée d'injures qui m'accueillit parmi les charretiers, je remerciai mon Ange de m'avoir conduite jusqu'à Ruffec en ayant pris soin de m'égarer, d'abord, du côté de La Souterraine…

De retour à Paris, j'étais décidée à vivre autrement, autre chose. Je consultai un psychiatre, le bien nommé docteur Heuyer – je l'ai aussitôt baptisé Œillère –, qui, après avoir patiemment écouté mes lamentations comme l'y obligeait son métier, me posa une question toute simple qui me résumait d'un mot. Il me demanda, tout en semblant poursuivre une réflexion pour m'aider à rebondir dans l'éprouvante histoire de moi-même :

— Existe-t-il une chose que vous aimez par-dessus tout?

— Pas une chose, un être! Mon mari, et j'en meurs.

— Je dis bien : une chose. Un violon d'Ingres qui pourrait vous sortir de l'obsession amoureuse?

Je répondis à cette interrogation vaguement songeuse :

— Longtemps, j'ai rêvé d'être artiste, faire du théâtre, chanter… Mais mes parents n'ont pas voulu.

— Eh bien, c'est ça! s'exclama-t-il comme si la lumière venait de se faire sur l'enquête qu'il menait dans l'univers de sa cliente… Vous n'êtes plus sous tutelle, que je sache.

*Sancta simplicitas…*

Je savais que je pouvais guérir en affirmant mon désir contre celui de mon milieu, ma vérité, ma volonté contre celles de mon père. Je savais quelque chose de moi, à travers moi, et qui ne devait rien à personne qu'à moi : que mes parents, en me donnant la vie, m'en avait amputé d'un bon morceau.

Mais comment faire pour permettre à cette volonté toute neuve de se manifester ?

J'eus d'abord le courage de divorcer.

Ensuite, je comptais sur l'intervention de mon Ange.

## Chapitre VII

# Je connais la chanson

*Partout où l'on chante, tu peux entrer.*
JOHANN WOLFGANG VON GOETHE

Ne cessant pas de me soucier de mon inculture, j'avais gardé précieusement contact avec mon ancienne directrice de l'école de l'avenue Gambetta, Madame Kaufmann, qui me guidait dans mes nombreuses lectures. Elle me recommanda à l'attention d'une professeur de français à l'école de Sèvres, Mademoiselle Goby, avec qui je prenais des cours particuliers d'orthographe et de composition [1].

La mère de mon amie Andrée (nous étions toujours inséparables) était abonnée à la *Revue des Annales.* Elle m'emmena écouter les conférences de Béatrix Dussane, qu'on appelait avec beaucoup de respect Madame Dussane.

Cette comédienne au visage assez gracieux était affublée d'un arrière-train que j'oserai qualifier de considérable mais qui la favorisait pour les rôles de soubrette. Elle ne s'y illustrait pas

1. Renouant avec moi en 1975, Michelle Goby m'écrivit : « Je vous ai donné quelques leçons de français pendant la guerre. Vous vous méfiiez de votre formation de Belleville, en quoi vous aviez sans doute tort car elle vous avait faite ce que vous étiez alors, ce que vous êtes encore : un être parfaitement authentique. »

seulement par un grand talent d'actrice : elle ajoutait à son art une culture et une intelligence qui la distinguaient entre toutes. Sa connaissance de Molière était inégalée. Plus tard elle fera partie de ces maîtres qui animèrent toute une époque de la Comédie-Française.

J'ose lui demander un rendez-vous, qu'elle accepte généreusement. Je suis éblouie par son salon tapissé de livres où trône un piano : d'un seul regard j'embrasse toute mon ambition d'artiste. Je pénètre dans l'univers du raffinement et de la culture. Qu'elles sont loin, soudain, les rudesses et les trivialités du Café des Arts ! Et je suis accueillie par une bonne hôtesse qui, pour être distinguée, m'accorde une attention familière.

Efficace, précise, elle me demande instantanément :

— Vous voulez être artiste ? Bien. Avez-vous quelque chose à me dire ?

Au cours d'une de ses conférences, je m'étais laissé séduire par un garçon, un certain Hervé, qui m'avait fait sourire avec un poème de Victor Hugo. Je m'étais empressée de l'apprendre. Il me fallait répondre sans tarder au défi que me lançait la chère Madame Dussane. Je risquai le tout pour le tout :

— De Victor Hugo, *La Lune*.

*L'Olympe a dans l'azur des degrés inconnus;*
*Un jour, en descendant cet escalier, Vénus*
*Tomba, se fit des bleus ailleurs que sur la face,*
*Et les hommes en bas rirent; l'effroi s'efface*
*Quand on peut voir les dieux par leur autre côté.*
*— Soit, dit alors Vénus, pour leur rire effronté,*
*Les hommes, ayant eu cette bonne fortune,*
*Ne verront plus de moi que cela. –*
*C'est la lune.*

Madame Dussane s'amusa de ces vers qui me convenaient, je crois, assez bien. Je m'engouffrai dans cette ouverture avec le courage des timides :

— Mon rêve, c'est Poil de Carotte. Et puis j'aimerais chanter, aussi !

Que de patience et de compréhension chez Madame Dussane à l'égard de cette petite coiffeuse du 20e arrondissement qui croyait, soudain, à son étoile! Au comble du trac, mais aussi gonflée d'espoir – oui, quand j'y pense, j'étais gonflée!, dans ce décor magnifique d'élégance, j'osai chanter mon succès de Radio Crochet : *La Bergère tyrolienne.*

Madame Dussane consentit à sourire…

Je paraissais avoir dix-huit ans mais j'en avais vingt-sept. Il était trop tard pour prétendre au Conservatoire. Dussane m'écrivit des lettres de recommandation pour Maurice Escande, Berthe Bovy, Elvire Popesco, dont je ne fis aucun usage.

Puis lui vint une idée :

— Vous avez détaillé la chanson à la manière de ma vieille amie Yvette Guilbert. Pensez à monter un récital de poésie. Ajoutez-y quelques chansons peut-être… Un jeune comédien, remarquable, pourrait vous aider… Il s'appelle Jacques Charron.

Je contactai Jacques : il n'en savait alors pas plus que moi sur le métier mais nous aurons partagé, du moins, une longue amitié.

Quelques années plus tard, quelle ne fut pas ma fierté de pouvoir saluer en Béatrix Dussane, lors d'une soirée d'adieux à la Comédie-Française en présence du président de la République, ma marraine de théâtre [1]! Devant Vincent Auriol, armée d'un balai et d'un chiffon en guise de fusil et de drapeau, je chantai *La Dame du petit chalet*, autrement dit la Dame Pipi des toilettes publiques, édicules parisiens qu'on appelait encore «chalets de nécessité» :

*Son existence fut magnifique*
*Elle eut des bijoux, des diamants,*
*Elle fut aimée d'un président,*
*D'un président de la République…*

---

1. Et de recevoir en 1977 le trophée Dussane pour mon interprétation d'Amanda dans *La Ménagerie de verre.*

En dansant *Le Lac des Cygnes* autour d'une bassine où flottaient de petits canards en celluloïd, Robert Hirsch et Jacques Charron signèrent ce soir-là un chef-d'œuvre de burlesque.

Et voici qu'à l'invitation d'un ami de mon mari, je me retrouve un soir chez Suzy Solidor qui tenait un cabaret réputé, rue Sainte-Anne, La Vie Parisienne. Une débutante y chantait un de ces succès qui, par l'élévation de son inspiration, mériterait de figurer dans toutes les anthologies de la chanson française :

*Un par un vont les Indiens*
*Deux par deux les amoureux*
*Trois par trois vont les p'tits soldats*
*Et moi je vais avec toi...*

Ni une ni deux : pourquoi pas moi?

Suzy Solidor possédait ce don de l'extravagance et du scandale qui étonne toujours les petits-bourgeois et les jeunes filles rangées dans mon genre. Lorsqu'elle se promenait sur les planches, à Deauville, nue sous un filet de pêcheur, cette sirène au corps sublime soulevait sur son passage admiration et réprobation. Son scandaleux comportement imposait le silence.

Je possède encore d'elle une belle photographie : de très haute taille, elle porte des cheveux courts d'un étincelant platiné. Son buste est exhaussé par un somptueux drapé qui sublime sa poitrine et la ligne parfaite des épaules. Si le visage – et les mœurs – de Suzy portaient une empreinte masculine, son corps était celui d'un exceptionnel top model. Ses hanches hautes et magnifiquement arrondies, ses jambes infinies lui donnaient une allure de déesse. Elle aimait porter de gros bijoux, en particulier une broche représentant un cœur percé d'une flèche constellé de rubis et de saphirs.

Née en 1906 à Saint-Servan-sur-Mer, non loin de la Tour Solidor, Suzanne Rocher se disait descendante de Surcouf, le corsaire, et chantait à merveille le monde des marins. Tard dans la nuit à La Vie Parisienne, elle venait s'accouder à un piano noir sur lequel était jeté un châle de couleur orange. Immaculée, couronnée de sa chevelure de lin, prisonnière d'un rayon lumineux, sa présence sculpturale irradiait un trouble mystérieux. Suzy faisait fureur en distillant de sa voix grave des poèmes érotiques, tel celui d'Edmond Harocourt, *Ouvre*... On aurait dit une sibylle articulant un chant de l'Olympe. N'avait-elle pas été aimée par l'ange légendaire, Jean Mermoz?

Les cabarets entretenaient alors la flamme de la poésie. Une ferveur régnait dans ces petits laboratoires qui réclamaient une réelle exigence littéraire. Un certain plaisir d'être artiste prévalait sur les espoirs de réussite financière que fera briller, plus tard, le «show-biz». Nous n'étions pas encore des marchandises en puissance...

Directrice de cabaret, Suzy Solidor donnait l'exemple : elle chantait et disait un répertoire de la plus haute tenue. Sa note était dramatique, voire douloureuse. Il y avait en elle de l'incandescence quand elle interprétait Cocteau, Heine, Bataille, et la version française de *Lily Marlène* dans le style du réalisme poétique de Francis Carco [1] et des films de Carné et Prévert. Sa voix sortait «des zones les plus intimes de l'être», elle donnait «le trac comme les vagues donnent le mal de mer», elle montrait «ses poses de forçat de Puget, d'esclave de Michel-Ange», et la petite salle attentive acclamait sa voix halée, disait Cocteau.

Enfant adoptive de Cagnes-sur-Mer, où elle créa quelques années plus tard un cabaret copie conforme de La Vie Parisienne, Suzy légua au musée de la petite cité méditerranéenne une collection inestimable de portraits signés Van Dongen, Lempicka, Marie Laurencin, Brayer, Kisling, Bérard, Foujita, Labisse, Dufy, Picabia, Colin....

— Je suis plus à peindre qu'à blâmer, aimait-elle à dire, posant devant son incroyable galerie d'elle-même en cape noire et grand chapeau, à la façon d'un moderne Aristide Bruant.

Beaucoup d'histoires, vraies et fausses, couraient autour de cette «originale». Ainsi, les mains d'une jolie chanteuse de La

---

1. *Que ta nostalgique voix d'or / Redise longtemps mes poèmes / Ils ont alors l'accent que j'aime / Et je te crie Encor, Encor!*

Vie Parisienne s'ornaient d'un bouchon de carafe qu'on remarquait d'autant plus qu'il lui arrivait de disparaître. Cette bague avait sa légende : lorsque certaine tête princière se rendait à la campagne chez Suzy, c'était pour y tenir le rôle de Mère-Grand, Suzy tenant celui du Grand Méchant Loup. La jeune chanteuse, naturellement, était le Petit Chaperon rouge. On se perdait dans les ombres du jardin, on se cherchait, et Suzy, de sa voix de baryton, semait la terreur :

— Voilà le loup! Voilà le loup!

Le trio se retrouvait enfin au chevet de Mère-Grand, alias l'altesse impériale. Si le Petit Chaperon rouge jouait convenablement la comédie avec son noble partenaire, elle recevait sa récompense : l'autorisation de porter le mirifique bijou pour son tour de chant, qui lui était repris en cas de défaillance...

Avec Colette, Luce Delarue-Mardrus, et sa protectrice, l'antiquaire Yvonne de Brémont d'Ars, Suzy Solidor illustrait cette époque de femmes-garçons chantées par Victor Margueritte pour qui

*Amour est ce qu'on veut*
*Qu'avez-vous à blâmer*
*J'aime comme il me plaît*
*Ce qu'il me plaît d'aimer* [1]...

Suzy m'avait engagée pour trois jours. Mais mon «vieux corsaire breton», ainsi qu'elle se nommait elle-même, me garda trois ans – sans jamais me courtiser... Je ne cessais pas d'acheter des chansons chez ma petite marchande de musique et de prose de la rue du Docteur-Paquelin, mais j'orientais mes recherches vers un répertoire ironique et tendre. Pour mon audition, coiffée d'un chapeau excentrique où logeait un oiseau, j'avais choisi une chanson de Jamblan : *Ma mie.*

*Mon ami est premier vendeur,*
*C'est à lui l'rayon des odeurs,*

1. Paul Valéry.

*Das savonnettes et des blaireaux,*
*Il sent bon, il sent même trop,*
*Chaqu'soir j'm'en vais au-devant d'lui*
*Il m'dit : « Ça va bien aujourd'hui? »*
*D'un'tout'petit'voix attendrie*
*Et c'est pour ça que j'suis sa mie…*

Je devais être très convaincante dans le dernier couplet qu'on aurait dit écrit pour moi :

*Si par malheur il me trompait,*
*Ben je n'sais pas c'que ça m'ferait*
*Je m'suicid'rais au véronal,*
*Non, j'travaill'rais, non, j'tourn'rais mal…*
*Et si je meurs, en ce triste jour,*
*Sur ma tomb'pas d'fleurs, pas d'discours,*
*Qu'on m'épargne cett'comédie…*
*Puisque je n'serais plus sa mie…*

Suzy m'engagea sur-le-champ.

Et, sur-le-champ, j'abandonnai la coiffure. Quinze jours plus tard, Paris était libéré et le cabaret de Suzy Solidor fermé pour cause de collaboration. Encore quinze jours et, Suzy ayant prouvé ses états de service auprès de la Résistance, La Vie Parisienne rouvrait ses portes au Tout-Paris de l'après-guerre.

Je m'étais installée à nouveau avenue Gambetta. Chaque jour, je descendais à vélo de Ménilmontant et j'interprétais quelques chansons, en particulier *Le Petit Officier de marine.* Cette bluette racontait l'histoire d'une midinette qui préférait un petit adjudant au vieux général qui l'entretenait.

*Elle aimait mieux, elle aimait mieux*
*Son p'tit officier de marine*
*Elle aimait mieux, elle aimait mieux*
*Son p'tit officier aux yeux bleus*
*Ell'n'aimait pas, ell'n'aimait pas*
*L'vieil amiral à triste mine…*

La chanson ne plaisait pas à tout le monde, notamment à un jeune commis d'État qui disait :

— Elle est bien gentille, cette petite, mais pourquoi chante-t-elle des chansons antimilitaristes?

Son nom? Georges Pompidou...

Après le spectacle, l'antimilitariste remontait en pleine nuit vers ses hauteurs. *Les gars de Ménilmontant sont tous très remontants...* Pour monter au firmament de la chansonnette, il fallait alors de bonnes jambes...

Mon nom de famille, Dhommée, n'ayant pas de consonance artistique, je me ressouvins des initiales de mon nom d'épouse, O. R., qui figuraient en haut des courriers qu'il m'arriva de dactylographier pour le Groupement Industriel et Métallurgique de la Région Parisienne – car je fus aussi, quelques mois, pendant la guerre, secrétaire dactylo. Parfois, mes collègues de bureau me moquaient gentiment : je valais mon pesant d'or, quand je me taisais mon silence était d'or, tout ce qui brille n'était pas d'or, etc. Un jour Suzy Solid-or m'offrit une photo dédicacée à *O. l'or.* La modestie l'emporta finalement, transformant *l'or* en *Laure,* qui ne doit donc rien au bon Pétrarque.

J'aimais Suzy, et je crois qu'elle m'estimait. Lorsqu'elle entrevoyait de changer de programme, j'étais prise de panique à l'idée de devoir quitter le havre de La Vie Parisienne. Comme avec Sœur Françoise, je voulais redoubler! Attendrie par mon chagrin, Suzy reconduisait mon contrat et, lorsqu'elle vendit son cabaret à Colette Mars, je fus vendue avec les meubles. Colette avait promis :

— J'achète la maison, mais je garde la petite.

Alors commença une époque difficile et magnifique. Le pays relevait d'une très longue maladie, les restrictions n'en finissaient pas de remédier à la pénurie, un monde nouveau s'édifiait en de violents soubresauts. Mais notre génération était poussée par l'esprit et l'élan de la Libération. La misère partagée, la douleur du retour des camps n'empêchaient pas la vie de recommencer dans un grand éclat de rire. L'insouciance est le privilège de la jeunesse.

J'avais bientôt trente ans et je participais à une immense renaissance, un printemps d'une force inégalée. De là, peut-être, ce coup de jeune que je reçus en pleine maturité et qui, paraît-il, me tiendra compagnie longtemps... Comme le Commissaire bon enfant de Courteline, je me suis dit :

— Bel âge, tenons-nous-y!

J'endossai avec enthousiasme mes nouveaux habits de chanteuse de cabaret. Pour gagner quelque argent, je cavalais de la rue Balzac à la place Clichy, à vélo d'abord, en taxi plus rarement, quand j'étais en fonds. Je participais aux «cinq-à-sept» de Micheline Grandier qui recevait, rue de Ponthieu, les dames oisives de la bonne société parisienne pour des thés littéraires et poétiques, vers neuf heures je courais faire une tambouille pour mon bonhomme, rue Cortambert, à minuit je repartais à bout de forces chez Tonton, au Liberty's, place Blanche. J'étais heureuse et fière d'avoir choisi ma profession, mais j'avoue que je n'avais pas prévu pareille galère... Certains soirs je pleurais d'épuisement mais, dès le matin, mon sens de la perfection me réveillait et je repartais ivre de sommeil à la recherche de nouveaux textes, de nouvelles musiques. J'avais pour ambition de m'attacher un pianiste en exclusivité : c'est à ce signe qu'à mes propres yeux j'avais décidé de reconnaître ma réussite. J'y parviendrais un jour [1].

En attendant, il fallait cravacher. Je n'ai jamais supporté l'insécurité matérielle et je n'ai jamais rencontré d'homme assez riche pour m'entretenir. J'étais donc condamnée à être mon propre mécène mais cette perpétuelle inquiétude m'aura, à proprement parler, *bouffé l'cuir*.

C'est une p'tite poule parfois bien lasse qui tombait, au Liberty's, dans un lieu de plaisirs et de spectacles étourdissant. Il y régnait une ambiance indescriptible faite de scandale et de raffinement. Les *gays* apprécient la compagnie des femmes drôles et vouent à celles qu'ils admirent une tendresse filiale. À cette époque, l'homosexualité sentait le soufre. On ne l'évoquait que pour s'en railler avec des accents ségrégationnistes.

1. Avec Hubert Degex.

Mais pour ma part, je n'ai rencontré dans ce milieu que des amis précieux.

Chez Tonton, je devins très vite la *petite chérie*. La cuisine y était excellente et les serveurs, sous la houlette de Jackie Sardou [1], ouvraient la soirée par une farandole délirante en jouant avec les instruments de cuisine. Cette image des garçons tourbillonnants dans une lumière tamisée, armés de soupières, de louches, de bouteilles et de plateaux d'argent, devant une clientèle assoiffée de divertissements et fumant des cigarettes américaines, donne une idée de cette époque de difficultés et d'espérances.

Comme Pérec, je me souviens…

Je me souviens que Gaston, alias Tonton, le proprio du Liberty's, avait fait fortune grâce aux tableaux offerts par les peintres de Montmartre, fauchés avant d'être célèbres (et morts, parfois), et qui payaient leur croûte avec leurs croûtes. Je ne peux pas dire que ce Tonton très éclairé ait contribué à mon éducation picturale puisqu'un jour, voulant m'offrir un cadeau, il me laissa choisir entre un visage d'enfant de Corbellini et un paravent décoré de motifs de cirque signé Bernard Buffet. Avec mon peu d'intuition, je choisis le visage d'enfant…

Je me souviens que nos numéros de cabaret, chez Gilles ou chez Tonton, auraient fait une belle affiche! Mouloudji, Cora Vaucaire, Claude Véga, Gérard Séty, Roger Pierre et Jean-Marc Thibault, Michel de Ré, Grenier-Hussenot, Robert Lamoureux, Fernand Raynaud, Selmas, Esther Lekain, Paul Meurisse, Mick Micheyl, auteur inspiré du *Gamin d'Paris* qui deviendrait un sculpteur réputé…

Pauline Carton baisait la main des femmes qu'elle estimait, autre façon pour elle de vous sauter au cou…

Marguerite Moreno récitait un florilège de textes de Max Jacob. Elle avait «l'air d'une femme qui vient pour vous dire la mauvaise aventure [2]»… Cette voix, cette présence inouïes

1. Fernand signant les textes…

2. Sacha Guitry.

acceptaient, à ma grande stupéfaction, un salaire identique au mien. Alors qu'elle était jeune et jolie comédienne, on lui faisait déjà tourner des rôles de vieilles dames fantasques. Pendant une prise de vues, un metteur en scène s'alarme :

— Attention, bon sang, Moreno ! Tu es jolie !

— Oh, pardon, dit-elle, j'étais distraite…

Quand je découvris plus tard la correspondance qu'elle entretenait avec Colette, hymne à l'amitié nourri d'un véritable génie du quotidien, je tentai d'en faire un spectacle inspiré lui aussi par l'amitié. Mais le « métier » et ses mauvais conseillers en décidèrent autrement, me confirmant une fois encore dans ma méfiance pour ceux qu'un plus grand que moi appela d'un joli pléonasme : « les professionnels de la profession [1] ».

Je me souviens d'un illusionniste, héros de la Résistance, Seldo… D'un ancien accompagnateur de Pils et de Piaf, nouveau fou chantant qui cassait déjà tous ses pianos : Gilbert Bécaud, dont je devais chanter *Je suis folle.* Il était devenu compositeur après sa rencontre avec Pierre Delanoë et Louis Amade…

Les chansonniers donnaient à ce petit monde un tour agressif et tonique. Au Théâtre de Dix-Heures, René Dorin, un véritable dramaturge aussi nommé le prince des chansonniers, Jean Rieux, son dauphin, Noël-Noël, Raymond Soupleix, Pierre Gilbert, auteur de *Amour méchant*, René Paul, Anne-Marie Carrière, la seule femme chansonnière qui osait ce que je n'osais pas, formaient une phalange pleine d'un infatigable esprit satirique. La férocité de Jean Marsac éclatait dans ses « bouts rimés » : sollicitant ici et là dans le public un mot, une courte phrase, il les assemblait en un tournemain dans une chanson improvisée. J'admirais ces inventions, ces caricatures, ces croquis fulgurants, mais il m'aura toujours manqué ce brin de culot – bien que je n'en manque pas, parfois… – pour prétendre me placer à la hauteur de ces plumes acérées. Je préférais sans doute écrire des poèmes d'amour…

1. Jean-Luc Godard.

Ce n'était pas facile pour un bout de femme comme moi de se faire une place dans cet univers vibrionnant. En bonne gosse de Ménilmontant et de Belleville, la bagarre ne me faisait pas peur et j'ai souvenir de quelques égratignures, de deux ou trois bosses, et de pas mal de bonheur…

J'étais avide des conseils que me prodiguait Esther Lekain, délicate «diseuse» qui s'attachait au verbe comme Gabin aux scénarios :

— Le sens c'est le verbe, le verbe! Les mots!

Même dans la célèbre *Bergère tyrolienne,* elle distillait les paroles avec une telle précision qu'elle donnait à une chansonnette pleine de *trou-la-la-itou* une grâce inattendue. Au Liberty's elle chantait un répertoire 1900 à croquer… Tonton, avec la petite difficulté d'élocution que lui avait laissée un début de paralysie, annonçait tous les soirs :

— Et maintenant, la grande Thérèse Raquin!

Max Revol m'aida à mettre en scène mes chansons. Retour d'Amérique, il ne pensait qu'aux gags, au burlesque. Les Branquignols devront beaucoup à ce clown un peu génial et oublié…

Les Revol, les Selmas se seraient damnés pour une bonne blague. Et quand ils n'avaient pas de public, ils se faisaient encore rire eux-mêmes… Comment faire revivre ces petits personnages surprenants, pétillants d'invention et de fantaisie, qui n'ont laissé après eux qu'un souvenir amusé? Dans la mémoire du Paris disparu des cabarets et des poètes, ils figurent au premier rang sur la photo imaginaire où nous rions de si bon cœur…

Je me souviens d'éclats de voix dans un compartiment voisin, au cours d'une tournée. Deux hommes en viennent aux mains. Avec mon amie Jacqueline Ricard, nous nous inquiétons.

— Sortez, si vous n'êtes pas un dégonflé!

Dans le couloir, Selmas ouvre à un compère la porte donnant sur la voie alors que le train roule à toute vitesse…

Le même Selmas donnait à Francis Blanche des rendez-vous dans le métro à l'aide d'un téléphone portable – faux, naturellement, à cette époque...

— Rejoins-moi à Strasbourg-Saint-Denis.

Quelques minutes plus tard, les voyageurs médusés voyaient débarquer Francis sur le quai de la station et les deux compères se régalaient de ces farces sans cesse recommencées.

Je me souviens de l'étroit couloir qui nous servait de loge, à La Villa d'Este. Entre les toilettes et la petite scène, Jacques Brel me taquinait chaque soir en me demandant, de ce dur accent qui ajoutait au tragique de sa personne :

— Alors, on croit toujours en Dieu?

Il fallait bien, pour endurer ces épreuves de *cachetoneuse*...

Je me souviens que Bruno Coquatrix organisait des soirées de music-hall avec deux têtes d'affiche. Je fus ainsi engagée « en double vedette » à l'Olympia avec Léo Ferré, mais son épouse, Madeleine, tenait à ce qu'il n'ait pas de concurrente, d'autant que le prince de Monaco avait annoncé sa venue (et l'on sait que Léo était monégasque). J'ai refusé, ne voyant aucune raison à ce que mon égalité signée ne fût pas respectée. Après de longs palabres, lasse de diplomatie, Madeleine eut ce cri du cœur :

— Est-ce que tu discuterais comme ça avec Beethoven?

André Roussin mettra en scène, dans *Les Glorieuses*, les épouses ou les compagnes des vedettes : travailleuses de l'ombre chargées du sale boulot d'épargner les importunités de l'intendance, elles deviennent des souffre-douleur. Leur seule consolation est de s'approprier quelques vertus de leurs maris, les miettes de la gloire en quelque sorte, permettant au grand homme de paraître en public dans les meilleures dispositions...

Je me souviens que *Ça tourne pas rond dans ma p'tit'tête* faisait un tabac :

*Ça tourne pas rond dans ma p'tit'tête*
*Des fois j'ai des drôles d'idées.*

*C'est pas ma faute, mais quand j'm'embête*
*Faut qu'je fasse des bêtises...*

Francis Blanche me reprocha d'ajouter à la fin de son texte une note d'émotion, larme à l'appui, qu'il n'avait pas mise dans sa chanson :

*Paraît qu'avec de la poigne*
*On peut m'corriger, a dit l'docteur.*
*Faudrait qu'j'aille à la campagne,*
*Moi ça m'plairait bien, j'aime tellement les fleurs*
*Pour leur arracher les pétales.*
*J'sais pas c'que j'ai, j'aime bien faire mal*
*Depuis qu'mon p'tit frère s'est noyé*
*Et qu'on a dit qu'je l'ai poussé...*

C'est là que j'avais ajouté :

*Et pour une fois c'était pas vrai!*

J'essayai d'argumenter :

— Mais cela ne fait que souligner la drôlerie de la chose.

— Je n'ai pas écrit ça! dit violemment Francis.

— Mais j'y tiens, maintenant, et le public semble apprécier...

Coupant court à toute discussion, il me piqua la main du bout de sa cigarette allumée. J'étais bouleversée.

— D'habitude je fais ça entre les deux yeux, finit-il sèchement.

Je lui retournai une magistrale paire de baffes :

— Et moi sur les bijoux de famille mais, pour aujourd'hui, bien content que ce soit sur la figure!

Même si, tant d'années après, je veux bien imaginer que Francis plaisantait, je garde au fond du cœur une petite brûlure. Quand on touche une sensibilité, ça laisse toujours des marques. C'est tout de même à Francis Blanche que je dois la chanson qui, avec *Moi j'tricote* de Michel Emer, m'a imposée dans la profession…

Un plus grand bonheur m'attendait au Théâtre de Dix-Heures. Pierre Destailles devait m'y offrir la version féminine du *Bois de Chaville*, une adorable ritournelle qui se poserait sur toutes les lèvres :

*Ce jour-là au bois d'Chaville*
*Y'avait du muguet*
*Si ma mémoire est docile*
*C'était au mois d'mai*
*Au mois d'mai dit le proverbe*
*Fais ce qu'il te plaît*
*On s'est allongés sur l'herbe*
*Et c'est c'qu'on a fait*
*Comm'nous étions sous les branches*
*Bien dissimulés*
*Sam'di Soir et Franc'Dimanche*
*N'en ont pas parlé*
*Le lend'main d'cette aventure*
*Nous avons ach'té*
*Un traité d'puériculture*
*Et d'quoi tricoter…*

L'épouse du directeur du Dix-Heures, Oléo, menait sa revue à la Bruant : sa tête apparaissait dans un rayon lumineux, comme suspendue à une fenêtre imaginaire. Elle présentait ses artistes en intelligente commère et engueulait les retardataires à la grande joie du *populo*…

Je me souviens d'avoir compris ce que c'est, la notoriété, en quittant l'ABC au côté de Tino Rossi par une porte dérobée de la rue Saint-Fiacre, pour éviter la horde de ses admiratrices qui l'attendaient sur les boulevards.

Tino… Il chantait comme on respire. Un soir, en bavardant pendant l'entracte, l'un d'entre nous lui demande :

— Et vous Tino, quelle place de voix est la vôtre?

Tino de répondre, *piano* :

— Moi, je chante comme Caruso, mais jamais en colère.

Henri Varna l'avait lancé en 1933 au Casino de Paris, tout de noir vêtu à la gaucho devant un décor ineffablement corse : *O Corse, île d'amour...*

Au Châtelet, pour soutenir cette voix délicieuse mais lointaine, Maurice Lehman faisait installer des micros dans tous les pots de fleurs. Tout l'art de la mise en scène consistait alors à rapprocher Tino des pots de fleurs et à en éloigner les autres chanteurs.

— Tu chantes bien, petit, mais tu chantes trop fort...

Il nous rejoignait souvent chez Tonton, après la représentation, et nous nous retrouvions entre amis autour d'une coupe de champagne. Combien de fois avons-nous entendu, *a capella*, «son» *Ave Maria*? Il ne s'en lassait pas. Nous non plus... Au cours de ces après-spectacles, je renouais avec l'ambiance familiale du Café des Arts. Je me réanimais au contact d'une camaraderie, d'une solidarité si nécessaires après l'épreuve de la scène où chacun d'entre nous se battait le plus souvent tout seul. Comme au sortir de la piste du cirque, ces complicités colmataient notre peur par le plaisir de la ressemblance entre amis.

Je me souviens de Michel Emer, chez Suzy Solidor :

— J'ai écrit une chanson pour Agnès Capri, mais elle n'en veut pas. Si tu l'écoutais?

Le lendemain, chez le producteur Raoul Breton, Michel me présente le petit air qui allait soutenir ma réputation :

*Moi j'tricote dans mon coin*
*J'suis idiote, j'suis idiote,*
*Moi j'tricote dans mon coin*
*J'suis idiote et je n'vois rien...*

Quelques années plus tard, l'intuition me fit défaut : Pierre Louki, dont j'ai chanté plusieurs excellentes chansons, me propose *La Môme aux boutons* que je trouve trop proche du style de *J'suis idiote*... Et Lucette Raillat fera de *La Môme* un grand succès.

Je me souviens que Pierre Hiégel, le découvreur de Barbara, trouvait injuste que je n'enregistre pas de disque – injustice réparée le jour où il entra aux éditions de la RCA...

Engagée à l'Olympia en première partie des Compagnons de la Chanson, je suis grisée par mon succès dans *Moi j'tricote* et j'engage un dialogue improvisé avec la salle. De fil en aiguille, *sic*, je fais durer mon numéro une demi-heure de plus que le temps imparti. Les Compagnons piaffent mais j'y gagne l'admiration de G., l'un des leurs, l'homme que j'attends d'aimer...

Les Compagnons de la Chanson incarnaient, dès avant la fin de la guerre, l'esprit d'équipe et de jeunesse. La fidélité très tôt jurée entre eux joua comme un serment d'éternité. Seuls, en effet, le temps, la maladie, la mort sont parvenus à disperser ce groupe après quarante ans de chanson.

Les Compagnons parlaient au cœur des familles de sept à soixante-dix-sept ans. La chanson *Les Trois Cloches* devait en faire des vedettes internationales. Hubert Lancelot [1] raconte l'extraordinaire «effet» qu'Édith Piaf avait inventé avec eux [2] : alors qu'ils chantaient devant le public, elle restait cachée derrière un pendrillon. Elle n'entrait pas en scène, elle *entrait dans la chanson* comme par magie, on ne la voyait pas : c'était sa voix qui survenait. Un frisson parcourait alors l'assistance... Et Édith n'apparaissait vraiment qu'en début de deuxième partie, pour son récital. La salle était chauffée à blanc!

Comme Édith, les Compagnons cultivaient la précision du mot, la place et l'importance de la respiration, l'intelligence du silence comme du groupage des mots. Écoutez bien Édith Piaf : ses textes simples ne nous touchent pas seulement par la vibration de sa voix, mais aussi par une qualité d'émission, de débit, qui contribue à la présence de la tragédienne.

---

1. *Nous les Compagnons de la Chanson*, Aubier-Archimbaud, 1989.
2. Elle avait découvert « les p'tits gars » à Strasbourg, en tournée.

Je me souviens que nous avions pour Gilles une affection particulière : son cabaret de Lausanne, Le Coup de Soleil, avait servi de plaque tournante à de nombreux artistes français expatriés pendant la guerre. Ce poète vaudois profondément francophile ouvrit un second cabaret, avenue de l'Opéra, Chez Gilles, qui deviendra, rive droite, un passage obligé comme plus tard, rive gauche, La Rose Rouge ou L'Écluse.

Je m'y produisis plus souvent qu'au Drap d'Or où je fus engagée pour apporter mon innocence à un univers un peu louche… Nous recevions des cachets doubles, quelle aubaine! Je me présente donc un soir devant une porte criblée de balles. Brrr… À l'intérieur, je suis accueillie par des gueules patibulaires, souteneurs de clubs de football… Ce véritable *casting* de série noire aurait dignement figuré dans un film de Jean-Pierre Melville. Et je fus payée en effet de ce que Philippe Noiret appelait joliment «le pain de fesse» [1].

À ce propos, je me souviens de Jean-Pierre Melville, homme curieux de tout, de théâtre, de music-hall, de cabarets. J'allais retrouver chez Bertrand Tavernier, avec qui je tournai *Daddy Nostalgie* en 1989, la même soif de rencontres et d'échange, le même intérêt collectif…

Alors que je tournais des scènes du film *Mitsou* aux studios Jenner dont il était le propriétaire, j'avais fait savoir que j'étais à la recherche d'un petit appartement. Melville me proposa de reprendre celui qu'il quittait : un charmant studio au loyer modique, à l'intérieur d'un hôtel particulier de Neuilly dont les propriétaires se révélèrent d'une merveilleuse hospitalité. Ils me laissaient profiter du jardin, du potager, du tennis… La vie de château. Je présentais alors les «Numéros 1 de demain» sur Europe n° 1, avec Pierre Delanoë et Catherine Félix. Lorsqu'il m'arriva d'offrir un cocktail, que dis-je?, une garden-party sur les pelouses de mes propriétaires, une rumeur parcourut la

1. Égarés quelques années plus tard dans le même genre de cabaret, Darras et Noiret y gagnaient en trente minutes ce que Vilar leur donnait en un mois au TNP…

profession, selon laquelle j'étais fortunée... Comme dit Victor Hugo : «Si vous ne voulez pas avoir l'air pauvre, ayez l'air riche.»

J'aurais du moins permis à ma chère Maman de finir ses jours dans les lumières de l'illusion. C'est dans ce studio qu'elle s'éteignit en me disant :

— Tu me fais mourir dans les arbres.

Pour remercier Melville, je lui offris une affiche originale de *L'Arroseur arrosé* dénichée aux Puces...

Je me souviens d'un pavillon pouilleux, un taudis malodorant encombré de plats à chats, une sorte d'épave entre ciel et terre sur les hauts de Ville-d'Avray... Avec une jeune amie, nous venons rencontrer un professeur de danse qui se trouve être la femme du maître de céans. Ferdinand Céline est là, l'écharpe entortillée autour du cou. Je l'entends dire à ma mère :

— Il paraît qu'elle a du talent cette petite. Mais ils ne la laisseront pas passer.

Je n'ai jamais su quels étaient ces *ils* auxquels il vouait une rancœur de persécuté mais je bénis le ciel d'avoir vécu dans une société qui permet aux Piaf, Montand, Depardieu..., issus de classes laborieuses, voire miséreuses, de parvenir quand même à la notoriété.

Je nourrissais la plus vive admiration pour Arletty, cette grande amie de Céline. Sans aller jusqu'à dire que nous fûmes intimes, elle accepta de venir rencontrer les jeunes comédiens dont je m'occupais quand je donnais des cours, chez Jean-Laurent Cochet. Je me souviens d'elle vêtue de blanc, le regard déjà un peu voilé. Comme elle repartait, un jeune homme osa lui demander, sur le pas de la porte :

— Madame, d'un mot, pouvez-vous nous indiquer une règle de vie?

— D'un mot?, dit-elle de cette voix à la fois précise et brisée qui était la sienne... De la dignité.

Et sa silhouette immaculée s'éloigna lentement...

Comme son ami Gabin, elle parlait une langue d'images inattendues. Pour décrire l'excellent mais très grave Paul Meurisse, elle s'amusait à dire qu'il avait une tête à *voulez-vous la voir une dernière fois?*

Quant à moi, dont elle appréciait, je crois, la débrouillardise un peu gavroche, elle me lançait cette réplique populaire que j'avais entendue, enfant, au Café des Arts :

— Celle-là, elle sort sans sa bonne!

Je garde d'elle, au-dessous d'une photo, un morceau de nappe en papier sur lequel, d'une main aveugle, elle a écrit à mon intention : *Son cœur a son secret, sa voix a son mystère (1978).*

Je me souviens avoir succédé, le temps d'une saison, à Suzy Solidor à la tête de La Vie Parisienne. Moi, directrice de cabaret! Mon amie Huguette Marchal m'associa en effet à cette aventure. Mon petit nom devait contribuer à remplir la salle. À moitié seulement... Nous avions l'ambition de la qualité. Suivant le conseil de Madame Dussane, nous produisions des mini-comédies musicales comme *Turlututu,* où se mêlaient poésie, saynètes et chansons... Mais nos succès mitigés nous firent renoncer. Huguette abandonnera le métier avec beaucoup de regret et deviendra journaliste à *Nice-Matin.*

Comme Aznavour, *je m'voyais déjà...* sur les colonnes Morris, portraiturée comme beaucoup de vedettes par Paul Colin, Jacno, Okley ou Savignac... G., mon poète breton, m'avait inventé une mise en scène autour d'une de ces colonnes pour une très jolie chanson, *La Poulbotte* :

*Mon père aut'fois n'vendait qu'des croûtes*
*C'était un peintre réputé*
*Il était trop pressé sans doute*
*L'tableau d'famile est pas signé...*

Or mon peintre à moi, c'était Raymond Peynet, dont j'aimais le trait léger, la technique naïve, les tendres images où de petits amoureux grimpent aux arbres pour y cueillir des cœurs... Je me risquai à lui faire ma demande et il me reçut aussitôt. À peine assise, je me rends compte que je ne lui ai pas parlé d'argent... Avec son beau sourire il me dit :

— Je ne fume que des gauloises bleues.

C'est ainsi que je devais être la seule artiste à figurer gratis sur une lithogravure de Raymond Peynet... et sur les colonnes Morris!

Je me souviens aussi que Jacqueline Joubert m'avait reçue dans son émission de télévision, «Rendez-vous avec...» Il s'ensuivit une longue amitié jamais démentie. Jacqueline étant enceinte de son petit Antoine, je la remplaçai quelque temps dans l'émission d'Henri Spade, «La joie de vivre». De nombreuses années plus tard, Antoine De Caunes m'accueille sur Canal Plus dans «Nulle part ailleurs». Redoutant son humour corrosif, je l'avertis maternellement :

— Dites ce que vous voulez, cher Antoine, mais n'oubliez pas que c'est moi qui vous ai offert votre premier bavoir.

J'ai toujours beaucoup fréquenté les voyantes et les astrologues. Je les crois capables de trouver sinon une explication, du moins une justification aux troubles qui m'agitent, et de déverser sur mon âme douloureuse un baume d'espérance. Je respecte ces consolatrices, sauf quand elles pratiquent des tarifs qui abusent de la candeur de leurs clients. Dans un monde de plus en plus anonyme, elles ont compris toute la psychologie de l'homme du XX$^{e}$ siècle : parlez-moi de moi, il n'y a que ça qui m'intéresse.

Sans honte ni pudeur, pouvoir mettre son cœur à nu devant un témoin qui ne juge ni ne punit!

Passionnée de symbolique, j'éprouve une prédilection pour les tarots de Marseille. Par besoin de protection, j'ai été tentée d'entrer dans la Franc-Maçonnerie, pour m'y instruire, m'y initier... Mon complexe d'infériorité m'a fait redouter les devoirs qui me rappelaient trop les affres de l'école. Et les Églises, les sociétés fermées m'attirent mais ne me retiennent pas. Même dans le métier, je n'ai appartenu à aucun clan. Les comédiens parlent boutique; leurs cachets, leurs succès, leurs bandes et, pour finir, leurs chères personnes, entretiennent une chronique de la haine ordinaire [1] que j'ai toujours évitée. J'éprouve de l'appréhension pour le groupe, sauf quand c'est le public, et je n'ai entretenu aucune relation utile à mes intérêts en dehors de mes plus anciennes complicités, par exemple avec Cora Vaucaire, qui se plaît à dire :

— Je suis souvent passée à La Rose Rouge, mais devant.

Ou encore :

— Toi et moi, chère Odette, nous mourrons d'estime.

Je partageais avec Dalida ce penchant pour l'ésotérisme. À la demande de Lucien Morisse, elle chantait en première partie de mon tour de chant. *Bambino* à Bobino… Dalida était alors une jeune femme un peu lourde. À la suite d'un immense effort sur elle-même qui fit mon admiration, comme Edwige Feuillère ou Marlène Dietrich, elle devait renaître dans un second corps de nymphe. Nous étions l'une et l'autre sous le charme d'Arnaud Desjardins dont nous suivions assidûment les conférences. Dalida poursuivra sa quête au point de le suivre dans ses ashrams. Si le manque de Dieu est la preuve de Son existence, Son silence est sans doute la cause du suicide de cette femme inquiète et passionnante…

Quant à mes dons personnels de voyante, j'ai pu les vérifier en deux occasions : d'abord à Bobino, je remarquai en première partie un joli timbre qui rappelait celui de Jean Lumière. Cette voix très juste au charme vif-argent, et aussitôt familier, était celle de Marcel Amont. Au Lapin Agile, un petit homme aux cheveux noirs, au cou de taureau, se désolait de courir les cachets de misère et de ne pas percer plus vite, conscient, sans doute, de la puissance de son talent, dont je n'ai moi-même jamais douté. Claude Nougaro m'enthousiasmait chaque soir dans une chanson très originale et *jazzy* de Jean Constantin :

*Où sont passées mes pantouf*
*touf touf !*

1. Après Pérec, Desproges, bien sûr…

Je ne le savais pas mais je vivais une petite heure de gloire avec insouciance, avec plaisir, mais aussi avec beaucoup de combativité et de travail. Doutant de tout et surtout de moi-même, je me demandais chaque matin à quel miracle je devais mes succès. Mon frère (les frères sont sans pitié!) me disait que mon timbre n'était pas «phonogénique» :

— Avec cette voix de souris coincée dans une porte, pourquoi tu chantes?

Claude Véga m'imitait à la perfection. Un soir d'aphonie, Bruno Coquatrix, qui ne voulait pas croire à mon handicap passager, me poussa tout de même sur la scène de l'Olympia. Claude se plaça derrière moi et, à la grande joie du public, synchronisa la chanson que je fis mine d'articuler, comme en play-back.

Petites et grandes histoires ont de drôles de recommencements : à quelque temps de là, je post-synchronisai l'excellente Jean Hagen dans *Chantons sous la pluie*, de Stanley Donen, où elle joue le rôle d'une comédienne du muet affublée d'une voix impossible pour le nouveau cinéma parlant. Le film se termine sur le triomphe de Debbie Reynolds «doublant» la malheureuse derrière le rideau comme Claude Véga Odette Laure quelques mois plus tôt...

Les auteurs m'aimaient bien, je crois, parce que j'apportais un ton à la fois innocent et acide. Je dois ma vocation à Marie Dubas qui avait le talent de faire rire en chantant, lorsqu'elle chantait *Pedro*, par exemple...

*Mon joli Pépé, mon joli Pédro*
*Je t'ai dans le sang, je t'ai dans la peau...*

Elle possédait le sens de l'image, ce qui fera aussi la gloire d'Annie Cordy, dont j'envie la bonne humeur.

Dieu que j'ai regretté de n'être pas une «chanteuse à voix» comme Rina Ketty, Damia, Lucienne Boyer (toute en bleu), Lys Gauty (toute en blanc), Line Clevers, Jacqueline François... De ne pas défendre de beaux textes de théâtre et d'être seulement l'interprète *marrante* de quelques chansonnettes. Les comédiens, pourtant, nourrissaient pour nous une certaine sympathie parce que nous touchions le cœur populaire, et ils admiraient notre combat de solitaires travaillant sans l'appui d'une esthétique.

Suivant l'exemple des Frères Jacques et d'un certain goût de l'époque, j'inventais des mises en scène et chaque chanson devenait un petit sketch de comédie. Par exemple, je valsais avec une chaise pour la jolie chanson d'Edmond Meunier et Claude Rolland :

*Je n'sais pas danser*
*La valse musette*
*Je n'sais pas danser*
*Et je le regrette*
*Car celui que j'aime… adore ça!*

Dans *La Mariée du jeu d'massacre* (de Camille François et Hubert Degex), ma tête encaissait les coups imaginaires des balles de son :

*On est tous là en rangs d'oignons*
*Dans la baraque du jeu d'massacre*
*Pour qu'les clients nous fichent des gnons…*
*On a beau faire tous des sourires*
*Qu'est-ce qu'on reçoit dans la tirelire!*

Et j'entrecoupais la chanson des va-z-y papa! que j'avais entendus dans les fêtes foraines de Belleville…

Sur le rythme endiablé d'un boogie-woogie, *Surprise-Party chez Lily* (de Roger-Pierre et Jean-Marc Thibault, musique de Roger Pierre et Jacques Pruvost [1]) mettait en scène une soirée chic au cours de laquelle *Gérâârd, un des plus swing, était bloqué dans l'ascenseur…* Ce Gérâârd amateur de Cab Calloway se

1. On avait alors le respect des auteurs. L'interprète se serait déshonoré si, avant chaque chanson, il n'avait pas cité tous les auteurs…

retrouva sur toutes les lèvres, comme plus tard la Marie-Chantal de Jacques Chazot.

Pour *Le Tango immobile* de Jean Patrick et Gilles Lafarge, je fis appel à mes souvenirs du Café des Arts, royaume du tango, à notre loufiat, pauvre Jacques, marié à son balai et virevoltant parmi les tables…

*Pourquoi glisser sur un parquet*
*Quand on est pris dans un paquet*
*De gens qui bougent entre des tables*
*On manque de place, évidemment…*
*Y'a qu'une solution, croyez-moi…*
*C'est le tango immobile*
*Fait pour les couples tranquilles…*

Puis j'inclinais la tête sur une épaule imaginaire, improvisant un court dialogue :

— Vous venez souvent ici?
— Tous les dimanches…
— Et vous habitez chez vos parents?

Raymond Asso (sur une musique de Claude Valéry) devait bien me connaître pour m'écrire *J'suis nerveuse* :

*À m'voir comm'ça vous d'vez penser*
*Cett'femm'n'a jamais dû pleurer*
*Sachez pourtant qu'mon existence*
*Ne fut longtemps qu'un drame immense*
*Papa, Maman, mes frèr', mes sœurs*
*Vantaient partout mon air rieur*
*Et chacun me croyait heureuse*
*Seul'ment voilà, j'étais nerveuse…*
*Au cinéma quand sur l'écran*
*Je vois s'embrasser deux amants*
*D'un grand baiser métaphysique*
*Ah! ça m'rend très neurasthénique*
*Mais si l'baiser est un final*

*Qui n'finit plus, ça m'fait du mal*
*La têt'me tourne, je suis fiévreuse*
*C'est énervant d'êtr'si nerveuse...*

Mais comment parvenir jamais à la simplicité d'Édith Piaf qui, sur tous, avait le génie de la *trouvaille* : d'un seul geste aussi économe que précis, elle donnait vie à toute une chanson! Pour évoquer la solitude de son personnage dans la foule, par exemple, on croyait la voir aller devant elle, hagarde, heurtée par des ombres anonymes... Un simple mouvement d'épaule dans sa petite robe noire, et tout un film réaliste se déroulait devant les yeux du public. Elle nous bouleversait par les moyens du plus extrême dépouillement.

Décembre 1954, le jour de gloire est arrivé!

Edgar Faure représentant le président de la République me remet le grand prix de l'Académie du disque français pour l'ensemble de ma carrière et sans doute pour *J'suis idiote*, car je crains de l'être, en effet, dans l'aréopage qui m'entoure : André Cluytens, Emil Guillels, Walter Gieseking, Charles Munch, Marie-Claire Alain, Madeleine Renaud, Jean-Louis Barrault, Pierre Fresnay, Jean Debucourt, Lionel Hampton, Léo Ferré, Arthur Honegger... Et moi!

Le métier d'attaché de presse n'existant pas encore, je soumis à Pierre Barlatier, directeur de la revue *Music-Hall*, une petite idée de promotion publicitaire qui fit grand bruit : cent cinquante ballons gonflés à l'hélium furent lâchés dans le ciel de Paris, lestés d'une carte postale timbrée à l'adresse de la maison de disques qui s'engageait à offrir en retour ma petite chanson. Je me souviens avoir gonflé moi-même les ballons et attaché les cartes postales avant de poser devant les photographes, prête à lâcher mes bulles de toutes les couleurs... On en parla et peut-être m'aurait-il fallu persévérer dans le domaine du «marketing» et de la promotion : si je doute de tout, je me reconnais un certain sens de la communication, de l'animation, que je dois au Café des Arts.

Un spectateur privilégié eut l'intuition de débusquer, très tôt, cet aspect de ma personnalité...

L'Ange qui me repéra chez Suzy Solidor avait les traits d'un comédien chaleureux : Claude Dauphin. Je me plais à croire que ce pseudonyme voulait indiquer son rang de second dans le royaume des Nohain.

— Vous êtes un élément idéal pour les émissions de mon frère, me dit-il.

C'est ainsi qu'il devait procurer à la petite rigolote de La Vie Parisienne la chance d'une longue complicité avec Jean Nohain.

Je ne vois pas d'autre adjectif pour qualifier ce personnage infatigable que celui qu'il employait lui-même à tout propos : *merveilleux*! Il s'étonnait de tout, s'enthousiasmait d'un rien. Si l'on veut bien se souvenir de sa façon de parler, on retiendra une gourmandise des mots, une soif de la repartie, une hâte, une précipitation à saisir un trait spirituel... Jean Nohain se flattait du contact des gens d'esprit dont il avait pratiqué la connivence dans son enfance : Jules Renard, Tristan Bernard, se réclamant même de George Sand, sa payse! Son père, Franc Nohain, cultivait déjà la fantaisie dans ses chroniques littéraires, ses recueils de poèmes. Librettiste de Maurice Ravel pour *L'Heure espagnole*, il avait écrit pour le petit Jean un charmant livre d'enfant, *Jaboune*. Nul surnom enfantin ne fut plus populaire dans la belle époque des *36 chandelles* [1]...

Né Legrand, Franc Nohain avait emprunté son pseudonyme à la petite rivière qui courait non loin de sa propriété, dans la Nièvre. Jean ne reçut-il pas, en naissant, la bénédiction de cette eau vive et claire? Car telle était son intelligence...

Mireille [2] livre le secret de leurs communs succès : quelques notes, un petit air, et hop!, deux ou trois mots de Jean suggéraient un personnage, un climat, un lieu, une situation... Leur liberté d'invention, leur aptitude à attraper l'air du temps avec

1. Du nom de l'émission qu'animait Odette Laure avec Jean Nohain.
2. *Avec le soleil pour témoin*, Robert Laffont.

délicatesse et subtilité ouvraient la porte à Trénet et Brassens [1]. Mireille possédait le don de la mélodie simple qu'on retenait aussitôt qu'elle vous l'avait fredonnée de son filet de voix. Des similitudes physiques et vocales nous faisaient parfois confondre, à mon grand avantage, par les chauffeurs de taxi [2]. Je veux croire que ce n'est pas à cette ressemblance que je dois d'avoir collaboré si longtemps avec Jean Nohain et André Leclerc…

Jean Nohain sut me faire renouer avec mon goût des fêtes. J'avais reçu en la matière une bonne formation d'hôtesse au Café des Arts et à la Brasserie Victoria. Et je croyais reconnaître l'accent de mon père lorsque Jean Nohain me donnait la parole :

— Et maintenant, ma p'tite Odette… La *merveilleuse* Odette Laure… La gentille petit'Odette…

Un délicieux désordre présidait à ses émissions. Son intelligence pétillante, et trop rapide pour se soumettre à l'organisation, inventait sans cesse de nouvelles formules qui inspirent encore les animateurs d'aujourd'hui. Il savait… *merveilleusement* jouer de l'alternance, instillant l'émotion aux moments les plus comiques, puis rebondissant sans aucune faute de goût dans la plus pure fantaisie.

Et je me souviens…

Je me souviens d'une handicapée privée de bras et de jambes, la petite Legris, qui parvenait à exécuter les plus fines broderies avec la bouche. Cette tragique infirmité, qui aurait pu donner lieu à un monstrueux numéro de foire (et la famille ne s'en privait pas), devenait par la magie de Jean Nohain un *merveilleux* témoignage d'humanité… C'est qu'il en avait fait, à l'image d'une de ses émissions où il réalisait les rêves d'une personne de condition modeste, la *reine d'un jour*.

Le génie de Jean Nohain trouva dans sa résistance physique son plus sûr allié. Ce métier demande énormément de travail, de présence, d'attention. Alors que nous étions harassés par les

---

1. Georges étant pour moi la version féroce de Charles.
2. Autre ressemblance flatteuse, on m'a souvent confondue avec Odette Joyeux.

tournées, les galas, les retours à Paris pour les enregistrements..., Jean n'éprouvait nul besoin de sommeil ni de vacances. Il avait en particulier la faculté de dormir debout contre un portant, quelques minutes, et de repartir, regaillardi, aussi frais qu'un gardon! L'énergie de ce Napoléon des variétés me sidérait...

Nous travaillions à l'économie. Autour de Jean, l'équipe se serrait les coudes : Pierre Sainderichin, Anne-Marie Carrière, André Leclerc, Pierre Louis, Fernand Raynaud faisaient flèche de tout bois, appelant à la rescousse des cameramen débutants comme Édouard Molinaro, trop heureux de l'aubaine...

C'est avec lui, pour l'émission «Au-delà de l'écran», que je me rendis un jour auprès d'une comédienne qui avait été très admirée au côté de Jean Gabin dans *Pépé le Moko.* Cruel souvenir... L'émission cherchait à donner un autre sens aux images vues pendant la semaine. Le film de Duvivier venait d'être diffusé et nous partîmes à la recherche de la belle aventurière. Impossible de trouver son adresse. Nous la découvrîmes finalement à La Roue Tourne, une association créée par Paul Azaïs pour venir en aide aux comédiens nécessiteux. Qui ne se souvient des quêtes organisées à l'entracte des séances de cinéma ou des soirées de théâtre, en un temps où mutuelles et caisses de retraite n'existaient pas? La séductrice était devenue une épave. Il nous fut impossible de filmer son pauvre visage ravagé et l'interview fut presque intégralement tournée sur moi pour ne pas humilier la beauté déchue...

Je partageais avec Jean Nohain la passion des bons mots. Nous eûmes l'idée d'une chronique régulière, en alternance avec le grand ami de Nohain, Fernand Raynaud, consacrée à «l'esprit français». Et c'est ainsi que je me mis à fouiner comme une petite souris des journées entières dans la bibliothèque de l'Arsenal. J'en extrayais un florilège qui, pour modeste qu'il fût, demeure un souvenir aussi savoureux que celui des «plats de douceur» de ma chère nourrice.

*Pour le meilleur et pour le rire*, je tenais dans un petit carnet une anthologie personnelle que Jean Nohain me permit d'enrichir pendant de longues semaines de bonheur.

Et, grâce à lui, je ne fus pas la reine d'un jour seulement…

## Chapitre VIII

# Par le petit doigt...

*Au coin d'la rue là-bas...*
MICHEL EMER

Ayant souvent évoqué sa mémoire, je voudrais fixer ici un souvenir heureux d'Édith Piaf.

Édith heureuse? Est-ce possible? On retient plus facilement d'elle le souvenir d'une Pasionaria dont la petite silhouette noire était habitée d'une *vis tragiqua* inouïe. Et pourtant...

Le cœur d'Édith rêvait d'un idéal Ulysse, qui ne vint pas. À chaque nouvel amant, elle tricotait un pull-over qui s'allongeait, s'allongeait... tant que l'amour durait. Et puis soudain, quand l'oiseau s'envolait, elle défaisait son tricot pour le reprendre avec l'apparition du nouvel Ulysse qui n'était jamais le bon. Ainsi allait sa vie, éternel retour qu'elle aurait voulu arrêter à la page où elle aimait, mais déjà la page de sa mort était sous ses doigts.

Les obsèques de Sarah Bernhardt avaient fortement marqué de leur empreinte mon cœur de petite fille accrochée aux basques de sa maman dans l'immense foule du Père-Lachaise.

Je vécus une seconde fois ces heures délirantes de ferveur populaire en suivant le convoi d'Édith, depuis le 67, boulevard Lannes. Le service d'ordre tentait de contenir, sans grand succès, un déferlement de populace qui voulait voir et toucher les grands de ce monde. Les tombes croulaient sous les grappes humaines, des monceaux de fleurs, des chars entiers de corbeilles et de gerbes étaient piétinés. Il y avait de l'indécence, pour ne pas dire de l'obscénité, dans ces scènes d'adoration et de curiosité morbides. Marlène Dietrich parvenait à grand-peine jusqu'à la dernière demeure de son amie…

Bousculée, « *entraînée par la foule…* », je rejoignis quelques-uns des Compagnons de la Chanson et retrouvai celui qui avait été mon grand amour, G. J'y reviendrai… Nous étions séparés depuis plus de dix ans. Sa vue me bouleversa. Aussi démunis l'un que l'autre devant la mort d'Édith, nous étions émus de nous rappeler que c'était grâce à cette incomparable amie que nous nous étions connus, aimés, déchirés.

Nous nous sommes rencontrées, après la guerre, et nous eûmes ensemble une franche amitié, à une époque pour elle ensoleillée. J'éprouvais également pour son compagnon, Raymond Asso, beaucoup d'affection. Plus tard, malade, celui-ci me prouva sa fidélité en me confiant les lettres qu'Édith lui avait adressées du temps de leurs amours. Elles furent publiées à l'occasion de certaine réédition de disques. La photocopie n'en étant qu'à ses balbutiements, j'avais pris la précaution de recopier moi-même cette correspondance avec un soin monastique, et non sans mal : l'orthographe d'Édith, quelle aventure !

Je me souviens du papier jauni acheté à la mercerie-papeterie de Chenevelles. Une plume Sergent Major l'a griffé de pattes de moineau d'une écriture à la fois jolie et malhabile, criblée de fautes. Je déchiffrai ce zigzagant graphisme comme une courbe barométrique : les brusques intempéries de l'adolescente môme Piaf y sont entrecoupées d'embellies, de gamineries, d'euphories, de tendresses et de terreurs… Dans cette bourrasque de sentiments, je suis frappée par une dominante, une note tenue et grave, que j'aimerais ici faire entendre comme un leitmotiv : *la prière d'Édith.*

Sa conviction religieuse n'a d'autre fondement que son innocence. Sa prière est celle de la brebis égarée qui appelle le berger; oui, l'Église est sa bergerie. Sa dévotion ne s'élève guère au-dessus de l'instinct de l'animal craintif. Mais l'Écriture ne dit-elle pas que la crainte est le commencement de la Sagesse? Que d'angoisse chez cette bête traquée touchée par la Grâce : toute tremblante, elle allait se jeter aux pieds du «grand Jésus sévère». Elle écrit, le 15 septembre 1938 (elle avait vingt-trois ans) :

> *... Jirais à l'église, je vais reparlé à Jésus cela me fait du bien quand je parle au grand Jésus sévère [...] Je suis une saloppe dêtre ici pendants que tes a Paris et quil y a tant de dangé je suis bête quessequi me retient la frousse oui la frousse des gaz idiot nestce-pas, c'est peut être sa, peur aussi de Paris peur de tout mon Dieu que j'ai peur j'ai comme une grande angoisse dans mon cœur [...] si la guerre éclatait [...] toute ma vie serait remplie de remord comme pour ma fille comme pour tout le mal que j'ai fait, je suis la reine des imbéciles, dit tu me comprend je vais allé à l'église sa me feras du bien [...] ce quon lui [au bon Dieu] a fait de mal en échange du bien quil nous fait, la terre n'ai rempli que de saleté comme moi, c'est pour sa quil y a des guerres, si touts le monde étaient comme toi la vie serait belle et propre et je sais que pleuré après tout sa lâche que je suis c'est tout, pardon Bichou pour tout le mal que je tai fait et que je te fait en ce moment et le plus fort de tout c'est que je taime et que je le sais*
>
> *Didouche*

Le même jour, mais «*à deux heures de l'après-midi après l'église*», elle s'exclame :

> *Pardon pardon je vient de retrouvé la brosse a dent, je me suis empressé d'aller cherché de l'eau chaude et je me suis lavez les dent, comment nom, oh pis dans le fond je préfère te dire la vérité, nom je n'ai pas été cherché de l'eau chaude, jai dit tout simplement "chic demain je pourais me lavez les dents", faut toujours que je mente quelle sale manie et a quoi sa serre puisque je fini toujours par dire la vérité, nom c'est un besoin, mais aussi quelle idée dallé mettre cette brosse dans le fond de ce sac que je ne prend que pour tricoté, c'est comme quand je tengueule au téléphone que je trouve*

> *que tu a làcçent, c'est quand je suis dans mes torts que je ne trouve plus rien à dire, c'est malin, fautes avouer ai moitié pardonné, ouf sa fait du bien de dire la vérité quelquefois…*

Ce qui suit est une sorte de dialogue intime avec Jésus empreint de fraîcheur, d'amour et de respect. Ai-je cru lire un autre moi-même? Comme ces phrases simples disent la Foi qui était la mienne lorsque j'étais enfant! Et Édith n'a jamais perdu l'esprit de l'enfance…

> *… Tu attend avec impatience ma longue conversation avec Jésus, et bien tu va lavoir, j'ai pleuré dabord […] je lui ai dit, empêche cette guerre, oui je lai tutoyer, je me suis permit de le tutoyer et puis jai regardé ses pieds ses mains et sa figure remplies de souffrances, enfin jai pensé a ceux qui lavait cloué sur sa croix et a tout ce quil avait enduré sans en vouloir a personnes et jai pensé que tu était aussi bon que lui, que tu pardonnais toujours et jai repleuré et jai demandé pardon a Jésus davoir osé le tutoyer […] Quand je suis sortie de léglise javais moins mal beaucoup moins mal, et je vais suivre ses conseils, a nom je ne te lais dit pas c'est un secret entre moi et Jésus. Et puis tu sais tu peut allé lui demandé il ne te les diras pas. Dit a tu regardé ses pied comme ils onts du souffrir, et dire que lon a pu le cloué sur sa croix, lâches quils étaient tous, comme moi dailleurs, je nai pas a me glorifié de ce que jai fait, un mon Bichou, maintenant tais comme une sorte de Jésus pour moi, Bichou envoie moi mille francs…*

Que de confusion dans cette humilité! «*Je me sens petite, si petite…*» Dans son repentir, elle se place elle-même parmi les bourreaux et associe les souffrances du Christ à celles de son seigneur et maître, Raymond, son Jésus qu'elle fait souffrir… Mais «*faute avouée est à moitié pardonnée*» et elle «repart à zéro» : «*Bichou envoie moi mille francs…*»

La petite chanteuse des rues n'oubliait pas la quête!

Édith trouvera toujours refuge dans les églises : elle y goûtera le silence, le calme du port après la tempête. La pénombre y est douce à ses yeux que la lumière meurtrit. Les rosaces nimbent l'obscurité, préfigurant le symbole de la Rose-Croix dont, plus tard, elle sera l'adepte... Alors sa prière se fera exigeante : elle réclamera de la puissance divine des signes, des messages, et son mysticisme déviera vers la superstition.

Mais la jeune Édith de 1938 n'en demande pas tant au Père, au Fils, et à *la Colombe d'amour* tellement plus accessible, sainte Thérèse...

Le Père, Édith le rabaisse à l'image du sien : « *Il faiblit, depuis le temps quil voit du sale monde...* »

Le Fils, on l'a vu, est à la fois doux martyr et juge courroucé, bon « *Jésus sévère* »...

Sainte Thérèse enfin, sera toujours la compagne chérie, l'esprit de l'Amour, du souriant Amour, qui offre sa vie « en roses »... Édith poursuivra, sa vie durant, l'exemple de cette pourvoyeuse de tendresse, de charité, distribuant à l'excès à ses amants, ses amis, tous les pétales de son amour, jusqu'à dévaster son cœur...

Que Raymond et Édith me permettent ici de reproduire d'autres passages de cette poésie amoureuse d'une si naïve intelligence...

*13 septembre 1938,*

*Mon pauvre amour,*
*Comme tu doit souffrir pour m'écrire daussi vilaine chose mais tu a raison, je suis bête je te l'ai toujour dit c'est toit qui a voulu me convaincre que jettait intelligente, dailleurs pour faire tout les bêtises que j'ai faites avant de te connaitre prouvait toute mon inintelligence, et il et bien tant de pleurer comme je pleure pour les être qu j'ai rendu malheureus les gens bêtes sonts toujours malheures, ils s'apperçoives toujours des gaffes quiles onts faites une fois quil et trop tard, alors ils pleurent croyant que sa va arrangé les choses et cela n'arrange rien natturellement, ceux là sonts des êtres innutile sur la terre, mais ils ne sonts pas toujours si fautives que sa, c'est la fautes de leurs parents, pourquoi quand les parents sont bêtes fonts ils des enfants. Je ne me sens plus rien du tout après la lettre que tu m'as envoyé, et je ne sais que pleurer c'est bête pas je sais il n'y a qu'une solution rentré, jettait prêt a bien des choses avant ton coup de téléphone et ta lettre, mais à présent tu m'en a*

*fouttu un drôle de coup [...] Tu me dit que je suis prétentieuse que je ne suis pas digne de ton amour que je n'ai aucune intelligence et pour me faire plaisir tu me dit qu'elle peut venir, nom l'intelligence et une chose qui vient avec la naissance sinom elle ne peut pas venir et sans cette chose on arive a rien dans la vie et je ne tient que par toi, je vais te dire quelque chose de grâve, mais ne le prend pas mal, si je partais mais partir pour toujours je ne profiterait pas de ce que tu ma doné, nom sa je n'ai par le droit de lexplité mon art tu me l'a doné, et il serais trop facile de le gaché vaut mieux laissé un beau souvenir [...] Ce titre dont tu me qualifiait "naïve" voulait bien dire bête n'est ce pas [...] Voit tu la vie et une bien drôle de chose et c'est l'amour seul qui la rend laide, onts se dit tellement de bétises qui deviennent parfois des choses affreuses, tu et un être beaucoup trop supérieur a moi, et je fini par ne plus te comprendre je vais te dire comme les idiot, tu devient par trop avant garde, ma lettre et bête, les gens sonts bêtes, moi je sui bête, la vie et bête touts et bêtes, Monsieur André vient douvrir la TSF pour savoir des nouvelles de la guerre et la première chose que l'on entend c'est une femme qui anonce un titre de chansons "Haine d'amour" c'est droles enfin je veut dire c'est triste c'est bête quoi [... ]*

Suivent ces phrases qu'elle aurait pu chanter, d'une simplicité qu'elle aurait rendue déchirante :

*Jai de la peine beaucoup de peine, je n'ai pa fain peu importe cela m'arrive [...] je ne te demande plus rien rien rien. Le soleil et radieux tellement radieux que l'on a envie de pleuré, la barque se repose, je n'en finirai pas aujourd'hui, pas le cœur a sa, l'ai le cœur a rien, si a pleuré a me rappelé des choses qui ne sonts pas...*

Et de poursuivre...

*Je n'ai même la tentative de faire un soit disant poëme, tu sais je jamais eu la prétention de les appelé poèmes je les ai appelé chansons parceque tout le monde faits des chansons, les gents bêtes aussi, jai simplement essayé de faire quelque chose qui rime un peu a force de vivre avec toi [...] Naturellement je tai peut être vexé toi tu fait de vrai poëme il et normal que tu naime pas que l'on joue avec ce nom quand une femme chante mal et quelle se qualifie du nom de "Artiste". Sa me mai en colère… […] Je voit que c'est la dernière lettre aussi longue que je t'écrit pour raconté des sottises que je raconte je croit quil vaut mieux que je les fasse courtes… […] Maintenant je me sens bien petite et jai de la peine beaucoup de peine.*

*Didi.*

Et, pour finir, ce post-scriptum, ce coup de pied de l'âne :

*Je corrige mes fautes j'ai parfois l'illusion d'être instruite c'est drôle hein!*

La lettre du 15 septembre, «*après l'église*», vaut aussi la peine d'être citée :

*… Si tu savait les mots aigres doux que l'on s'envoie moi et la mère Tartempion, tu rigolerais, jécrit dans ma chambre et jai ta photo devant moi, tes beau, jentend Iresne qui jou du chopin, mais comme jentend très bien dici, je ne décenderais donc pas, ta piger… La mère Tape a l'œil et tout étonné que je vais à pied toute seule à Chenevelles, je la déteste encore plus que Rina Ketty c'est pas peut dire…*

Le monologue obsessionnel qui suit oscille entre le génie de Zouc et celui de Raymond Devos. Si j'ai évoqué plus haut *la prière d'Édith*, voici son sketch comique : «*Lencre violette supérieur*»…

*Comme cette plume écrit mal, ou c'est moi, enfin c'est une des deux c'est plutot moi car je suis tellement énervé, car avec les plumes sergents major et de lencre violette supérieur onts ne peut pas écrire mal bon vla que sa me reprend, ah faut bien rire un peu sinom c'est plus drôle, un Bichou, ah bon revoila la flotte […] la flote tombe donc la pêche va tetre suprimé aussi sa va être gai, bon lencre diminue, je vais décendre en cherché et pis nom je ne veut pas voir leurs sales gueules de fauts témoins aussi je vais reprendre mon porte plume, oh nom jécrit vraiment trop mal avec les pumes sergent major donc je reprend le stylos le voila oui mais y'a plus d'encre, et bein voila je vais le trempé dans lencre violette supérieur, aille bien tu m'en fait des yeux pourquoi me dit tu "nom Didouche lencre violette supérieur n'ai pas pour le stylo Marie Dubas, tu va mabimer un stylos, que jai payé si cher, mon Didouche nom je te défend" bon bin alors quand j'aurais plus dencre je mareterais et toi de répondre "trempe le dans lencre violette supérieur Didouche trempe le" ah tu voit quesse que je m'envoie comme prétention, allons détourne les yeus je le trempe, quesse que je vais me faire brisé dans la prochaine lettre bicose le stylos, tampis, une engueulade de plus ou de une de moins, et tu sais il n'y avait pas dencre a stylos a Chenevelles fautallé à Chatellerault alors jai pris de lencre vio... ah boula la barbe bon je ne le dirais plus, que veut tu je te met au courant, pas, donc pardon excuse, mon pauvre choux chéri, tu doit bien tennuyer a Paris tout seul, va tu au cinèma, a tu vu de belles choses, je te demande tout sa, onts voit bien que je ne suis pas a ta place, Chopin vient de s'areté tant mieux le calme et revenu. Dit Bichou pas qu'y auras pas la guerre, sa ne peut pas arriver une chose pareille, que deviendrais Didouche et Bichou et bin y s'irait tout les deux a la guerre, tu verrais onts ferait reculer les allemands, les salots ou plutot ce salot de Hitler, y peut pas nous fouttres la pais, ce chameau là, dit donc je pense tu dois avoir un drôle de bouleau a déchiffrer mes lettres avec l'écritures que j'ai, aussi je vait essayéde m'appliquer, impossible que je dit impossible, pourquoi mais parceque je vient de me battre avec deux gueppes pensé si j'ai la main qui tremble après un pareil exploit je n'ai plus peur de la guerre, et bien dit donc et les communistes quesse qui fouttes et les combattants de la paix, y partironts comme les autres beaucoup de gueule mais pas beaucoup déffets ils sont idiots tous...*

En 1946, je donnais une dernière représentation au Coup de Soleil, à Lausanne, que dirigeait le poète-chanteur Gilles, le plus parisien des Suisses. Ce dernier vint vers moi et me dit :

— Connaissez-vous Édith Piaf? C'est elle notre prochaine vedette. Elle souhaiterait vous rencontrer et vous invite à sa table...

Flattée, un peu émue, je rejoignis Édith entourée de son imprésario Loulou Barrier et de ses deux musiciens, Robert

Chauvigny et Marcel Boniface. Bien que déjà vedette, Édith n'était pas encore un monstre sacré, mais quel événement pour moi que d'attirer l'attention d'une célébrité!

Elle me fit signe de m'asseoir. Devant elle, je n'éprouvais aucun sentiment d'infériorité tant elle agissait avec simplicité. Elle sourit en portant sur moi *son regard d'aveugle qui vient de retrouver la vue*, comme l'a si bien dit Jean Cocteau. Je le sais pour l'éprouver moi-même : les gens de petite taille lèvent les yeux vers les autres, ce qui leur donne parfois une expression de supplique.

Il me semblait qu'Édith m'attendait depuis toujours. Ce fut un coup de foudre. Il me semblait assister à ma propre métamorphose et, pour la première fois, je me sentais *grande*. J'aurais voulu consoler, rassurer cette toute petite personne d'apparence si fragile. Pour elle j'aurais élevé un mur de protection contre un monde trop grand, trop cruel.

Madame Piaf me tendit la main. Plus exactement, elle glissa sa main dans la mienne. Une présence douce, légère, et cependant sans mollesse, s'insinua au creux de ma paume. Comme si j'avais recueilli un petit oiseau [1]...

— J'aime ce que vous faites, me dit-elle, c'est formidable, hein, Loulou?

Conciliant, Loulou Barrier acquiesce. Marcel Boniface, l'accordéoniste, effacé quoi qu'il arrive, donne raison à sa patronne. Le pianiste, Robert Chauvigny, avec ce tendre mouvement de la tête qu'il eut toujours pour me dire le faible qu'il avait pour moi, ajoute ses compliments à ceux de Piaf...

— Êtes-vous obligée de rentrer à Paris, demande Édith? Parce que j'aimerais vous garder dans mon programme. Je débute ici demain. Il y aurait vous et moi.

La chance vient-elle de me rendre visite? Une joie lumineuse m'envahit. Comme une limaille autour d'un champ magnétique, mes rêves les plus insensés se polarisent sur Piaf. Un amoureux m'attend à Paris? Tant pis!

---

1. «Ses mains sont celles des lézards des ruines», dit Jean Cocteau.

— D'accord, je reste.

On ne pouvait pas refuser d'être l'amie de Piaf, pas plus, me semble-t-il, qu'un homme ne pouvait refuser d'être son amant quand elle l'avait décidé.

Et j'ai passé près d'elle des semaines inoubliables de pure amitié et d'exquise tendresse. Nous nous amusions comme des enfants. Ayant remarqué que l'ongle de mon petit doigt était encore plus petit que le sien, elle nous avait inventé un jeu renouvelé à tout propos :

— Qui est-ce qui a le plus joli petit doigt du monde?

Je devais répondre :

— Moi, Zoupinet! (Zoupinette étant le nom de l'héroïne de Claude-André Puget dans sa pièce, *Les Jours heureux*, qui connut un grand succès à l'époque.)

Alors nos deux petits doigts s'enlaçaient et, agitant nos bras comme deux gamines, nous reprenions ensemble le refrain breton :

*Par le petit doigt*
*Lon la lon lon laire*
*Par le petit doigt lon la*
*Par le petit doigt...*

Je me prêtais de bonne grâce à cet enfantillage qui se terminait par une révérence à un public imaginaire.

— Tu verras, me disait-elle, je t'écrirai des chansons si tu restes avec moi, et je te ferai la «première» que j'ai faite pour Montand. Nous voyagerons ensemble, ce sera merveilleux...

Elle venait de rompre avec Montand et il n'y avait pas d'homme dans sa vie. Elle se consacrait tout entière à notre amitié nouvelle, et cette exclusivité dura jusqu'à ce qu'un nouveau garçon... Mais je goûtai chaque instant de cette chance momentanée : Édith était joyeuse. Sa carrière, sa santé, tout était en ordre.

Nous avons passé cet heureux temps à écrire des chansons. Pour Édith, tous les événements de la vie devaient pouvoir se traduire en chansons. Son inspiration devait alors beaucoup à

Henri Contet, l'un de ses auteurs favoris (*Monsieur Saint Pierre*, *Y a pas de printemps...*). C'est ainsi qu'Édith, Roger Lanzac, Robert Chauvigny et moi avons composé ensemble une chanson intitulée *Un refrain courait dans la rue.*

Bientôt, il fallut rentrer à Paris.

Gare de Lyon, 16 mars 1946.

La secrétaire d'Édith, que tout le monde appelait Dédée, attend notre petite troupe pour un déjeuner chez la Môme. C'était une manière de ne pas couper trop vite les liens tissés au cours des semaines que nous venons de vivre. Les larmes me montent aux yeux à la seule évocation de ce repas, dans l'appartement d'Édith. J'étais assise en face d'elle.

Avec une audace dont je rougis encore, je l'interpellai :

— Édith, voilà des jours que nous ne nous quittons plus. Tout à l'heure, je vais rentrer chez moi, alors, qui sait? Édith, puis-je te demander de mettre fin à un doute? Voilà... Je suis née comme toi à Belleville. Un peu plus haut que toi, Porte des Lilas. Mes parents y tenaient un restaurant pour noces et banquets, le Café des Arts, juste en face le Lac Saint-Fargeau et à deux pas du Lapin Vengeur où Maurice Chevalier venait se promener. Plus tard, ma famille se fixa avenue Gambetta, au coin de la rue Henri-Poincaré. J'étais encore une petite fille. Le dimanche matin, je lançais des sous à une chanteuse des rues que nous aimions tous. Pour elle, je faisais provision de pièces de cinq sous percées. Sur la desserte, dans la salle à manger, trônait un service à bière munichois, une grande chope, et neuf autres, plus petites. Tous, Papa, Maman, mes frères, moi, dès que nous possédions une pièce de cinq sous, nous la déposions dans l'une des chopes à l'intention de la chanteuse. Et nous attendions le dimanche... Par un itinéraire immuable, elle descendait l'avenue Gambetta, venant de Saint-Fargeau et allant vers Pelleport. Nous l'entendions venir de loin. Non, je t'en prie, Édith, ne m'interromps pas... Je me précipitais à vider les chopes de leur contenu et je rassemblais les pièces percées avec une ficelle, de sorte que cette monnaie enveloppée dans du papier rebondissait comme une pluie lourde aux pieds de la chanteuse, faisant ainsi plus de bruit que des pièces éparses. Dès qu'elle était sous mes fenêtres, mon cœur battait plus vite. L'émotion suscitée par cette voix puissante, surgie comme une plainte, s'ajoutait, à mes yeux d'enfant privilégiée, à la peur et à la curiosité que m'inspirait cette «voyouse». Je l'imaginais vivant dans un monde dangereux, pas du tout «comme il faut», dînant de rien, couchant à la belle étoile, battue par des vauriens, contrainte à chanter ainsi, dans les rues… Je l'identifiais à une héroïne d'Hector Malot.

Personne, autour de notre table, ne voyait où je voulais en venir… Mais Édith était attentive. Encouragée par son silence inhabituel, je poursuivis :

— Je rêvais d'être artiste. Cette chanteuse des rues galvanisait mon enthousiasme. Le lundi, je courais demander à la marchande de chansons de la rue du Docteur-Paquelin le dernier succès de Tino Rossi ou de Damia. Le répertoire de la «chanteuse à la voix de cathédrale» passait sans façons des mélodies doucereuses du chanteur corse aux bouleversantes chansons de Gaston Couté. Heureux ceux qui ont pu entendre *J'entends les violons, Marie* s'élever dans la rue et venir toucher nos cœurs d'une douleur à pleurer! Les yeux cachés sous une frange, les cheveux coupés «à la chien», la fille brune était perchée sur des talons aiguilles qui lui donnaient une démarche incertaine. Elle avançait comme une automate. Moulée dans une robe de satin noir qui soulignait sa poitrine, elle se plantait sur la chaussée, accrochée au sol comme un petit épouvantail, et poussait ses romances. Elle était toujours suivie d'un jeune «Apache», pattes d'éléphants, casquette à carreaux, rouflaquettes taillées en pointe à la mode du «milieu». L'Apache poussait devant lui une voiture d'enfant. Pouvait-elle abriter un bébé? Du tablier de toile cirée noire dépassaient les goulots de bouteilles de vin… Je visais donc les pieds de la chanteuse et lui lançais mon rouleau de cinq sous en espérant qu'elle lèverait la tête et comprendrait tout à la fois mon admiration et ma compassion… Mais rien ne la concernait. Elle chantait. Et je ne vis jamais ses yeux. C'est à une autre gamine de son âge qu'elle laissait le soin de ramasser l'argent qui tombait du ciel. Cette pauvresse ne te ressemblait pas, Édith, et pourtant... C'est la même voix... Ne te fâche pas, Édith, ne te choque pas de ce que je vais t'avouer : depuis que je te connais, que je t'entends chanter, j'éprouve le même trouble, le même frisson qu'avec ma petite chanteuse de l'avenue Gambetta...

Sans me quitter des yeux, Édith murmura quelques mots à Dédée qui se leva puis revint un peu plus tard avec un vieux portefeuille de faux maroquin. Édith en sortit des photographies. De ses jolis doigts minces, elle les manipula comme un jeu de cartes puis me tendit un cliché jauni :

— Et ça, qu'en penses-tu?

J'étais bouleversée : l'image représentait une gamine, cheveux en frange, «à la chien», amoureusement appuyée contre un jeune homme, casquette à carreaux, rouflaquettes, fière allure de voyou... L'Apache.

— Et si, à l'époque, j'avais de la poitrine, dit Édith, c'est que je venais d'avoir une petite fille et que je l'allaitais. Ma petite Marcelle est morte peu de temps après...

Alors nous nous sommes attendries dans les bras l'une de l'autre, entraînées, loin de tous et de tout, dans les lumières de notre enfance...

— Tu pourras te vanter, dit enfin mon amie, d'être la seule artiste à avoir jeté des sous à Édith Piaf quand elle chantait dans les rues.

Que serait devenu ce lien envoûtant si j'avais souscrit à sa proposition de vivre auprès d'elle? Sans doute aurais-je subi, comme tant d'autres, les rigueurs de ses caprices? Ma vie sentimentale ne me permit point de céder à son invitation. Tant pis, ou tant mieux...

Par la suite, Édith manifesta toujours la même joie lorsque les hasards du métier nous remettaient en présence. Plus tard encore, il m'arriva de blâmer sa conduite et je m'en veux aujourd'hui de mon incompréhension... De quel droit m'étais-je permis de la juger?

Je peux affirmer que j'ai connu une Édith exquise, une petite fille à coquetteries de femme, soignée, gentille, sobre, drôle. J'ai aimé une camarade affectueuse et généreuse. J'ai été subjuguée par cette interprète incomparable.

Et j'ai admiré un petit poète en perpétuel état d'inspiration.

Un dernier mot.

André Comte-Sponville, que je ne connais pas, évoquait dernièrement à la radio la mémoire de Louis Althusser, dont je connais peu de chose, si ce n'est l'atroce souffrance de vivre. Au plus profond de sa détresse, Althusser aurait noté sur son carnet :

*Il faudrait pouvoir écrire comme Édith Piaf chantait.*

Je lui emprunte ce dernier mot pour saluer Édith.

## Chapitre IX

# Le soleil levant

*Celui qui aime les hommes est un saint,*
*celui qui les comprend est un sage.*
BOUDDHA (?)

Ce n'est pas une éclipse que je connus, mais un naufrage.

La chanson est comme l'amour : elle vient vers vous, elle vous prend, elle ne sort pas de vot'p'tit'tête, et puis un jour, plus de chanson. Elle vous a abandonné, comme l'amour. Disparue…

Brusquement, autour des années 1956-1957, la musique change de style. D'une part la vague des yéyés nous pousse vers la sortie, d'autre part les interprètes disparaissent au profit des auteurs-interprètes. Et de quel talent! Aznavour, Ferré, Brel, Brassens, Nougaro, un peu plus tard Barbara… Je ne vois qu'Yves Montand pour avoir résisté à cette évolution, que le cinéma connaîtra lui aussi [1].

La chanson devient une véritable industrie. Aurais-je pu me rendre compte du naufrage? Ai-je espéré m'en sortir avec un

1. La Nouvelle Vague prend le pouvoir et bientôt les jeunes auteurs écrivent, mettent en scène, jouent et produisent leurs films. Il y aurait une étude à faire sur cette évolution des métiers du spectacle vers le pouvoir absolu…

répertoire marginal? Je n'ai pas vu la tourmente arriver. J'ai sombré, entraînée par cette lame de fond et, ne trouvant pas de raison à cet abandon, je n'imaginai aucun remède. L'oisiveté, que l'on dit mère de tous les vices, me donna le loisir nécessaire pour réfléchir. Depuis vingt ans, je travaillais comme une forcenée : music-halls, galas, cabarets, radios, télés, répétitions s'enchaînaient et je n'avais vu la mer que depuis les casinos où je chantais. *Mes vacances, c'est d'aller travailler ailleurs*, disait Colette.

Soudain, cette fuite dans le travail prit fin.

J'étais devant moi. J'avais vieilli. Grossi. Maman venait de mourir. J'étais encombrée de malheurs. Je paraissais toujours très jeune, mais l'étais-je vraiment? J'étais comme désoccupée de moi-même, en deuil, avec peu de projets intéressants... Mais une certaine fantaisie préside toujours aux drames de l'existence : les plus grands fous rires s'attrapent dans les cimetières.

Les circonstances dans lesquelles je devais rencontrer la philosophie extrême-orientale sont dignes d'une nouvelle de Mark Twain.

Me portant mal depuis toujours, j'ai fini par m'interroger relativement à mon corps, question totalement ignorée dans ma génération.

Dans une boutique de diététique, place de la Madeleine, la vendeuse me dit :

— Madame Odette Laure, j'ai glissé dans le sac de vos achats une petite carte.

Et je trouve, entre mon lait d'amande, mes céréales et mon chocolat sans chocolat, un papier émanant de l'église des antoinistes, rue des Renaudes. Était-ce un message de mon Ange?

Cette association, liée au christianisme, n'est pas une secte. J'y rencontre des personnes vêtues de noir comme les fondateurs, le Père et la Mère Antoine, mineurs belges porteurs de la parole chrétienne dans les milieux ouvriers. Une femme très distinguée m'accueille et m'intéresse à la vie de cette association dont la simplicité avait une rigueur protestante.

Voici que j'assiste un jour à une scène dramatique : une femme se jette par terre en hurlant :

— Père Antoine, rendez-le moi ! Rendez-le moi !

Nous comprenons très vite qu'il s'agit de problèmes conjugaux. N'écoutant que mon cœur de franc-tireur, j'essaie d'apaiser cette dame, que je raccompagne chez elle.

Dans ses larmes elle me dit, avec une pointe méridionale :

— Mon Dieu, ce que vous pouvez ressembler à Odette Laure ! Quand je vais raconter ça à mon mari !

Nous bavardons, elle me demande ce que je viens chercher chez les antoinistes. Je lui réponds évasivement que j'espère y retrouver un peu de sérénité.

— Pour cela, me dit-elle, une seule solution, le zen macrobiotique. Allez rue Lamartine, dans la boutique du Maître Ohsawa…

J'oublie cette suggestion, je me porte de plus en plus mal, je prends des dispositions pour une cure en Suisse, départ prévu un 11 août.

À la fin d'une matinée douce et tranquille, flânant dans un Paris désert illuminé d'un bon soleil, je passe par hasard devant une *Librairie d'Extrême-Orient*, rue Cardinet, où l'odeur de l'encens se mêle à celle du soja. J'arrive au moment où le boutiquier, très affairé, est obligé d'aller à la poste et me demande de bien vouloir garder la boutique quelques minutes. Je patiente donc au milieu des tisanes et des services de porcelaine, quand pénètre dans la boutique une armada de Japonais chaperonnés par des Français. L'un me reconnaît, se réjouit de me voir intéressée par la culture extrême-orientale. Je proteste de mon ignorance. Le Maître Ohsawa m'est présenté. Il parle un français impeccable. Nous partageons un bol de riz, il me regarde longuement puis se met à parler de mes antécédents physiologiques tout en observant mes ongles, mes dents, la forme de mes oreilles, la texture de ma peau. Il me révèle sur mon caractère des vérités qui m'épatent et m'invite, avec autorité, à la conférence qu'il donne le soir même rue Las-Cases.

Séduite par l'enchaînement amusant de coïncidences, j'obéis à son injonction et je l'entends développer, de façon simple mais éloquente, les bases du zen macrobiotique. Avec une assez étrange intuition et sur la seule observation de ma morphologie, il me dit que je suis née de parents travailleurs mais grands consommateurs de sucre. Étonnée, je décommande la cure que j'avais projeté de faire en Suisse, et j'accompagne le Maître Ohsawa un peu partout dans son périple parisien.

J'observe la cure des dix jours de riz, dont les cinq premiers sont fort désagréables : on est constipé, on sent mauvais, puis, au sixième jour, on se sent plus léger, plus libre de pensée et de mouvement (il faut se méfier des régimes de riz, le foie s'épuise au cours de la digestion)…

Je suis intriguée…

Les conférences d'Ohsawa ravivaient ma réflexion : sa recherche était inspirée par une sorte de dialectique pratique qui embrassait les terrains de l'éthique, de la science, des arts. Il proposait de quitter notre prison de matérialisme pour aller vers une science de la condition humaine. Il défendait des principes alimentaires sains, donnant vigueur et légèreté, contribuant ainsi à un épanouissement corporel et, par conséquent, mental. Le régime des monastères zen, au Japon, est du reste appelé *syozin ryori,* ce qui signifie : «cuisine qui améliore le jugement».

Ohsawa parlait dans une langue presque enfantine, celle qu'il faut, sans doute, pour entrer au Royaume des Cieux : retrouver un état de nature où l'animal que nous sommes renoue avec son élément.

Et j'avais grand besoin, alors, d'une simplicité d'être.

Ces idées qui alimentent aujourd'hui le plus commun des dîners en ville étaient à l'époque d'une absolue nouveauté.

Le zen dit macrobiotique – du grec *macros,* «grand», et *bio,* «vie» – est une méthode de longue vie qui s'appuie sur le postulat selon lequel l'univers est composé de deux forces fondamentales, opposées et complémentaires : le *yin* et le *yang.* Yin indique la chose centrifuge, yang la chose centripète. La force centrifuge est celle du calme, du silence, du froid et de la nuit. La centripète produit le son, la chaleur, la lumière. Les deux forces ne cessent de s'interpénétrer tout en se combattant, tels les principes mâle et femelle.

J'apprends donc que se connaître, s'aimer mieux soi-même, permet de renouer avec une énergie vitale qui sommeille en nous, et qu'à défaut de foi en Dieu je dois avoir foi en moi.

Bouddha dit à peu près ceci : «La vérité n'a pas besoin de vous. Elle est parfaite, bienheureuse, inaltérable et toute lumineuse, même si personne ne le sait. C'est vous qui avez besoin d'elle. C'est donc à vous de vous mettre en peine pour la chercher.»

Les effets de la cure d'Ohsawa précipitèrent ma décision : allégée de six ou sept kilos, je me mis à projeter la création d'une maison d'esthétique où l'on enseignerait une autre manière de se nourrir, de maigrir sans danger, d'embellir grâce à des soins naturels. Cultiver sa beauté, n'est-ce pas soigner sa santé?

Et puis, en revenant à mon premier métier, auréolée du prestige japonais, je pouvais quitter la chanson qui ne voulait plus de moi…

Toujours victime de mon perfectionnisme, j'estimai que ma cure de trois semaines ne m'en avait pas suffisamment appris sur la diététique du Maître. Décidée à suivre son enseignement, je lui demandai de m'accueillir dans son école, à Tokyo. Cette école d'art de vivre, où se pratiquaient de nombreuses disciplines, avait pour base un principe simple : «Nous sommes ce que nous mangeons».

Le Maître ne répondit jamais à aucune de mes lettres. Selon ses disciples parisiens, il fallait voir dans ce silence une marque de la sérénité orientale.

Par quelle intrépidité ai-je décidé de partir quand même au Japon, je ne me l'explique toujours pas. Qui sait si ma prédilection pour ce pays ne date pas de ce film mystérieux, *Forfaiture*, où le discret Sessue Hayakawa traversait des jardins fragiles et des maisons de papier où circulaient des ombres?

Obéissant à une impulsion qui allait donner un nouveau mouvement à ma vie, j'empruntai la somme nécessaire au billet d'avion à mes plus proches amis, vendis quelques bibelots et mes manteaux de fourrure aux épouses des Compagnons de la Chanson, et partis avec, en poche, cent mille francs équivalant exactement à cent mille yens de l'époque.

Je m'envolai pour Tokyo comme d'autres vont à Versailles.

À mi-chemin vers Orly, je m'aperçois que j'ai oublié mon passeport. Demi-tour. Je n'ai pas fini de méditer sur cet acte manqué que me voici déjà devant les caméras d'André Leclerc et Pierre Louis pour un sketch-interview éclair destiné à l'émission «Au-delà de l'écran», qui donnera l'impression d'avoir été minutieusement préparé.

Ce n'est qu'à mon arrivée le 4 décembre à Tokyo que je commençai de me rendre compte de la folie de mon geste et de ma solitude dans une fourmilière où personne ne parlait français...

Personne? Pas tout à fait... Dès avant la guerre, le neveu du peintre Foujita avait animé une très active amitié franco-japonaise, ce qui lui vaudra bien des ennuis pendant les hostilités. En France, le japonisme a donné la preuve de notre fascination pour l'île mystérieuse. Quant aux Japonais, ils nourrissent depuis toujours une véritable passion pour la chanson française. Après Damia, Yvette Giraud triomphait à Tokyo au moment où j'y atterrissais, ouvrant ainsi la voie, entre autres, à Jacqueline François, Gilbert Bécaud, Mireille Mathieu... Yvette Giraud avait créé une très belle chanson de René Baer injustement attribuée à Léo Ferré : *La Chambre.*

*On m'a prêté quatre vieux murs*
*Pour y loger mes quatre membres*
*Et dans ce réduit très obscur*
*Je voulus installer ma chambre.*
*Pour lui donner un air coquet*
*Je suspendis aux murs en pente*
*Les diplômes que j'ai manqués*
*Et mes décorations absentes...*

La célébrité d'Yvette me sidérait : des cafés, des rues portaient son nom et je pus compter sur son amitié pour me faire faire mes premiers pas dans l'empire du Soleil-Levant.

Je devais comprendre un peu plus tard qu'Ohsawa ne m'avait pas répondu pour éprouver ma résolution. Dès ma descente d'avion, un comité d'accueil de visages jaunes et masqués m'attendait les mains pleines de fleurs. Fidèle à mes penchants pour le tragique, je me dis qu'il devait s'agir de malheureuses victimes d'Hiroshima plus ou moins défigurées, mais ce n'étaient que des masques hygiéniques pour filtrer l'air pollué de la mégapole. L'aimable mascarade me conduisit au Maître qui se déclara très heureux d'offrir l'hospitalité à la première Française venue à lui pour apprendre sa méthode.

L'école d'Ohsawa était rudimentaire, le confort absent. De nombreux Anglais, Américains, Belges, Suédois s'y rencontraient. Le matin, je me promenais avec un petit chaperon japonais, Aïko, une ravissante jeune fille qui était chargée de me faire connaître les disciplines traditionnelles : art floral, digipuncture, aïkido, discipline corporelle, jardinage, conventions théâtrales, architecture, tir à l'arc… J'appris très vite à me déchausser avant de fouler les tatamis et à apprécier le thé vert que je pris d'abord pour du pipi de chat.

En arrivant, j'avais raconté ma petite histoire à Ohsawa, que ses intimes appelaient *Sensé* (Maître) :

— Je me sens légère, régénérée, grâce à la méthode macrobiotique. C'est une véritable découverte que je voudrais faire partager à mes concitoyens. Mais je n'en sais pas assez…

Ohsawa me répond dans son excellent français :

— Que savez-vous du principe unique?

Je lui avoue mon ignorance et lui parle diététique. Il reprend :

— Vous avez bien lu *Le Zen macrobiotique*?

— Oui, mais en fonction des règles alimentaires…

— Vous ne pouvez rien entreprendre sans connaître les lois de l'univers, c'est-à-dire le principe unique.

C'est ainsi que je plongeai dans la philosophie d'Ohsawa. J'y fus guidée par un de ses collaborateurs, un physicien breton naturalisé irlandais du nom d'Hennaf – ce qui est aussi la marque d'un pâté bon marché aussi célèbre en Bretagne que la pointe du Raz… Sous l'influence du biologiste Kervran, Hennaf avait découvert que les poules grattent le sol pour en extraire le mica nécessaire à la solidité des coquilles d'œufs, et qu'elles se picorent le croupion les unes les autres pour y trouver des protéines. Au Japon, il recherchait dans le jeu des opposés complémentaires, fondements de la pensée d'Ohsawa, des indications de physique intéressantes. Et, avec le Maître, il rédigeait un livre sur le cancer.

Je n'approchai Ohsawa qu'aux heures des repas, ô combien frugaux. Ce n'est que deux mois plus tard que le Maître s'intéressa à moi. Il avait attendu pour fortifier ma patience.

Quelle ne fut pas ma consternation lorsqu'il m'annonça que le coût de son enseignement s'élevait à cent mille yens par semaine! Exactement la somme dont je disposais.

L'argent! L'argent se mettait à nouveau en travers de ma route! L'argent que mes parents avaient eu tant de peine à gagner et qui est cause de toutes mes révoltes, de tous mes interdits…

Les larmes aux yeux, je parvins à formuler :

— Mais alors, il faut que je reparte tout de suite…

— Pourquoi? Vous n'avez pas d'argent? Alors vous ne paierez pas.

Voilà qui était Ohsawa, et pourquoi j'en ai entendu dire autant de mal que de bien.

Disons-le tout net : je suis un pionnier.

En 1961, une retraite intellectuelle et métaphysique au Japon n'était pas monnaie courante. Il faudra attendre quelques années pour que certains blasés de la société de consommation s'entichent de l'Ardèche et aillent s'y déguiser en bergers comme moi en geisha à Tokyo.

J'étais à la recherche d'une idée sans dogme ni exclusive qui, me rendant meilleure à moi-même, me rendrait plus supportable aux autres – *sic* – et les autres plus supportables – re*sic*. Je rencontrai cette idée à travers le zen d'Ohsawa.

Le zen ne s'explique pas, il se vit. Il s'agit de se détacher des carcans, des textes, des idolâtries, qui semblent nous rassurer en nous contraignant comme autant de garde-fous. Se détendre conduit à penser simplement, à se contenter de soi-même pour chercher un remède à ce mal : la vie. Aucune «parole» révélatrice, autre que la sensation du monde intérieur, ne peut conduire à l'éveil qui permet d'apaiser notre angoisse d'être homme.

Attention au prosélytisme : notre devoir n'est que d'exemple et il ne tient qu'à nous, qu'à notre liberté de briser la gangue qui enferme la volonté d'être qui vit en nous, comme malgré nous. Le long chemin à parcourir avant de parvenir à ce soi essentiel est une véritable *traversée des apparences*...

À Kyoto, le célèbre jardin des Quinze-Pierres, appelé «la Bible du zen», propose au pèlerin une énigme : de quelque point qu'on l'observe, on n'y voit que quatorze pierres, alors qu'en réalité il y en a quinze. De la même façon, notre existence est trompée par un ensemble d'illusions que nous prenons pour la réalité.

N'avais-je pas fondé, moi-même, toute ma vie sur le rêve d'un amour comme on n'en voit qu'au cinéma? Tout à coup il me fallait me faire face, me dérégler pour tendre à un autre mode de fonctionnement.

De retour en France, à la suite d'un article sur mon expérience, Georges Reyer cita fort à propos «le dur travail d'homme» d'Arthur Rimbaud, le «dérèglement de tous les sens» pour devenir «le grand savant, le voyant»... Heureusement, ajoutait-il, le zen n'exige pas tant du commun des mortels, qui peut y accéder par des voies plus douces : les jardins, le thé, le nô, autant de pratiques patientes qui ouvrent à la beauté secrète des choses, à l'harmonie des gestes les plus quotidiens.

Il convient de remarquer qu'en Occident le zen aura d'abord conquis les femmes, peut-être en raison de leur fonction familiale : la cuisson du riz complet... Entrer dans ce système de pensée déconcertant conduit à une fascination que peu d'Occidentaux sont prêts à maîtriser.

Tous les repas étaient accompagnés de riz complet, de potages, de tisanes de racines. Il arrivait qu'on se contentât d'un bol de riz avec une olive ou deux radis. Les jours de fête, nous faisions bombance de vermicelles d'algues, d'œufs brouillés, de fines lamelles de poisson cru, de délicieuses galettes de sarrasin telles qu'on les prépare sous vos yeux dans les tavernes du Tokyo ancestral, fascinante opération qui relève autant de la prestidigitation que de la cuisine. Il s'agit de confectionner une large galette de près d'un mètre de diamètre, mais aussi fine qu'une feuille de papier à cigarettes. Le sarrasin n'étant pas panifiable, il faut lui garder toute sa souplesse, sa fléxibilité; trop sèche, la galette craque. Le cuisinier doit être doué d'une maîtrise et d'une dextérité extrêmes pour réussir sa préparation.

Il en est ainsi de toutes les manifestations traditionnelles : art floral, cérémonie du thé... L'individu qui s'est aboli dans son *hara* tend vers une harmonie, une conscience de soi qu'approchaient les artisans d'autrefois et qui habite encore le cœur de tous les Japonais respectueux des traditions.

Pas de viande. Au début j'avais très faim, puis cette rigueur me plut. Je me sentais épurée. Pieds nus, assise dans la posture du lotus ou à genoux – Dieu que j'ai souffert de crampes! –, j'appris à apaiser mes frénésies alimentaires occidentales, malgré de véritables obsessions de pâtisserie française.

Mais le silence, l'écoute du silence, le temps détaché de toute temporalité concrète me mettaient au pied d'une autre échelle de valeurs. Mon esprit lui aussi s'allégeait en s'éveillant à une nouveauté. Et c'était une grâce que de voir, sur le visage du Maître, l'expression du plaisir qu'il éprouvait à chercher inlassablement avec ses élèves.

Le Maître répondait aux questions par d'autres questions, jusqu'à approcher, ensemble, une réponse. Ce qui pouvait réclamer plusieurs jours d'échange. Comme le temps est patience jusqu'à ne plus exister, la réponse n'est pas d'ordre logique mais appartient à un monde paradoxal où se retrouve la mémoire universelle que nous partageons tous de manière égale. Comment expliquer en effet que des jeunes gens de treize ou quinze ans soient capables de jouer des sentiments dont ils n'ont encore aucune expérience vécue?

Je pratiquais aussi l'aïkido, variante douce, en quelque sorte spirituelle, du judo, où l'on esquive et accompagne les assauts plus qu'on ne les contre. En prolongeant la poussée de l'adversaire, je l'entraîne dans son mouvement, je le déstabilise et je transforme en déséquilibre une force brutale qui aurait dû m'écraser. Notre professeur se tapait sans arrêt sur le ventre en poussant un cri rauque : il essayait de me faire comprendre que tout le mystère de l'être se tenait dans cette zone nommée *hara* (le hara-kiri ne consiste-t-il pas à s'ouvrir le ventre?).

Mais, aux plaisirs des arts martiaux, je préférais les délices du thé enseignées par la douce Aïko : selon la poétesse Lu Wuh, la meilleure feuille de thé doit avoir des plis comme les bottes de cuir des cavaliers tartares, se dérouler comme la brume qui monte d'un vallon, briller comme un lac effleuré par la brise, être humide et douce au toucher comme la terre au lever du soleil, lorsqu'elle se nimbe de rosée… Orient et Occident, comme deux dragons ballotés sur une mer en fermentation, brillent en vain pour conquérir la pierre précieuse de la vie. Nous avons besoin d'une *niuka* pour préparer le grand désastre. Mais, en attendant, dégustons une tasse de thé dans la lumière de l'après-midi, alors que les fontaines babillent et que les pins, ces arbres de l'*attente*, murmurent. Et rêvons de l'éphémère, laissons-nous errer dans la folie des choses…

J'avais approché un langage neuf qui ravivait mes couleurs. Je travaillais de tout mon cœur sous le regard encourageant d'Hennaf et d'Aïko.

En ai-je fait, des projets! En ai-je formulé, des promesses! Mais comme j'allais devoir déchanter, à mon retour! D'abord les journaux féminins, comme affamés, se jetèrent sur moi. Dans *Marie Claire*, Françoise Prévot consacra six pages à mon expérience.

Au hasard de mes rencontres, je fis la connaissance d'une disciple du philosophe allemand Ralph von Durkheim, Janine Matiot, qui m'apporta une réponse à ce que j'étais allée chercher au Japon : elle m'initia aux techniques corporelles participant de la recherche d'équilibre et basées sur la respiration. Dans une ravissante maison périgourdine, elle enseignait les disciplines du yoga et du *hara*.

Mais bientôt, une amie médecin qui m'avait assurée de sa collaboration se dédisait. Je consacrais tous mes efforts à convaincre mon entourage de recevoir les massages et traitements d'Aïko afin d'alléger les charges que j'avais promis d'assurer en la ramenant en Europe avec moi. Seule cliente : Laurence Badie.

Je finissais de me ruiner.

Ohsawa mourut quelque temps après. Hennaf regagna l'Irlande. Aïko reviendra d'année en année sonner à ma porte comme si elle arrivait de l'autre bout de Paris… Hélas! Faute d'argent et d'appuis, je ne pus rien concrétiser de mes rêves de beauté zen.

Aujourd'hui, la macrobiotique fait fureur. Combien d'artistes, de sportifs en ont fait l'expérience? Le Maître Ohsawa a été mis, révérence gardée, à toutes les sauces diététiques. Nombre de charlatans jouent avec la santé de leurs concitoyens. Certains restent fidèles et efficaces. Mais les disciples finissent toujours par trahir le maître…

Il arrive encore que des adeptes, ignorant mes états de service et soucieux de ma santé, tentent de me convaincre des vertus de la macrobiotique. Ils me font l'effet de ces Témoins de Jéhovah au nez de qui on entrebâille la porte avec un mélange d'agacement et d'ironie. Alors je souris (jaune) et je me tais, tout en fredonnant la chanson du génial Harry Fragson qui dit tout quand il n'y a plus rien à dire :

*Timeli lamelou pan pan timela*
*Paddy lamelou concodou la Baya!*

Comme pour perpétuer mon rêve japonais, je conservai longtemps l'habitude de me déchausser avant d'entrer chez moi et j'avais apposé sur ma porte une affichette en forme de bienvenue zen : « Vous qui venez me rendre visite, en vous déchaussant, abandonnez la poussière du monde qui s'attache à vos pas... »

Un soir, je découvris à côté de ma sonnette un graffiti qui me fit redescendre sur terre : « Et ta sœur! » J'étais bien de retour à Paris.

En 1966, je m'apprêtais à passer une Saint-Sylvestre bien solitaire lorsque la sonnerie du téléphone retentit : Madeleine Robinson m'invitait à partager la nuit du nouvel an avec un groupe d'amis. D'abord je refusai, ne voulant m'imposer dans une réunion où je ne connaissais personne.

— Mais tout le monde te connaît, toi, protesta Madeleine...

Je crois que la peur de la solitude l'emporta. Comme il arrive souvent, les orages désirés éclatent aux moments les plus inattendus. Au cours de cette agréable soirée, je fis la connaissance d'un comédien à l'étonnante personnalité tant son talent le dispute à sa culture et à son infatigable activité : Jean-Laurent Cochet. Il me fit compliment de mon apparente jeunesse et m'en réclama le secret tout en se désolant de me voir abandonner la scène. Je mis les choses au point : je n'avais pas abandonné la scène, c'est elle qui me boudait. Avant d'en arriver à l'état d'équilibre dont on me félicitait, comme j'en avais bavé! Le téléphone s'était tu, les dettes m'accablaient. J'avais subi ma vie en restant indifférente à ce mystère vivant que j'étais pour moi-même. Il m'avait fallu quarante-cinq ans pour me poser les questions du « qui suis-je? » et « où vais-je? » Je n'en pouvais plus de sans cesse souhaiter mourir sans avoir le courage d'attenter pour de bon à ma vie, ce que j'avais essayé de faire une fois, déjà.

Mais j'étais alors dans le désespoir conjugal, le désamour, engourdie par un état psychique qui m'avait conduite aux limites de l'inconscience. Au regard de ma propre expérience, je peux dire que c'est un autre que soi qui agit, dans le suicide.

C'est pourquoi il est si difficile de le comprendre : il met en jeu des forces qui échappent au jugement commun, il intervient dans un état de dépossession de soi et ce courage inexplicable est souvent ravalé au rang de lâcheté.

Je racontai donc comment, pour me «refaire», comme disent si bien les flambeurs, je m'étais engagée dans mes expériences japonaises et lui décrivis la discipline à laquelle, depuis, je m'astreignais quotidiennement. Et en particulier les exercices physiques fondés sur un travail de respiration. Cochet resta silencieux. Je crus comprendre plus tard qu'il traversait lui-même un moment d'interrogation. Au demeurant, ne fait-il pas partie de ces inquiets perpétuels, soucieux de perfection ? Ce professeur-metteur en scène pratique le théâtre avec une passion quasi religieuse. On retrouve ce trait chez tous les grands acteurs : ils se nourrissent si exclusivement de leur art qu'ils en sont comme hantés jusqu'à l'obsession.

J'ai toujours, quant à moi, sans rien renier des élans, des joies, des enthousiasmes de ce métier, gardé la tête un peu plus froide… Le mot latin *religere* signifie *relier*. Le théâtre est un art de communication, de relation, de conciliation des contraires. Rien d'étonnant à ce qu'il soit issu des cérémonies sacrées dans les sociétés anciennes. La magie du verbe, le rôle de l'attitude, de l'expression gestuelle, la maîtrise du souffle, la concentration de l'être tout entier dans un moment de «jeu» proviennent de la connaissance de soi et y retournent, soutenus par un irrépressible besoin de dépassement.

Ce va-et-vient complexe entre soi et l'autre qui revient toujours à soi nourrit la personnalité égocentrique de l'acteur, son talent, son génie à la fois rayonnant, fascinant… et parfois épuisant. Mais le comédien se distingue aussi par une qualité indéfinissable que je nommerai du beau nom d'intuition. Il en faut beaucoup par exemple pour faire les bons choix de carrière ou de rôles, pour refuser les facilités, les conformismes…

Quel espoir fit renaître alors en moi l'intuition de Jean-Laurent Cochet lorsqu'il *m'inventa* professeur dans son école d'art dramatique !

Mais professeur de quoi ? J'interrogeai d'abord mes élèves sur leur rapport à la parole. Quelle ne fut pas ma surprise devant leur étonnement, comme si la voix et le verbe allaient de soi. Les jeunes comédiens attendent souvent de leurs professeurs des *trucs* pour être rapidement efficaces en scène ou à l'écran. Or le théâtre est d'abord une discipline destinée à la maîtrise des sons et du corps. Les vibrations de la voix, de la parole, exercent une influence sur le corps tout entier. Demandez à des chanteurs qui sortent d'un exercice vocal comment ils se sentent : ils vous diront que la vie leur paraît meilleure, qu'ils ont des ailes aux talons. Pourquoi ? Parce que ces vibrations ont mis en branle leur corps tout entier, lui procurant une oxygénation qui le rend plus léger. Ce phénomène vibratoire présente des qualités proprement thérapeutiques. Un son émis harmonieusement, *justement*, met d'accord tous les auditeurs. Quand un apprenti comédien commence un texte sur la note fausse, l'auditoire est gêné, l'attention se disperse aussitôt. Le comédien n'est pas dans sa note centrale, comme s'il n'avait pas de centre de gravité. Il n'est pas *juste*.

Le tireur à l'arc rassemble son effort pour ne faire qu'un avec le sol sur lequel il s'appuie, avec la flèche qu'il arme, avec la cible vers laquelle il bande toute cette volonté transfigurée. Lorsque cette union magique se réalise, la flèche est lâchée d'une manière à peine perceptible, l'effort ne se voit plus, ne se sent plus, et ce moment de grâce touche dans le mille. Au théâtre, ne s'agit-il pas aussi de *toucher* selon les trois règles bouddhiques : la pensée juste, le geste juste, la parole juste ? Chacun d'entre nous possède une note centrale, de même qu'il a une empreinte digitale unique au monde et qui est comme le fléau de sa propre balance. Ceux qui ne parlent pas, qui ne jouent pas dans leur note centrale, détonnent. Exactement : ils perdent le ton. La voix doit sa justesse à la respiration. Si je respire trop haut dans la poitrine, je suis déstabilisée, ma voix s'aigrit, prend une coloration agressive. Dès que je me recentre, et si je sais faire descendre mon propre son aussi bas que possible dans l'abdomen, le *hara*, le timbre correspond bientôt à la personne. L'harmonie de l'ensemble voix-corps vole alors plus librement vers l'auditeur, lui procurant un plaisir musical à la fois spirituel et charnel.

La discipline théâtrale est une lente découverte des dons du corps qu'il s'agit de bien connaître, bien écouter, bien aimer. Ne dit-on pas du grand tragédien, par exemple, qu'il est *habité*? Pour investir cette demeure, il faut donc cesser de la considérer comme une planche anatomique. L'être tout entier se trouve impliqué dans la circulation de son sang, dans son alimentation, dans sa respiration. J'ai découvert chez mes élèves une certaine indifférence à eux-mêmes. Par exemple, ils étaient dans l'incapacité de décrire leur pied. Encore moins leur dos. Ils ne connaissaient pas l'instrument dont ils allaient devoir se servir – sans pouvoir jamais en changer de toute leur existence. Le corps de l'autre, le corps séduisant, le corps-appât intéresse, mais que de retenue, que d'inhibition devant son propre corps!

Aucune pratique scientifique ou médicale ne m'autorisait à énoncer des principes d'hygiène de vie. Mais je fis alors, à Montpellier, la connaissance d'une femme exceptionnelle, Régine Lacroix.

Régine animait, et anime toujours, un Centre expérimental de recherches de psychologie collective, sorte de petite république platonicienne. Deux courts ouvrages résument ses théories : *Le Théâtricule et le Caleçon d'écailles* et *Technesthésie (illusion-réalité)*. Fortement influencée par Antonin Artaud (*Le Théâtre et son double*), Régine Lacroix engage ses élèves à franchir les cases d'un jeu vieux comme l'humanité, héritier de la Boîte chinoise et du Jeu égyptien du Serpent : le Jeu de l'oie, autrement dit *le jeu qui fait loi*. Prisonniers de ce jeu d'enfant comme nous le sommes de l'enfance, notre chemin en colimaçon est tout tracé par le hasard, puissante alchimie où se mêlent la danse, la musique, la chasse, l'interdit, l'autorisé, la punition, la libération, la répétition, la création, la peine, le repos, et notre tréteau est ainsi animé d'incessants rebondissements.

Le travail de Régine Lacroix s'appuie sur un précis élémentaire, la *Grammaire de diction française*, de Georges Le Roy, et l'*Entraînement à l'expression orale*, de Charles Antonetti. Sa critique s'exerce sur la tradition théâtrale et suppose une grande connaissance des techniques de l'art du théâtre. Ses exercices sont fondés sur l'articulation, la ponctuation, le silence, la respiration, le groupage des mots, l'écoute des silences qui les sépare, dans le souci constant du respect du texte. Le corps, les sensations sont les pourvoyeurs des informations de l'intelligence, les aliments de l'âme : l'œil écoute et la main voit.

Régine fait drôlement et utilement remarquer que celui qui parle seul, le *parla soulet* en occitan, se sent bien dans sa peau : il marche, il rêve, et lorsque toute sa machine est pleine de son énergie naturelle, il formule son histoire dans une sensation d'évident bien-être. Il s'est réuni tout seul, en quelque sorte. Quand toutes les facultés se réunissent ainsi, naît ce que l'on appelle au théâtre une *présence* qui jouit pleinement de sa capacité technique – la technesthésie de Régine Lacroix définissant *le plaisir du savoir-faire.*

Avais-je, pour ma part, reçu quelques-uns de ces dons à ma naissance? Mon berceau était un théâtre où j'avais appris à regarder, écouter, répéter. L'argot, le parler populaire, ma langue de cuisine verte et vivante avaient empêché ma machine de se gripper, comme le dit si bien Régine. Dans la plus pure tradition théâtrale, j'avais saisi très tôt la batte d'or d'Arlequin et de Guignol comme d'autres naissent coiffés ou avec une cuillère d'argent dans la bouche.

Donc j'enseignais, non sans une certaine appréhension devant cette responsabilité. D'ailleurs, je cherchais plus que je n'enseignais, renouant avec le trac, cette peur de moi-même qui avait contribué à ternir mon plaisir de chanter. Comme les comédiens, les enseignants redoutent leur public; pour cette raison, ils élisent des «chouchous», des inconditionnels qui feront barrage à la contestation, à la critique... Et Régine Lacroix m'aura aussi appris à accepter d'être jugée et, parfois, mal aimée. Voici donc que la p'tite marrante, la rigolote, prenait son travail au sérieux! Je procédais par questionnements, tâtonnements, engageant mon jeune auditoire à un effort d'attention à soi pour désintoxiquer la respiration, pour s'alléger par l'observation d'une alimentation moins désordonnée qu'il était libre de choisir. J'insistais sur la difficulté de cultiver une discipline personnelle, mais aussi sur les récompenses qu'elle promettait.

Lorsque, vers la quarantaine, la femme cesse d'être un appât sexuel (quand elle n'a pas été rabaissée au rang de pondeuse), elle est, dans bien des cas, abandonnée. L'homme garde toutes ses chances de renouer avec la jeunesse et ce, d'autant plus facilement que les jeunes filles vont trouver dans les bras de l'homme « fait » un équivalent paternel et protecteur. Quel marché de dupes! *La Femme de trente ans* si magnifiquement portraiturée par Balzac (et qui a gagné tout de même une petite dizaine d'années de sursis au XXe siècle) se retrouve donc seule, les enfants sont partis, le mari papillonne quand il ne « refait » pas sa vie avec une jeunette. La femme est alors livrée à sa propre aventure, elle n'a plus rien à mettre au monde, elle doit se créer elle-même, se recréer, accoucher d'elle-même. Soudain elle se découvre et, la plupart du temps, elle s'effraie de l'immense territoire inexploré qui s'étend devant elle. Apprendre à se connaître conduit rapidement au désir de partager la découverte avec les autres.

De la même façon, l'élève comédien se trouve à l'orée d'une terre inconnue avec, pour tout bagage, une « nature » qui fait sa richesse et dont il doit, paradoxalement, se garder. Mes élèves s'inquiétaient :

— Comment pouvez-vous prétendre intervenir sur le « naturel » ?

— D'abord parce que le naturel, chez le comédien, c'est souvent la facilité. Dire « c'est ma nature » relève de la paresse. Si quelqu'un ose affirmer que tout va bien, qu'il est heureux en ménage, en famille, en amour, en affaires, soit! : sa nature est comblée et semble s'être trouvée. Mais outre qu'on ne rencontre pas souvent cette satisfaction d'ailleurs un peu ennuyeuse, point n'est besoin d'avoir des années de psychanalyse derrière soi pour bientôt appuyer là où ça fait mal. Nulle harmonie apparente n'a sa fausse note comme la cuirasse son défaut. La vie n'est pas si facile. Elle nous passionne par l'effort qu'elle requiert. Et l'effort qui vous attend est celui qui vous fera retrouver un ensemble de sensations enfouies, oubliées. Alors vous toucherez peut-être à la simplicité qui fait le génie de l'acteur : *j'éprouve quand je dis, je m'égare quand je pense (l'auteur l'a fait pour moi).*

Allez convaincre de jeunes loups de cette humble mission...

Ah, si l'on pouvait se taire et cesser d'écrire, faire sentir et non pas expliquer! Faire vivre au lecteur l'expérience du silence, du toucher, du regard, pour atteindre un inexplicable qui pourtant se communique! Nul ne sait ce qui va se produire en chacun d'entre nous lorsqu'on aura accepté de se plier à une discipline respiratoire. Les événements, alors, n'apparaissent pas dans la même lumière. Un éveil individuel se produit, unique comme l'empreinte, comme la voix, comme l'articulation. C'est le spécimen qui est passionnant, non la masse. Nous n'entrerons en terre promise que si notre être s'est découvert, s'est compris, s'est éveillé. Et la grande aventure de notre temps, comme celle du comédien, est l'aventure de cette individualité consciente de son obligation de s'inscrire dans le monde sans qui elle n'est rien, mais sans qui le monde non plus n'est rien.

Le bonheur est sans doute le nom qu'il faut donner à cet éveil. Lorsqu'on est capable de rassembler son énergie dans une qualité de présence, on touche à un instant de grâce, manifestation de l'éveil à soi. N'est-ce pas la définition même du talent au théâtre? Et la chanson ne réclame-t-elle pas le même effort? Nous sommes tous des bègues, comme Moïse, et la seule façon d'inventer un langage digne du divin qui nous habite, c'est de porter la parole jusqu'au chant, puis un jour au silence, le silence de la portée... En hébreu, le chant, *shir*, est étroitement lié à la poésie, *shira*, et à *yashar*, «ce qui est droit» : le chant réharmonise nos énergies...

On peut être un professeur sérieux, très sérieux même, porter un regard éclairé sur l'autre, et n'être point capable de s'appliquer à soi-même ses propres théories. Le cordonnier est le plus mal chaussé.

En répétant avec Jean-Laurent Cochet *Revenu de l'Étoile* d'André Obey, je m'exaspérais d'une tension qui s'était emparée de moi, m'éloignant de ma vraie nature. Quel beau rôle pourtant! Je suis la mère glorieuse du Soldat Inconnu. La pièce remonte le temps : j'apparais au début en veuve âgée, brisée par la vie et les deuils, et je me retrouve, au dernier acte, jeune accouchée et jeune mariée de vingt ans dans les bras de Claude Giraud.

Je voulais faire plaisir à mon metteur en scène, être soumise à sa direction et lui plaire parce qu'il m'avait fait confiance et que j'en éprouvais de la reconnaissance. Je ne me fiais plus à mon tempérament, je peinais à communiquer avec les autres acteurs, je ne parvenais pas à me rassembler, à me ressembler. Que faire d'un tel mal-être?

Avant chaque répétition je m'obligeai à une méditation. Adressant à tous et chacun des pensées d'harmonie, je compris peu à peu que le metteur en scène ne détient pas la vérité. Il est en recherche de quelque chose qu'il pressent mais il a besoin de la vérité du comédien, à qui il convient de s'imposer pour révéler cette vérité. Comme en amour, les conflits surviennent entre comédiens et metteur en scène lorsqu'on ne sait plus ce qu'on attend l'un de l'autre. Alors on devient malheureux, inquiet, injuste.

Le comédien est un fou intelligent qui cherche (et trouve?) sa thérapie. Alors je cherchais…

Une manière de désespérance s'emparait de moi dans mon rôle d'enseignante. Je me désagrégeais devant l'inconstance, la turbulence, l'indisponibilité de mes élèves. Devant les certitudes de la jeunesse rétive au discours de l'expérience qui, du même coup, me faisait sentir le poids de mes ans. J'enrageais d'avoir à combattre l'inattention, l'impréparation physique, la gaucherie, les voix blanches que la paresse interdit de travailler. En un mot, la dissipation : *Enfants,* disait François Villon, *vous perdez la plus belle rose de vos chapeaux.*

Et pourtant ils restaient. Ils supportaient assidûment mes engueulades. Je m'interrogeais sans cesse avec Jean-Laurent. Bribes d'un dialogue à peine imaginaire :

— Faut-il remettre en cause le contenu des cours?

— Oui, dans la mesure où vous y mêlez trop de «philosophie».

— Mais peut-on prétendre éveiller l'être en excluant tout débat psychologique et philosophique?

— Non, mais gardez-vous de l'appliquer à un individu particulier. Vous lui adresseriez des remarques publiques qui risquent de le contrarier.

— Mais comment travailler l'introspection?

— En l'exerçant au préalable sur soi-même, en expérimentant les techniques qu'il faut adapter à chaque cas.

— Me voici donc repartie pour mon autocritique, mon éternelle insatisfaction, ma perpétuelle incertitude...

— Par exemple, n'avez-vous point tort de laisser pénétrer dans votre intimité matérielle et morale n'importe lequel de vos amis?

— Mes portes sont ouvertes.

— C'est bien beau mais vous en dites trop, vous donnez tout, vous vous révélez trop. Pourquoi?

— Par le besoin puéril d'être comprise, par la faiblesse du désir d'être aimée.

— La vraie générosité implique un plus grand discernement, quitte à se refuser parfois.

— Ma générosité espère le plaisir de la reconnaissance. Il est si agréable de baigner dans une impression de gratitude!

— Vous ne vous y prenez pas autrement avec les hommes : vous compensez à votre mesure ce que le destin leur refuse. Vous leur apportez amour, chaleur, amitié, soutien, confiance, aide matérielle et morale. Vous payez de toute votre personne, et votre personne finit par peser lourd. Voilà l'erreur : il ne faut jamais se substituer au destin des êtres, c'est se mettre à la place de Dieu.

— Mais, contradictoirement, ces mêmes êtres ne sont-ils pas en demande? Voyez mes élèves : on dirait qu'ils viennent pour me vider, pour m'épuiser, pour tout prendre de moi, comme les gosses. Je ne suis pas la louve romaine!

— Eh si! Mais il faut se protéger. Le vrai service à rendre à autrui, c'est de l'obliger à formuler lui-même ses demandes pour mieux les analyser, et d'éviter ainsi l'apparente ingratitude qui vous fait tant souffrir. Ils comprendront plus tard la dette qu'ils auront contractée envers vous mais dont vous les tiendrez quittes. Alors, tout sera pour le mieux dans le meilleur des mondes...

— Et puis je doute, je doute, quand j'entends ce qui se dit de moi, dans les rangs. Je suis un peu *has been* pour ces jeunes chiens. S'ils avaient tout oublié de moi, passe encore! Mais ils ne savent rien!

— Très bien! Vous voici libre.

Merci, Jean-Laurent Cochet : vous êtes le père des nombreux enfants que je n'ai pas eus. Grâce à ces années de pédagogie, j'ai beaucoup appris sur moi-même et sur le monde autour de moi. Je n'ai pas professé, j'ai échangé. Je n'ai pas formé, j'ai informé. Je me suis fait plus petite et sans doute meilleure d'avoir assisté à des naissances...

Nous avons beaucoup joué aussi, et de belles œuvres : je fréquentais enfin les grands auteurs, j'accédais aux régions plus hautes de la littérature théâtrale. Sans rien renier de la chanson qui m'avait rendue populaire, j'avais plaisir à devenir une vraie comédienne défendant un répertoire de qualité.

Quant à vous, Fabrice Luchini [1], vous, Richard Berry, vous, Gérard Depardieu, vous, Isabelle Huppert ou Béatrice Agenin... Et vous aussi, acteurs moins célèbres qui vivez d'un métier difficile... Et vous autres qui avez dû abandonner et prendre une autre route... Vous, jeunes femmes inconnues, qui

1. Dont le succès ne doit pas étonner : même si le personnage irrite parfois (et comme il sait jouer de cet agacement!), il rend son auditoire intelligent, ou lui en donne l'impression, parce qu'il est intelligible. La diction, art qui consiste à parler distinctement, produit une distinction partagée. Et Luchini, lui aussi, a rencontré Régine Lacroix.

avez bien voulu me dire que vous aviez pensé à moi au moment d'accoucher... Vous, Daniel Auteuil, qui vous êtes exclamé en me retrouvant tant d'années après dans les coulisses des Césars :

— Qu'est-ce que vous avez pu m'appuyer sur le ventre!

Vous tous, mes chers contestataires, mes cancres magnifiques, puissiez-vous ne pas trop regretter ce temps meilleur où nous étions plus jeunes, ensemble.

## Chapitre X

# Au pays de mes amours

*La prétention au bonheur est l'immense imposture*
*qui complique toute la vie.*
CÉLINE

Je n'ai jamais cru que quelqu'un puisse m'aimer. D'où me vient cette image de moi si dévalorisée qu'elle ne me permet pas de rendre crédible l'amour de l'autre? Excessif orgueil et humilité excessive…

Chaque fois que la vie m'a dit : «Moteur!» j'ai joué sans retenue, même si j'ai su, très tôt, la dérision des choses et que nul amour n'échappe au désamour. Si, après ma joyeuse adolescence, j'avais trouvé dans ma vie de femme un homme que je n'aurais pas aimé la première mais qui m'aurait aimée, lui, d'amour durable et de tendresse, je serais tombée amoureuse de cet amour, et pour toujours.

Comment n'ai-je pas fini par me méfier de l'amour? Mystère… Malgré les peines qu'ils m'ont infligées, je sais que les hommes que j'ai, peut-être, moi aussi fait souffrir, sont innocents : ils n'étaient que les signes et les armes de l'ennemi qui était en moi.

Or je fus toujours attirée par de belles constitutions physiques pour lesquelles j'étais d'abord une aguichante curiosité, puis une irritante présence, enfin un danger à fuir.

J'ai été une femme, et une femme ardente, incapable d'avoir cette sagesse des femmes qui savent attendre les retours de plus en plus tardifs, incapable de supporter l'angoisse des absences… Toute cette douceur offerte à une autre… Et l'homme aimé qui, devant vous, sent le mensonge et l'odeur du plaisir… Qui ose se coucher dans le lit conjugal… Être cette femme habitée par le dégoût du sommeil qui s'abat sur l'homme satisfait ailleurs… Et l'obsédante question : «avec qui?» Et le soudain regain d'espoir : Il me revient… Non, il s'éloigne…

Triste destin. Pourtant, après l'échec de mon mariage, trois hommes devaient à la fois éclairer et obscurcir mon ciel…

Chez Suzy Solidor, je fis la connaissance d'un de ses compatriotes de Saint-Servan, un poète breton éditeur de musique. Ce premier G. m'écrivit des chansons et mena à mes côtés ce qu'il est convenu d'appeler une double vie. Les hommes disent toujours à celle qu'ils courtisent qu'il ne se passe plus rien avec leur épouse légitime. Je l'ai cru. Il m'aimait. J'attendais un enfant. Mais un autre enfant attendait ailleurs, à qui je choisis de laisser la préséance… G. sombra dans la mélancolie. Il finit par divorcer, ce qui le ruina et, pour faire bonne mesure, il contracta la tuberculose.

Puissé-je avoir soutenu avec tendresse cet homme en perdition qui, je le crois, demeure celui qui m'aura le plus aimée… Mais en réalité, nous nous perdions ensemble. Je fus alertée, réveillée par un autre G. qui commençait à me courtiser. Je compris soudain que je devais aussi penser à moi et, littéralement, me sauver.

J'osai abandonner mon poète breton à son destin.

J'avais refusé de donner la vie. Comment allait-elle se venger de moi [1]?

Deux grandes aventures succédèrent à ce moment : la première m'a broyé le cœur, l'autre mon compte en banque.

D'abord, le second G., celui qui m'avait permis d'échapper au drame du premier et qui était l'un des neuf Compagnons de

1. Mademoiselle de Scudéry sur son lit de mort : «J'ai été jolie, on me l'a dit, je l'ai cru. Pardonnez-moi… le reste.»

la Chanson. Si grand à côté de moi si petite, qu'il en était mon double! Nous sommes tombés amoureux l'un de l'autre devant le lac d'Annecy, un soir, après bien des années de fréquentation. J'avais attendu que ce grand flandrin prenne un peu d'embonpoint pour prendre de la place dans mon cœur.

Avec les Compagnons, je fis en 1952 le voyage d'Amérique, de New York à Las Vegas. Je passai auprès de G. des semaines de rire et de bonheur qui ne s'effaceront jamais. L'un des chanteurs s'étant cassé une jambe, c'est la seule fois, je crois, qu'ils se présentèrent sur scène à huit au lieu de neuf. Pour nous distraire, j'écrivis avec Jean Broussol une chanson au titre symptomatique : *La Poupée morte.*

*Quand ma poupée est morte un soir d'été entre mes bras*
*C'était entre deux portes et mes parents n'étaient pas là*
*Dans ses yeux grands ouverts sur son corsage chiffonné*
*J'ai lu que je l'avais tuée par mon premier baiser…*
*Le baiser d'un garçon si bien reçu si peu donné*
*Reparti sans façon, il était venu pour jouer*
*Ils viennent toujours seuls quand les parents ne sont pas là*
*Et savent ce qu'ils veulent quand ils vous trouvent entre leurs bras*
*Ils emportent vos jeux, ils emportent votre joie*
*Ils ne pensent qu'à eux, bien sûr, ils ne savent pas*
*Que tout ce monde en fleurs qui s'est fané entre leurs doigts*
*C'est une poupée qui meurt, ah, quels gâcheurs ces garçons-là!*
*Et quand elle est bien morte, que leur importe? Une de plus!*
*Ils vont à d'autres portes, en voilà en veux-tu*
*Ils tuent d'autres poupées, saccagent d'autres printemps*
*Plantent une rose rouge au beau milieu des buissons blancs.*

Seule ombre au tableau du voyage : à la différence de mes deux cadettes, Line Renaud et Patachou, je n'y rencontrai pas le succès, excepté à Montréal où je fis un « tabac ». Mais l'amour de G. comblait ces déceptions.

G. possédait à mes yeux toutes les armes de la séduction : l'intelligence, la taille, l'œil de velours, la culture. Mieux, il nourrissait une grande ambition pour ma carrière… Comme beaucoup de chanteurs, il était assailli par un fan-club féminin. L'une d'elles poussa le bouchon suffisamment loin pour que notre rupture se consommât.

Afin de ramener G. non pas à la raison mais à la passion qui nous avait animés, j'usai d'une ruse féminine vieille comme le monde. Un comédien de cabaret beau comme une star de cinéma américain, et qui interprétait avec Jean Patrick un numéro de duettistes [1], allait devenir le prétexte à exciter la jalousie de mon infidèle. Le hasard me donna bientôt l'occasion d'en découdre, mais, comme toujours avec moi, le drame s'achèverait en vaudeville. J. tenait donc le rôle du consolateur. J'habitais un petit meublé, rue Cortambert. Revenant d'une tournée, G. pensa me faire une gentille surprise en débarquant à l'improviste. C'est lui qui fut surpris de découvrir un rival dans le lit jumeau.

J'étais mortifiée. Je contemplais dans ce meublé les décombres de mes amours comme dans une chanson sinistrement réaliste. Je ne sais quelle nausée m'envahit, quel dégoût de moi et de la vie. Je me précipitai à la fenêtre pour me jeter du haut du quatrième étage. Les deux coqs prêts au combat se métamorphosèrent immédiatement en sauveteurs, et les voici accrochés à la p'tite poule, l'un par les ailes l'autre par les pattes, au bord du vide. Nous étions passés en un clin d'œil d'un mélo de Bernstein à *Mais n'te promène donc pas toute nue*!

Revenue de ces émotions, je m'aperçus que j'étais au comble du bonheur : deux hommes se battaient pour moi. Quelle autre comédie peut donner à une femme un tel sentiment de

1. Contemporains des Pinsons (Raymond Devos et Robert Verbeeke), de Roger Pierre et Jean-Marc Thibault, de Jean-Pierre Darras et Philippe Noiret, de Jean Poiret et Michel Serrault (qui se plaignaient de toucher à deux le même cachet que moi, seule. Ils devaient largement prendre leur revanche…).

puissance : régner sur deux cœurs! Comme l'a écrit Sacha Guitry pour Yvonne Printemps :

*J'ai deux amants, c'est merveilleux!*
*Et je fais croire à chacun d'eux*
*Que l'autre est le monsieur sérieux.*
*Mon Dieu, que c'est bête un homme!*
*Alors vous pensez, deux!*

Et lorsque je voyais J. fourbir un fusil pour en finir avec G., la peur chez moi faisait bon ménage avec l'honneur d'être ainsi disputée. Pour être à la hauteur, le seul atout majeur, c'est la femme à deux cœurs…

G. est resté l'homme de ma vie et mon regret. Doué d'un sens artistique très fin, il aurait dirigé ma carrière d'une façon intelligente. Au lieu de quoi je partis disperser mon existence, et mes gains, avec un être plus tendrement que passionnément aimé. Mais l'habitude crée des liens très forts et j'ai vécu plus de vingt ans près de J. : cette longue route ensemble aurait pu me laisser un goût de bonheur si elle n'avait débouché, elle aussi, au bord du vide…

J. ne résistait pas devant une belle robe de cheval. Il m'en parlait comme d'une conquête dont on pouvait espérer des rapports fabuleux. Mon besoin de protection était tel que j'investissais énormément dans son exploitation agricole. Cette thébaïde n'était pas étrangère à mon attachement : enfant de la ville, je découvrais les choses de la terre, les joies de la nature. Les vaches entraient dans leur étable sous leurs appellations personnelles, du nom de mes chansons : Chaville, Fleur bleue, Tango…

Je n'imaginais pas notre séparation : l'amour prenait le visage de la peur. Peur de la solitude, peur de devoir encore et toujours recommencer avec un autre une autre déception… Étant une marginale qui n'aime pas vivre en marge, j'appris, en Touraine auprès de J., à apprécier la vie aux champs. Ma petite notoriété devenait notabilité. Je montais d'un cran, au point qu'on me demanda d'être la marraine de la pompe à incendie de Paulmy. Je me prêtais de bonne grâce à ces jeux dérisoires et sympathiques en me donnant l'illusion de fonder une famille campagnarde. La presse locale consacrait mon établissement dans la société provinciale. En somme, je jouais sans m'économiser ma version de *Perrette et le pot au lait.*

Ai-je rendu mon cher J. malheureux de cet état de dépendance financière? Je ne sais, et il reste que seule la mort devait nous séparer. Bien plus : elle devait trancher le lien qui nous attachait. Alors que son cercueil descendait lentement dans la fosse du petit cimetière, le cousin de J. s'approcha de moi et, pensant bien faire sans doute, me chuchota :

— Je sais que vous ferez pour le petit ce que J. n'a pas fait.

Le petit?

J'étais à nouveau en déséquilibre au bord de cette tombe comme au bord du gouffre, au quatrième étage de la rue Cortambert!

Le petit… Dix ans auparavant, J. avait eu un fils et je ne m'étais aperçue de rien, aveugle et sourde pendant toutes ces années, avec la complicité de la famille, de l'entourage, des «amis»… Une fois de plus, j'étais abusée.

J'essayai de ne pas tout perdre sur ce coup du sort. Depuis tant d'années, j'avais beaucoup contribué au financement de la ferme, des chevaux, des meubles. Je fis valoir notre concubinage. Mais la famille dévote me posa d'innocentes questions :

— Vous avez des papiers de J., ma chère Odette?

— Non…

— Comme c'est dommage!

J'étais une irrégulière. Je pouvais retourner à ma liberté qui, on le sait, est la chose la plus *chère*… Indignée, je demandai conseil à une avocate que j'admirais pour son combat en faveur des femmes. Malheureusement, elle ne daigna pas me recevoir et je fus accueillie par une collaboratrice qui devait aussi être la standardiste de son cabinet : le téléphone ne cessait d'interrompre mon exposé.

On me découragea :

— Vous allez plaider le concubinage dans une province très puritaine. Vous êtes une saltimbanque, vous perdrez votre argent et votre temps.

À bout de patience, je suis partie avec mon sac à main en abandonnant à la famille bien pensante tout ce qui avait constitué le décor de vingt ans de vie commune.

Un autre grand amour de jeunesse rencontré du côté de Ménilmontant me reprit par la main dans les années 50 : le cinéma. Un peu trop discret avec moi au début de notre liaison, il devait me donner, plus tard, l'une des plus grandes joies de mon existence.

Alors que je commençais de me faire un petit nom dans le métier et signais mon premier contrat, excusez du peu, avec Marcel Carné.

— Coupez! C'est bon pour moi.

Le visage de Carné apparaît derrière la caméra. Il dirige les prises de vues de *La Marie du port.* Nicole Courcel prête sa jeune beauté à l'héroïne. Mais la star, c'est Gabin. Nous terminons une scène qui se déroule dans la demi-obscurité d'une salle de cinéma. Assise à côté de lui, une petite bonne femme coiffée d'un drôle de bibi retenu par une jugulaire le drague si j'ose dire de bon appétit, car tout au long de la scène elle devra mordre dans un sandwich au jambon tout en chuchotant des «choses» à son voisin.

Si je n'ai pas gardé le souvenir des dialogues du film, je n'ai rien oublié de l'échange rapide qui suivit la fin de la prise :

— Il paraît que vous tournez pour la première fois?

— Oui, Monsieur.

— Et que vous êtes du bâtiment [1]? Moi aussi je viens de là.

— Oh, Monsieur, je sais!

Je n'ose ajouter que, comme lui, je suis née dans un bistrot.

— Eh bien! J'espère vous porter bonheur pour vos débuts au cinéma. C'est comment votre nom?

— Odette l'Or, comme le métal.

1. C'est-à-dire du music-hall.

— Vous au moins…

— J'ai cherché un pseudonyme mais je n'en ai pas trouvé, alors j'ai réuni mes initiales. Je m'appelle Odette Roussillon.

— C'est joli, ça, Roussillon, ils font du bon pinard par là. Vous auriez dû…

Je ne saurai jamais ce que j'aurais dû. Un assistant venait de s'approcher :

— C'est fini pour vous, Mademoiselle. Monsieur Gabin, on passe au plan suivant avec Nicole.

Mon partenaire-idole se lève et soudain se tourne vers moi… De son regard bleu, il me déclare d'un ton monocorde :

— En tout cas je peux vous dire que lorsqu'on est capable d'être aussi naturelle, de dire aussi juste tout en boulottant un sandwich, tous les espoirs vous sont permis.

Et il s'éloigne de sa fameuse démarche de rouleur.

Ma parole! C'était beau comme une Légion d'honneur!

L'assistant revient vers moi, figée à la même place :

— Mademoiselle, vous devez regagner votre loge, on change le décor.

Les lumières s'éteignent et le bonheur s'enfuit… Je ne connais personne et nul ne prend garde à moi. Je me faufile à travers les décors, des machinistes me bousculent, une habilleuse finit par m'indiquer la sortie, et me voici devant la porte des studios de Boulogne, sur le quai du Point-du-Jour. Je viens de faire du cinéma avec la plus grande vedette française. Quand je vais raconter ça à Maman! Vingt ans après notre cinéma Gambetta, telle Alice traversant le miroir, je venais de passer de l'autre côté de la toile, accueillie par Gueule d'Amour, Pépé le Moko, devant qui les plus beaux yeux du monde, ceux de Michèle Morgan, et les plus belles gambettes, celles de Marlène, avaient succombé!

Je ne savais pas encore que toutes les créatures que j'allais incarner seraient « de petite vertu », tous charmes et rires dehors, mais jamais amoureuses, romantiques et comblées dans les bras de bien-aimés. Dommage. Pour eux, bien sûr!

Dialoguiste irremplaçable des grands films de ce temps, Henri Jeanson m'engagea dans le seul film dont il fut le réalisateur : *Lady Paname* (alias Suzy Delair). Je devais jouer «l'oseille» – petite femme de revue à la voix acide –, fiancée à Louis Jouvet et rivale de sa légitime, Jane Marken. Je ne sais quelle intrigue de plateau eut raison de la faiblesse d'Henri Jeanson, vaguement terrifié par l'un des producteurs au fort accent germanique et au visage balafré, mais la scène que je devais jouer avec le grand Louis Jouvet fut accordée à une autre… Pour m'amadouer, Henri promit de m'écrire une jolie scène (avec Raymond Soupleix) et m'invita à aller choisir un *petit costume marrant* dans la réserve. Aussi furieuse que Vivien Leigh dans *Autant en emporte le vent*, je m'exécutai et allai me trouver un costume marin : dans mon chagrin, c'est le mot que j'avais entendu, et, toujours docile et disciplinée, je revins sur le plateau en petite vertu de la Marine nationale.

— Qu'est-ce que c'est que ce costume?

— Eh bien… Un *petit costume marin.*

À coup sûr, il était marrant! Pour ne pas ajouter à mon dépit, Jeanson me prit comme j'étais. *Lady Paname* ne rencontra pas le grand succès et plusieurs années passèrent avant que je puisse raconter cette mésaventure avec un peu d'humour…

Je tournai ensuite avec Julien Duvivier et la ravissante Dany Robin, si tragiquement disparue en 1995 (*La Fête à Henriette*), avec Pierre Brasseur (*La Pocharde*, mise en scène de Georges Combret), avec Gina Lolobrigida et Jean-Claude Pascal (*Le Grand Jeu* de Robert Siodmak, metteur en scène inspiré des *Tueurs…*).

Avec Danièle Delorme et sous la direction de Jacqueline Audry, je jouai P'tite Chose dans *Mitsou* d'après Colette, et la rumeur me promettait à une grande carrière… qui ne vint pas. Je ne rencontrai ni le grand rôle ni le grand film qui auraient donné corps aux espoirs autorisés par Jean Gabin.

Jacqueline Audry me fit à nouveau paraître au côté de Dany Robin (et de Fernand Gravey, Bernard Blier, Darry Cowl…) en 1958 dans *L'École des cocottes,* et puis le cinéma, comme la chanson, m'abandonna à ma longue traversée du désert…

C'est un film de copains qui mit fin à cette solitude : autour de Michel Serrault et d'un *Viager* assez cocasse, Pierre Tchernia avait réuni Jean-Pierre Darras, Michel Galabru, Rosy Varte et moi. J'interprétais un personnage assez godiche qui, singulièrement dépourvu d'imagination, s'amenait tous les dimanches avec la même spécialité :

— J'vous ai apporté du boudin blanc.

Malheureusement, je mourais la première… On eut pourtant la gentillesse de me faire savoir que mon absence prématurée du plateau de tournage avait été vécue, effectivement, comme un petit manque…

Et douze années encore passèrent avant qu'en 1989 Jean Cosmos pût me prouver une amitié dont je n'avais jamais douté.

Mon histoire dans *Daddy Nostalgie* de Bertrand Tavernier devrait s'intituler : *C'est à n'y pas croire.*

Au cours d'une période de vaches maigres, je m'en sortis *in extremis* grâce à Henri Labussière en tournant, auprès de Pierre Louis, *Quand on est deux*, le premier «sit com» de la télévision française qui me permit de garder une place dans le cœur du public, feuilleton signé Jean Cosmos et Jean Chatenet. Or le même Jean Cosmos, des décennies plus tard, pense à moi.

Un soir de solitude, j'aperçois en effet Bertrand Tavernier dans un débat télévisé. Je le trouve attachant. Il parle du cinéma avec une conviction nourrie d'une connaissance encyclopédique. Il est de ceux qui rendent plus douce cette profession assez brutale et batailleuse. Ce géant, au sens propre et figuré, me touche et je me dis :

— En voilà un avec qui je n'aurai jamais la chance de travailler!

Et pourtant, c'est à n'y pas croire, Jean Cosmos lui suggère ma participation. Derechef, Tavernier me propose de m'engager au côté de Dirk Bogarde et de Jane Birkin. Le travail autour de ce film, exquise musique de chambre faite de touches de couleurs, de petits riens qui sont toute la vie, me procure un véritable bonheur. Tavernier me donne ses indications à l'oreille, les accompagnant d'un petit baiser dans le cou pour apaiser mes peurs :

— Je veux être ému, alors… pas de larmes.

Il m'enseigne la sobriété cinématographique…

C'est à n'y pas croire *bis*, le film est présenté à Cannes et me voici sur les marches du palais mitraillée par les photographes criant mon nom pour que j'adresse un sourire à leurs objectifs en délire :

— Odette! Odette!

Dans une main, je tiens celle de Bogarde, star parmi les stars, dans l'autre celle de Bertrand Tavernier. Devant moi flottent les doux cheveux de Jane Birkin qui s'est montrée avec moi aussi filiale et tendre que le voulait le rôle [1]…

C'est à n'y pas croire, mon frère Raymond est là, mon p'tit frère, mon autre connivence, celle de toujours et pour toujours… Retiré à Cannes, il fait partie d'un club de bridgeurs qu'il a réunis à mon intention et qui me fait un charmant triomphe. Raymond, le héros du cinéma de notre enfance, mon frangin si coquet qui changeait chaque jour de chemise! Il avait épousé une femme qui me ressemblait comme une sœur, et dont il divorça… Et c'est moi, son meilleur public de jadis, qui me retrouve sur l'écran, et c'est lui, le milord tiré à quatre épingles, mon éternelle admiration, qui m'applaudit aujourd'hui… Lui qui était fasciné par la petitesse de mes doigts et de mes orteils… Nous n'avons que cinq ans d'écart, bien petite différence dont la vieillesse n'a cure… Et dans le regard qui nous unit à cet instant, un regard bon comme la fraternité, toute notre vie s'assemble, se refait, et se défait… Cinquante ans plus tôt, nous venions ici même en vacances chez notre frère aîné, René. Bon mécanicien, il tenait un garage sur la Côte. René avait réalisé son rêve. Également passionné d'automobile, Raymond ne connut pas la même expérience…

1. Et, toujours impossible à croire : mal conseillée, je rate l'émission d'Henri Chapier, «Le divan», moi qui aurais fait la plus loquace de ses psychanalysées!

En gravissant les marches du palais, je me souviens d'un yacht venant s'amarrer au débarcadère, d'un tapis rouge que l'on déroule jusqu'au Carlton pour éviter aux pieds délicats des Dolly Sisters de fouler la poussière du commun des mortels… Je me souviens des diamants qu'elles portent au poignet, des beaux garçons qui les entourent, de leurs robes charleston, toutes en franges floues, des effluves de l'orchestre jouant à l'intérieur *Blue Moon*, *Ramona*, et de ce luxe auquel je n'avais pas accès…

*J'ai fait un rêve merveilleux!*

Je me souviens d'Harry Pilcer, roi des claquettes, professeur des Dolly Sisters et précurseur des Gene Kelly, des Fred Astaire, qui dansait à l'ABC en première partie de Tino Rossi…

Je me souviens d'une femme faisant inlassablement jouer un tourne-disques, sur la plage du Carlton. Une voix grésillait sous l'aiguille. *Lucie de Lamermoor*…

— Écoutez… C'est ma fille, Lily Pons…

Lily Pons dont une nièce, Viviane, épousera un Compagnon de la Chanson qui, à son tour, s'associera avec mon gentleman farmer, J., pour le pire plutôt que pour le meilleur…

C'est à n'y pas croire, quelques mois plus tard je suis nommée pour le «César» du meilleur second rôle féminin. Et me voici à nouveau sur un tapis rouge du côté des Champs-Élysées, sur le tapis volant de Sinbad le Marin, parmi les flashes, les strass, le luxe, les paillettes, les appels empressés des photographes…

— Odette! Odette!

*Je fais un rêve merveilleux!*

Arrive mon tour. La concurrence est rude. Smaïn annonce les nommées, les nominées comme on dit, qui sont la meilleure des compagnies : Danièle Lebrun (*Uranus* de Claude Berri), Dominique Blanc (*Milou en mai* de Louis Malle), Catherine Jacob (*Tatie Danielle,* d'Étienne Chatilliez), Thérèse Liotard (*La Gloire de mon père* et *Le Château de ma mère* d'Yves Robert)…

Et moi?

Smaïn est déjà en train de décacheter l'enveloppe… Il m'a oubliée. Un flot d'angoisse m'envahit, le cœur me serre, ma gorge se noue, le monde entier m'abandonne, je fais naufrage dans une impression d'injustice…

Dans le silence, d'une voix que la révolte affermit, la p'tite poule s'exclame :

— Et moi alors?

Un grand rire secoue la salle. Au comble de la confusion, Smaïn se rattrape comme il peut, puis Dominique Blanc dédie ce « César » tant mérité au bébé qu'elle attend. Smaïn renouvelle ses excuses, le public s'amuse de ce charmant embarras et... Je saisis la balle au bond. Je me lève. Non : je me dresse. Je prends le pouvoir, la p'tite poule vient de remonter sur la table du Café des Arts, on l'avait oubliée alors qu'elle seule sait chanter et raconter les bonnes blagues et les chansons populaires! J'ai sur moi tous les regards du monde, de Belleville à Ménilmontant! J'ai sur moi tous les regards du cinéma français en cette nuit des Césars 1991! La gouaille me reprend par le cœur :

— Vous avez tort de ne pas vouloir me le donner, parce que j'ai un pied dans la tombe et l'autre qui glisse!

Bohringer, maître de cérémonie, vient me chercher, me fait monter sur le plateau et me plante devant le micro. L'émotion ne me fait pas perdre mon sens de l'à-propos. En femme de cabaret, je rends cet hommage à César :

— Cette statuette est l'image même de la vie des artistes : des creux, des trous, des bosses, mais tout sous la dorure...

La salle applaudit à tout rompre. Bohringer crie :

— Debout! Debout!

Et la salle se lève.

Cet élan vers moi comme une vague, ce flot de sympathies me procure une sensation d'élévation et d'harmonie. L'oubliée est reconnue comme le fils prodigue. Tous les manques dont j'ai pu souffrir, tous les efforts, toutes les attentes, les déceptions sont d'un seul coup dissipés dans une seconde de fulgurante convergence. Je flotte au-dessus de moi-même. La peur de l'abandon est effacée par la bienveillance unanime, la voix de l'Ange est dans cette acclamation qui joue sur mon cœur battant comme un sacrement. Je ressens une forme d'énergie venue d'ailleurs, solaire et invulnérable. On dit que les saints visités par leur Dieu connaissent cette sensation d'enlèvement, de ravissement. Je suis enthousiasmée au sens premier du mot. Le bienheureux de la Crèche n'est-il pas le *ravi*?

Quand la vie veut être aimable, elle met le paquet!

Naïve Odette qui, depuis, rêve de l'éternel retour de cet événement : la naissance à soi-même par la reconnaissance des autres…

Bien involontairement, j'avais réussi un hold-up!

Lorsque j'ai découvert la retransmission vidéo de cette cérémonie, les applaudissements frénétiques de Jean Carmet et de Gérard Depardieu, que j'avais connu élève comédien, furent, parmi tous, ceux qui m'émurent le plus.

J'avais deux amours de natures différentes : tout en me comblant de ses fulgurances, le cinéma me laissait sur ma faim. Le théâtre m'apporta des bonheurs qui, pour toucher un moins grand public, sont plus durables.

Si j'étais désolée par l'abandon où m'avait laissée la chanson, je me trouvais aussi, du même coup, soulagée : je n'étais plus tenaillée par cette angoisse irrépressible et parfois insupportable, le trac. Le travail avec Régine Lacroix, puis les années passées auprès des jeunes comédiens du cours de Jean-Laurent Cochet m'avaient permis de remporter une petite victoire sur mes inhibitions : je reprenais confiance en moi par la confiance que j'accordais aux grands auteurs. Et, si j'apprécie l'apparence flatteuse de la vie d'actrice, j'en recherche davantage les exigences de la répétition, de l'élaboration, de la recherche… *Jouer* reste évidemment la destination finale de notre métier, mais *répéter* est la plus passionnante des occupations.

Malgré toutes les douceurs qui accompagnent le travail d'un Bertrand Tavernier, la caméra garde pour moi une inhumanité implacable et les rushes, puis le film lui-même renvoient une image de soi plus que troublante. Je ne m'acceptais que dans la mesure où je me faisais sourire et je ne pouvais, par exemple, m'empêcher de comparer les maladresses de mon physique à l'élégance du mouvement d'une Jeanne Moreau. Je me rassurais de ce que les très grands acteurs de cinéma interprètent des rôles écrits pour eux, sur mesure. Dans ces conditions, comment ne pas être juste?

Le théâtre m'a enrichie de la présence des autres. J'y ai découvert le partage sans jalousie : existe-t-il une plus grande joie que celle d'aider un partenaire à trouver avec lui et pour lui ce qu'il recherche?

Un seul petit plaisir dont le music-hall m'avait comblée me manquera au théâtre : celui de parler avec le public…

En m'engageant dans *La brune que voilà*, en 1958, Robert Lamoureux me remerciait avec élégance de l'avoir soutenu dans ses débuts au Liberty's. Entourée de Françoise Brion, Danièle Godet et Michèle Mercier, je trouvais une nouvelle occasion de souffrir de mon physique…

Huit années passeront, celles de mon orientalisme, avant de retrouver, grâce à Cochet, Micheline Luccioni et Henri Tisot dans *Boudu sauvé des eaux*. Je me plais à dire que ce spectacle donnait leur chance à deux débutants : Odette Laure et… Gérard Depardieu!

Je jouai mon premier succès dans *Du côté de chez l'autre* d'Alan Ayckbourn, avec Claude Brasseur, Claude Piéplu… adapté d'un jeune auteur, Francis Veber (et toujours grâce à Jean-Laurent Cochet!).

Dans un magnifique décor à transformations de Pierre Clayette pour *Le noir te va si bien* (de Jean Marsan), Jean Le Poulain et Maria Pacôme rivalisaient dans une qualité de comique très difficile à décrire : tout en servant la situation, ils jouaient *à côté*, provoquant sans cesse une sorte de court-circuit imprévisible et surréaliste.

Je retrouvai Maria dans sa pièce, *On m'appelle Émilie*, en 1984, où je roulais des cigarettes en tentant d'appliquer l'enseignement de Régine Lacroix sur l'art qui consiste à rassembler le corps et le verbe, la voix et l'esprit [1]… Maria Pacôme aura ce mot flatteur à mon endroit :

— Je lui ai offert un rôle en or. Elle l'a fait en diamants.

1. *Comme les fruits se font en jouissance, / Comme en délice, il change son absence / Dans une bouche où sa forme se meurt, / Je hume ici ma future fumée…* (Paul Valéry)

Malgré l'échec commercial de *Chat*, une œuvre très originale de l'auteur hongrois István Örkény adaptée par Vercors, Marie Bell, directrice du théâtre du Gymnase, eut la plus délicate des attentions : une prolongation de huit jours pour terminer cette belle aventure le jour de mon anniversaire…

Sous les apparences d'un homme d'affaires avisé faisant rondement tourner son théâtre du Palais-Royal, Jean-Michel Rouzières (à l'image des Melville, des Tavernier que j'ai déjà mentionnés) reste à mes yeux un exemple de directeur de théâtre : il vivait d'une insatiable curiosité qui ne se limitait pas aux succès commerciaux dont il connaissait le secret. Rouzières fréquentait tous les théâtres de France et de Navarre, sans omettre les plus difficiles, toujours à l'affût de nouveaux auteurs, de nouveaux comédiens, de nouveaux metteurs en scène. Ses «Lundis du Palais-Royal» s'ouvraient à un répertoire poétique, théâtral, littéraire, servi pour le plaisir par les meilleurs comédiens. J'eus l'honneur d'y donner une «Carte blanche» (*Les Femmes de ma vie* : Dussane, Colette, Suzy Solidor, Colette Mars, Suzet Maïs, Jacqueline Audry)…

Au Studio 347, Marcel Lupovici, lui, mit en scène *La Ménagerie de verre* de Tennessee Williams. En accédant à un répertoire ambitieux, je pleurais aussi la fin d'un grand amour. Chaque soir, dans le rôle d'Amanda, je disais à ma fille :

— Laura, viens faire un vœu à l'occasion de la nouvelle lune… Un petit croissant de lune comme un saladier d'argent. Regarde-la par-dessus ton épaule gauche, Laura, et fais un vœu… Voilà…

— Que dois-je souhaiter, Maman ?

— Le bonheur… La chance…

Et je versais des flots de larmes vraies !

Heureusement, Jean-Pierre Darras (dans *Ce sacré bonheur* de Jean Cosmos), Maurice Baquet (dans *La Station Champbaudet* de Labiche) me laisseront des souvenirs d'amitié lumineuse et drôle, de même que Jean Poiret, travailleur infatigable, capable de donner du sens à n'importe quelle logorrhée. Avec Michel Serrault il imposait une présence tellement spirituelle qu'il exerçait sur les plateaux une mainmise qu'on ne rencontre que chez les très grands artistes. Très jaloux de cette autorité, il n'apprécia guère qu'un soir où nous jouions *Joyeuses Pâques* je remporte un succès involontaire : par deux fois, ma jupe décousue m'obligea à des contorsions dignes de la *commedia dell'arte*... Même dans le délire d'une situation improvisée, Poiret réclamait de nous la plus grande rigueur.

Dans *Ma Colette* de Dany Laurent, mis en scène par Annie Sinigalia, je ressemblais à s'y méprendre à mon modèle... chéri! Et c'est dans *Chéri*, précisément, que je devais passer auprès de Michèle Morgan des heures d'intelligente et discrète complicité. D'un commerce aussi blond que sa personne, sa voix, sa grâce se confondent avec son désir de séduction. Ce très bon peintre porte sur le monde un regard transparent dans lequel chacun peut se projeter. Le noir et blanc des films de Carné n'a fait qu'ajouter un mystère légendaire à ses yeux d'un bleu miraculeux. Comme avec Gabin, la liquidité de ce regard offre au spectateur l'illusion de pénétrer l'intimité du personnage. A contrario, les regards nets, les yeux noirs et allumés, comme les miens, ne laissent guère de place au rêve et à l'identification du spectateur, autre bonne occasion, pour moi, de me désoler!

À la fin de mon récital, *Les Femmes de ma vie*, au Palais-Royal, le public ne voulait pas me laisser partir. Plusieurs fois il reprit en chœur avec moi la dernière chanson. Imitant Raquel Meller à la fin de *La Violeterra* et Lucienne Boyer dans sa chanson *Voici des roses, mes jolies fleurs, je vous les offre, prenez mon cœur*, je lançais moi aussi des roses vers toutes ces mains tendues qui me disaient leur affection.

Le théâtre est comme l'amour : on ne sait jamais quand c'est pour la dernière fois...

## Chapitre XI
# A force de printemps

*On croit que tout est fini,*
*mais il y a un rouge-gorge qui se met à chanter…*
PAUL CLAUDEL

Me voici au bout du long chemin d'écrire. Je suis tout étonnée d'y être arrivée : j'ai tant souffert de ne pas savoir aller au bout des choses! Mais il semble que, dans mon cas, la difficulté d'être aura nourri une combativité permanente et, paradoxalement, un goût du bonheur toujours renouvelé.

Je suis d'une susceptibilité maladive. Peu de personnes trouvent grâce à mes yeux, pas plus que je ne trouve d'excuses à être comme je suis. Mais si l'on vous dit que j'ai du cœur, n'en abusez pas et répandez-en le bruit…

Au bout de cet effort, j'ai découvert la fascination de se raconter. J'ai opéré à cœur ouvert, j'ai *débloqué*, à tous les sens du terme. Que d'impudeur! Ma mémoire-oubli, suivant ses propres lois, ne m'a rendu que ce qui me concernait. J'ai continué de presser mon enfance et mon adolescence comme le seul fruit dont ma vieillesse puisse se nourrir. Mon corps et moi, nous n'avons pas le même âge.

Est-ce bien mon histoire que j'ai racontée, ou un songe passé avec le temps?

C'était vrai? Alors c'est bien.

C'était faux? Ce serait encore mieux!

L'histoire de ce livre pourrait, elle aussi, donner matière à un petit récit…

En 1972, Madame Raffali, responsable d'une collection aux éditions Desclée, m'écrivait :

«Accepteriez-vous d'entreprendre, à propos de votre étude sur l'art de la parole, si ce n'est la rédaction du moins un rassemblement d'éléments susceptibles d'aboutir à une publication signée de votre nom? Les délais ne sont absolument pas rapides, c'est un accord de principe que nous serions heureux de vous voir accepter.»

Quelques jours plus tard, elle m'appelait au téléphone :

— Lorsque j'ai été instruite de votre approche du théâtre par l'utilisation des énergies contenues dans la parole, je fus étonnée, me dit-elle, de découvrir que la comédienne pleine de fantaisie, l'interprète de chansons si drôles et que l'on recherche pour son humeur joyeuse, se révélait préoccupée de questions aussi sérieuses que le mystère du verbe associé aux pratiques corporelles issues de cultures traditionnelles. Quel est donc votre cheminement?

Une fois de plus, ça ne loupait pas : devais-je être idiote parce que je le chantais?

— Mon cheminement, fis-je observer un peu piquée, mais c'est ma vie!

— Eh bien, racontez-la, et, au cours de ce récit, évoquez vos découvertes et leurs applications…

— Mais qu'ai-je fait qui mérite qu'on s'en souvienne? Vous avez vous-même relevé que l'opinion généralement admise est que je suis une marrante. Qui pourrait se douter que la double aventure qui a dominé ma vie tient du besoin d'amour et de la quête de Dieu?

— Cette sorte de «gai savoir» que vous enseignez à vos élèves nous intéresse… Réfléchissez encore avant de vous dérober.

Le ver était dans le fruit. Après tout, pourquoi pécher par trop de modestie? *Une vie n'est rien, mais rien ne vaut une vie*, dit Malraux. Je m'imaginais assise à mon bureau, choisissant une certaine couleur de papier, je pensais à Colette, à ses pages bleues, à ses variétés de plumes, à tout un artisanat de l'écriture fleurant bon les plaisirs de l'esprit. Allais-je être à mon tour inspirée, de jour ou de nuit, par la lumière d'un autre fanal bleu?

Mon rêve de jeunesse se ranimait : écrire! Depuis ma plus tendre enfance, n'avais-je pas nourri une jalouse admiration pour les écrivains? Avec la même brusquerie qu'une vapeur de retour d'âge, une bouffée de chaleur me remonta du cœur à la tête dès qu'à mon premier tracé ressurgit le petit bruit familier de la plume Sergent Major sur mon cahier d'écolière, grattouillis charmeur soutenant l'étrange joie que j'éprouvais, jadis, à noircir des pages pour le seul plaisir de la calligraphie, et qui semblait inscrire en images réduites les méandres de la pensée.

Depuis que j'avais appris à lire, j'avais été fascinée par les mots qui sont, comme l'écrit Victor Hugo, *les passants mystérieux de l'âme, car le mot c'est le Verbe, et le Verbe c'est Dieu.*

J'ouvris donc la porte à mes souvenirs. Ils affluèrent, nombreux, en désordre, à une vitesse qui dépassait celle de la main. Inquiète et ravie de ces rappels en foule, craignant de les voir s'échapper, je n'écrivais plus que par notes, idées, références, bien vite noyée sous l'avalanche de papiers épars. Je commençai à comprendre quelle expérience réclame l'écriture, quel don elle suppose. Devant le résultat peu encourageant, je voyais se glisser, comme dans tous mes actes, le perfectionnisme maladif qui avait entravé toutes mes entreprises. Ma maladresse me piégeait. J'étais en proie au plaisir et au doute, à l'exaltation et à l'impuissance. Dans le compte à rebours d'une mémoire qui se raconte s'imposa une évidence : pour raconter la mienne, je devais raconter l'histoire des autres. Celle qui avait frappé ma mémoire comme on le dit d'une médaille, à savoir pour toujours. Si insignifiante qu'elle soit, l'histoire personnelle est incluse dans l'aventure collective.

Pour ressusciter les événements qui se déroulèrent «pendant le temps qui m'était imparti», je me fis donc souris de bibliothèque, documentaliste à la bibliothèque de l'Arsenal (fonds Rondel), prenant un plaisir extrême à classer mes notes, accords majeurs et mineurs en réserve pour une petite chronique que j'utiliserais comme une musique d'accompagnement. Elle m'était si chère, cette petite chronique, qu'elle prit insidieusement la place de mon sujet : plus je m'intéressais à ces temps révolus, plus je perdais ma propre trace. L'abondance me paralysait, ce pour quoi j'avais été sollicitée, mon expérience pédagogique, n'était plus qu'un court chapitre de ma vie.

Je renonçai donc à une entreprise éloignée de mes capacités, je plongeai à nouveau dans mon pêché mignon : le complexe de l'inculture. Une fois de plus, je constatais mon génie de l'inutile.

Une rencontre angélique, sans doute, devait donner un sursaut au projet…

Gisèle Casadesus, avec qui je tourne en 1981 *Les Dames de cœur* de Michèle Ressi au côté de Madeleine Robinson [1], m'entraîne dans une vente de charité au profit des Petits Frères des Pauvres. Je serai récompensée au centuple d'avoir accepté de mettre ma petite notoriété au service de cette œuvre dont je sais qu'elle s'occupe réellement des personnes âgées en difficulté, et qu'elle leur offre *des fleurs avant du pain.*

Un bon sourire perdu dans une forte moustache s'approche de moi, une voix de crooner, un doux regard me séduisent aussitôt… Une grande amitié vient de naître avec ce jeune animateur qui est aujourd'hui le secrétaire général de l'Association et dont le patronyme semble réunir et le ciel et la terre : Michel Christolhomme. Sa mission chez les Petits Frères consiste à rechercher des fonds, des donations. Il est ainsi amené à rencontrer une humanité en désir de don, quand le lot commun est plutôt de se trouver en état de défense et de refus. D'où, peut-être, cette patience en lui, cette compassion. Il s'enthousiasme pour le projet du livre et m'aide à mettre en ordre une première version du récit de mon enfance, que nous intitulons *La p'tite poule.*

1. Madeleine aussi vécut avec un Compagnon de la Chanson. Une mauvaise rédaction d'un journal de télévision put faire croire qu'il s'agissait de *mon* Compagnon…

N'empêche. J'avais trop peiné sur cet ouvrage, vingt fois remis sur le métier. Et, malgré les encouragements de Michel, je finis par éprouver de la répulsion pour le fouillis de mon bureau.

Quel soulagement lorsque ma table fut vide de nouveau! Fini les pages surchargées de corrections, d'ajouts, de becquets, les chemises cartonnées, les bouquins, les dictionnaires, la machine à écrire, fleur de métal s'offrant inlassablement à vos mains comme un reproche vivant. Le mauvais ouvrier se décourageait devant ses outils. Quelle vanité m'avait poussée jusqu'en ce labyrinthe, sinon la faiblesse de ne pas savoir dire non?

Je trouvai une porte de sortie : écrire ses *mémoires* devenait si banal dans l'industrie du livre que s'en abstenir était la preuve de ma singularité. Les meilleurs écrivains ne dénonçaient-ils pas ce prurit qui atteignait les gens du spectacle?

*Arrêtez! Arrêtez la musique!*

Pour toutes sortes de mauvaises raisons, répétitions de nouvelles pièces de théâtre, télévisions, vie privée, lassitude, j'interrompis l'écriture de ce livre mais je commençais une autre aventure : j'en parlais. J'en parlais en tous lieux à tout le monde! Il était devenu un personnage, un parent, un ami, un amant, un bourreau de plaisir. Mon livre? Une Arlésienne. Une abstraction dont j'étais l'esclave. Et bientôt un échec désolant. J'étais incapable de terminer un travail qui pourtant me passionnait.

Mais alors, ma p'tite poule, tu n'es pas faite pour vivre…

Bonne à rien. Le mal était revenu. Quelle épreuve! Je ne comprenais pas ces alternances de soleil et d'ombre qui, sans répit, agitaient mon âme. Dieu sait si, à travers les êtres d'exception que j'avais tant aimés, j'avais passé des heures de lumière et de certitude! Et puis, brusquement, le doute, la négation, le dérisoire m'obligeaient à renoncer. Dieu seul est créateur. Nous ne sommes que des instruments. Comment se contenter de cette modeste tâche d'interprète? L'extrême orgueil se dressait à nouveau contre l'extrême humilité, sans victoire pour l'un ni défaite pour l'autre. Match nul.

Cependant le corps s'en tirait bien. Dès les premiers soleils de mes printemps que je ne compte plus, il n'a cessé de crier vers ses désirs avec force. La nature me sollicitait et d'elle seule j'obtenais des réponses. Mais on m'avait appris que les désirs terrestres éloignent de la voie divine. Le désir de Dieu même n'est-il point coupable?

Collée à un sol gluant, mes rêves de réalisation dans le divin n'ont cessé de me faire reculer, reculer. Et j'en avais assez de cette obligation de persévérer. Depuis mon plus jeune âge, j'avais mal à la volonté.

Mais le livre vivait en moi. Viscéralement. Une partie de moi-même ne renonçait pas à chanter sa petite chanson, à l'instar de Jean Sarment qui écrivait : *J'ai chanté toute ma vie une petite chanson monotone, mais c'est celle que je savais.* Je me remémorais l'excellente pièce de Lanoux que j'avais eu la joie de créer, *Le Péril bleu ou Méfiez-vous des autobus*, dans laquelle il faut trente-trois ans à une maman pour accoucher d'un bel enfant aux pieds bleus. Dix ans seulement venaient de passer pour moi…

Je continuai donc, au hasard des lectures et des songeries, de noter, de décrire, de raconter, pour le plaisir, sans but, sans contrainte, sans délais… Fumeurs, alcooliques, drogués, j'ai souffert d'un mal analogue au vôtre : j'avais cessé d'écrire mais je ne parvenais pas au sevrage complet. Je résistais à l'écriture et cela me désespérait.

C'est alors que par hasard (mais peut-on appeler hasard les pulsions qui changent d'un coup notre humeur et notre vision des choses?), je feuilletai le livre de Maurice Chapelan *Lire et écrire*. Je fus saisie par un passage souligné de longue date :

*Se peindre en empruntant chaque trait à tel ou tel auteur parlant de lui ou de ses héros, cela pourrait devenir un jeu où s'exerceraient l'esprit et la culture de l'auteur.*

Esprit je ne sais, culture je n'en ai, mais des livres j'en possède beaucoup. J'ai trop de livres comme j'ai trop de cœur, d'exigence ou de graisse. Mes livres, ces amis, m'encourageaient de leur silencieuse présence, à portée de main comme des bavards punis, nez au mur. J'avais lu que Montaigne, né comme moi un 28 février, flâna d'abord dans les livres des autres, nota des *dicts*, des *faicts* pleins de sens. J'entrepris mon autoportrait anthologique. Restait à rédiger l'histoire vraie d'une enfant de Paname.

Facile à dire…

De nombreuses années plus tard et le privilège de l'âge aidant, me voici invitée par Mireille Dumas sur le plateau de France 2 pour un numéro de l'émission « Bas les masques » consacré à la chirurgie esthétique. J'y tiens le rôle de la dame d'apparence encore jeune et qui n'a jamais eu recours aux liftings à répétition, mais seulement à des techniques manuelles pratiquées par des mains d'or. Le débat, plutôt divertissant, met en présence quelques prothèses, des apprentis sorciers, des médecins sérieux, et la liposuccion fait bientôt gonfler l'audimat. Pour une fois, ma nature, à ce qu'on a bien voulu me dire, me fit gagner la partie sans rien forcer d'autre en moi que moi-même. Dès le lendemain, je recevai le même coup de téléphone que vingt-cinq plus tôt : la maison Flammarion me demandait un livre de souvenirs qui donnerait le secret de mon jeune *look*…

Le flot contradictoire du plaisir et de l'angoisse remonta aussitôt en moi, ravivant les plus douces blessures. Mais, cette fois, je savais sur quel écueil je risquais de naufrager. J'avais appris que, ne pouvant vivre seule, je ne pourrais écrire seule. Que ma vie tout entière, amoureuse, sociale, professionnelle, avait connu la réussite dans le partage. La chanson m'avait comblée, mais en me laissant le souvenir d'une assez grande solitude, celle du boxeur. Lorsque mon ami Raymond Devos m'avait intimé l'ordre de faire un *one woman show*, en 1977, n'avais-je pas reculé devant l'épreuve du navigateur solitaire?

— Tu es faite pour ça, m'avait-il dit.

— C'est que je ne sais pas comment démarrer. Reconnais que c'est plus difficile pour une femme. Ah, que j'aurais voulu être un homme! Auquel cas, je ne me serais même pas plu!

— Eh bien tu tiens le début de ton spectacle, me répondit Raymond : « Figurez-vous, Mesdames et Messieurs, que je ne suis même pas la femme de l'homme que j'aurais voulu être. Allez vous faire une vie avec ça ! »

Ça c'est mon destin que dans un compte à rebours nous avons remonté ensemble, cheminant de peines en plaisirs, de regrets en bonheurs, mais toujours prête à en rire et à en faire rire. Voici donc qu'il me fallait me remettre à table sans commensal…

Non.

Ne croyant en rien me concernant, il me fallait croire en quelqu'un dont la confiance rejaillirait sur moi. Quelqu'un que je chargerais de ma lourdeur, honteuse d'abuser mais assez égoïste pour oser, croyant encore à la grâce d'un miracle qui se fait trop attendre. Et je trouvai, en la personne de mon coauteur, homme de théâtre rompu à la patience du partage avec ces enfants cruels que sont les comédiens, l'accompagnateur assez sensible et discret pour me supporter…

L'Ange accumulait les chances sous mes pas.

Pour la télévision, je tournais sous la direction d'un metteur en scène au cœur grand comme la mer, Hervé Baslé. *Le Grand Banc* retrace l'histoire bouleversante, grave et poétique, d'une famille de morutiers bretons. Je retrouvais, à Saint-Malo, les joies du tournage. D'autant qu'un certain bonheur régnait sur une équipe dirigée d'une main courtoise, qualité rare aujourd'hui.

Quelque temps auparavant, j'étais apparue parmi de nombreuses vedettes du cinéma et du théâtre dans les films publicitaires de La Poste.

J'étais une vieille dame comblée, réclamée.

Je tournais également quelques scènes d'un téléfilm de Philippe Monnier dans une maison de retraite où je fis la connaissance d'une jeune femme attentive au sort de sa vieille maman, Françoise Coquet, dont on connaît le rôle auprès de Michel Drucker. Ensemble nous évoquâmes l'idée d'une chronique tenue par une mamie tout feu tout flamme qui donnerait aux jeunes gens des conseils, des encouragements, mais sans moraliser, sur le ton et l'inspiration qui avaient guidé toute ma vie : le rire.

Le lendemain, Drucker m'appelle. Le projet le séduit.

— J'ai rapporté de mon voyage en Extrême-Orient, lui disje, quelques mots inventés du japonais : yaka taka.

— Qu'est-ce que cela signifie?

— Yaka essayer, taka t'y mettre.

En digne héritier de Jean Nohain, Michel me proposa d'intervenir une fois par semaine avec un invité prestigieux. Il commença par mon admiration de toujours, Raymond Devos.

La fréquentation de Michel Drucker est un ensoleillement : il est intelligent, attentif, généreux. J'espère que, dans son cœur, je lui prodigue un peu du grand amour que sa mère avait pour lui. Quand je me retrouvai hospitalisée, il fut très présent. Un fils n'aurait pas fait mieux, et toutes les occasions lui sont bonnes de me manifester son affection. Grand sportif, il sait que son talent doit beaucoup à sa forme physique, ce en quoi il est très zen. Ses vertus angéliques l'ont sans doute conduit à piloter un hélicoptère… Son épouse, Dany Saval, est le plus charmant des soutiens pour ce jeune grand-père *merveilleux* et fou de sa petite-fille. Les téléspectateurs sentent en lui l'homme de famille. Il ressemble au fils, au gendre, et peut-être bien à l'amant! Je le trouve miraculeux de disponibilité et toujours d'humeur abordable. Ses deux frères, l'un grand médecin, l'autre patron dans l'audiovisuel, ont-ils jeté sur lui une ombre dont il a voulu se défaire? Il a lutté pour devenir lui aussi quelqu'un qui, finalement, dépasse les deux autres en notoriété. Honnête et fiable, Michel Drucker anime une équipe où règne, d'évidence, une ambiance d'amitié. On a réparé mon cœur, mais le sien est impeccable…

Avec la complicité d'un des jeunes talents du Studio Gabriel[1], je donnais quelques *Fables de la mondaine* quand soudain l'Ange me fit défaut…

---

1. Guillaume Lecoquière.

J'avais compté sans l'usure des ans. Rivée à mon exigence, je ne me satisfaisais de rien : je veux que tout soit parfait, c'est mon plus gros défaut. J'éprouvais une difficulté bientôt insurmontable à affronter le stress du plateau de télévision, à soutenir le rythme de l'échéance hebdomadaire.

Je peux témoigner de la résistance et du génie d'invention que requièrent ces émissions régulières, et je dis toute mon admiration aux animateurs, aux chansonniers, aux imitateurs qui, chaque semaine, parfois chaque jour, déploient des trésors d'humour... Je me souviens des Coluche, des Thierry Le Luron, des Francis Blanche, des Jean Nohain dormant debout contre un portant... Ce qui m'étonne le plus, c'est leur santé! Le chien de René Simon [1] ne s'appelait-il pas SAM : Santé, Audace, Mémoire?

Comme eux j'ai couru les cabarets, les théâtres, les plateaux de tournage... Mais mon héritage parental du sens du labeur m'a conduite au surmenage et, un soir, assise à ma table, les mots se mettent à trembler sur la page, la tête me tourne, je veux me lever mais le sol m'accueille durement.

M'y voici donc : comme tant d'autres vieilles personnes, je suis à terre, non pas foudroyée mais anéantie, feuille morte en hiver. Fini les coups de jeune que je prétends avoir reçus, tout au long de ma vie. Cette fois, c'est un terrible coup de vieux que je prends!

La nuit passe, désespérante. Décevante – je tenais en main les plus beaux atouts : Drucker, le livre, *Le Grand Banc*... Un coup d'épingle dans la muraille, et hop, plus de reine [2]!

Cette fois-ci, je n'y arriverai plus.

La suite appartient au commun des mortels, non sans me rappeler le temps où, folle de désamour, j'avais tenté d'en finir... Les pompiers (*Je la connais cette p'tite dame,* dit l'un), l'ambulance, l'hôpital Saint-Joseph, véritable labyrinthe qui mettra mes amis au supplice...

---

1. Animateur du cours d'art dramatique le plus célèbre de son temps.
2. Merci Shakespeare...

Mes amis… J'ignorais qu'ils étaient si nombreux. Je leur adressai une prière en forme de fable, de La Fontaine cette fois :

*Dans un chemin montant, sablonneux, malaisé,*
*Et de tous les côtés au soleil exposé*
*Six forts chevaux tiraient un coche…*

Michel, Olivier, Gaëlle, Jacques, un autre Michel, Antonia… Six forts chevaux et quelques autres non moins vaillants, autour de ma lumière que je croyais s'éteindre. Jacqueline, Fabienne, Mireille, Thierry, Françoise, Jacky, Danielle, Claude, une autre Françoise, Hélène… Leur patience pour moi si agressive, si capricieuse… Avoir passé son existence en se débrouillant de tout toute seule, et devoir soudain dépendre des autres pour tout… J'étais un bon petit ouvrier mais le patron venait de me virer, et il n'y a pas de syndicats pour défendre les travailleurs injustement traités par ce patron-ci.

Cette épreuve est la plus difficile qu'il m'ait été donné de vivre. Je sais qu'elle est la chose la mieux partagée, que ma douleur n'est rien en regard du malheur du monde, mais cette faiblesse, ce découragement, ces *il faut! Il faut! Il faut que vous vous reposiez, il faut marcher, il faut déménager, il faut finir votre livre…* Dans leur bonté, mes aides soignants ne se rendent pas toujours compte que c'est une souffrance de s'entendre parler comme à une enfant. Suis-je donc aussi désemparée qu'une pauvre p'tite poule?

— Qu'é qu'elle a qu'a crier? demandait Raymond Queneau.

— Elle a qu'elle a chu.

Je reviens à la vie. On me place un pacemaker. Accrochée à la main de Jacques comme à celle d'un ange gardien, je termine ce livre que j'ai écrit comme une lettre aux enfants que je n'ai pas eus. Le seul enfant que j'aurai eu de moi, c'est moi.

*Une vie ne vaut rien, mais rien ne vaut une vie…*

Bientôt le mois de mai.

Comme au bois de Chaville, 'y aura du muguet.

*Paris, septembre 1996-avril 1997.*

# Remerciements

À mon cher frère.
À mes amis :
Michel D. et Françoise C.
Antonia et Jacky P.
Danielle M.-B.
Jacqueline et Bernard B.
Olivier E.
Françoise et Michel C.
Fabienne M.
Mireille D.
Gaëlle B.
Claude B.
Françoise T.
Michel et Christian S.
Gisèle A.-M.
Hélène O.
Aux Petits Frères des Pauvres.

# Annexes

# Le petit carnet d'Odette Laure

***Bonnes feuilles extraites des chroniques consacrées à « l'esprit français » dans les émissions de Jean Nohain.***

De Pierre Véron (1833-1900), journaliste et poète, ce dialogue :

— Je trouve la vie assommante.

— Moi pas.

— Vous ne vous ennuyez jamais?

— Jamais.

— Comment vous y prenez-vous?

— J'ennuie les autres.

---

Quelques morceaux choisis [1] au hasard du dictionnaire humoristique de Pierre Véron :

*Abaissement* : Moyen de parvenir fort en honneur.

*Académie* : Quarante appelés et peu de lus.

*Adultère* : Trinité qui parvient rarement à être un mystère.

*Amitié* : Parapluie qui a le défaut de se retourner dès qu'il fait mauvais temps.

*Anniversaire* : L'écho du temps.

1. Hugo détestait les morceaux choisis : « L'eunuque est un homme chez qui l'on a choisi. »

*Archives* : La morgue du passé.

*Argot* : Le bagne de la langue : tous les jours des mots s'en s'évadent.

*Artiste* : Qu'est-il souvent? Rien. Que croit-il être? Tout.

*Automne* : Le post-scriptum du soleil.

*Ballet* : L'opéra des sourds.

*Bonhomie* : Le cœur en robe de chambre.

*Champagne* : Beaucoup de bruit pour rien.

*Date de naissance* : Pour une femme d'esprit, son état incivil.

*Éloge* : Un prêté qui attend un rendu.

*Habit* : Reliure qui vaut souvent plus que le livre.

*Illusion* : Une ombre qui vaut mieux que la proie.

*Jambe* : Un utile dont les femmes ont fait l'agréable.

*Maîtresse* : Superflu nécessaire.

*Mort* : Un point. Est-ce tout?

*Nerfs* : Ficelles terriblement exploitées par les femmes.

*Oubli* : Éponge qu'on ne trouve jamais quand on en a besoin.

*Pudeur* : Feuille de vigne à jours.

*Réunion publique* : Lieu où l'on échange des idées sur la figure.

*Rides* : Sillons où il ne pousse rien.

*Santé* : Plante rare dont les médecins ne sont pas encore parvenus à détruire l'espèce.

*Service* : Ce qu'on oublie le plus souvent avec son parapluie.

*Torture* : Édition illustrée de la peine de mort.

*Vagissement* : Où l'homme apprend le *la* de la douleur.

---

Rivarol se plaisait à diviser les animaux en gens d'esprit ou de talent : le chien, l'éléphant, par exemple, sont gens d'esprit. Le rossignol, le ver à soie, gens de talent.

De Rivarol toujours, cet aphorisme qui est toute l'histoire de ce livre :

« L'homme passe sa vie à raisonner sur le passé, à se plaindre du présent, à trembler pour l'avenir. »

Ou encore : « L'imprimerie est l'artillerie de la pensée. »

---

Alors qu'on lui demandait laquelle il préférait de deux demi-mondaines remarquables, l'une par la beauté de son visage, l'autre par celle de son corps, Dumas Fils répondait :

— Il faudrait pouvoir sortir avec la première et rentrer avec la seconde.

Du même : « La femme est, selon la Bible, la dernière chose que Dieu ait faite. On sent la fatigue. »

Toujours Dumas Fils : « Mon père est un grand enfant que j'ai eu quand j'étais tout petit. »

Encore Dumas Fils : « La chaîne du mariage est si lourde qu'il faut être deux pour la porter, peut-être trois. »

---

De Guitry : « Les femmes sont tellement menteuses qu'on ne peut même pas croire le contraire de ce qu'elles disent. »

---

Au cours d'un dîner, une mondaine s'exclame :

— Plutôt que de me voir vieille, laide, décrépite, j'aime mieux mourir !

— Feu ! dit Forain.

---

Une des amies de Madame de Staël lui demandait comment elle s'y prendrait pour se peindre elle-même quand elle en serait au chapitre de ses aventures galantes :

— Oh, dit Madame de Staël, je ne me peindrai qu'en buste!

---

«En amour, ce qu'il y a surtout d'intéressant, c'est la conquête et la rupture. Le reste est du remplissage.» (Maurice Donnay.)

---

De Joseph Joubert :

«Ce qui est vrai à la lampe ne l'est pas toujours au soleil.»

«Le châtiment de ceux qui ont trop aimé les femmes est de les aimer toujours.»

«La tendresse est le repos de la passion.»

«Il faut mourir aimable, si on le peut.»

«Il ne faut choisir pour épouse que la femme qu'on choisirait pour ami, si elle était homme.»

«La politesse est la fleur de l'humanité. Qui n'est pas assez poli n'est pas assez humain.»

«Être capable de respect est aujourd'hui aussi rare qu'en être digne.»

«Enseigner, c'est apprendre deux fois.»

«L'abeille et la guêpe sucent les mêmes fleurs, mais toutes deux n'y trouvent pas le même miel.»

---

Talleyrand sur son lit de mort, à Louis-Philippe venu le visiter :

— Sire, je souffre comme un damné.

— Déjà? dit le roi…

---

Histoires naturelles de Jules Renard :

«Chaque matin boire une tasse de soleil et manger un épi de blé.»

«L'orage joueur de boules derrière la montagne…»

*La poule* : « Elle pique, pique, infatigable, droite sous son bonnet phrygien, l'œil vif, le jabot avantageux, elle écoute de l'une et de l'autre oreille… »

*La dinde* : « […] se pavane au milieu de la cour comme si elle vivait sous l'Ancien Régime. Qui a pu la vexer ainsi, car le sang lui a monté à la tête ? Des grappes de colère lui pendent encore au bec. »

*Les canards* : « Ils boitent des deux pattes. »

*La chenille* : « La rose la laisse monter sur sa tige car, pressentant qu'il fera froid cette nuit, elle est bien aise se mettre un boa autour du cou. »

« Le soir, les nuages revinrent de la bataille éclopés, sanglants, les uns en hâte, les autres se traînant à peine. »

*Les papillons* : « Ce billet doux plié en deux cherche une adresse de fleur. »

« Les hirondelles en smoking […] mettent la maison où j'habite entre folles parenthèses… »

« Caille, quel joli nom ! C'est comme une petite explosion, un soupir qui monte des blés. »

*L'abeille* : « Du courage, du courage ! J'espère passer chef de rayon le mois prochain. »

*La guêpe* : « Elle finira par s'abîmer la taille. »

*La puce* : « Un grain de tabac à ressort. »

*L'écureuil* : « Du panache, du panache ! Oui, mais de grâce, mon petit ami, ce n'est pas là que ça se met ! »

« La terre rapiécée comme une culotte de pauvre… »

*Les pigeons* : « Ils s'obstinent à croire qu'on fait des enfants avec le bec. »

*Le taureau* : « […] et sa tête de tribun populaire. »

Les fils de la Vierge : « Le téléphone des liserons. »

« Dans le bois, les sapins font bande à part comme des prêtres. »

*Anonymes*

— Elle est tellement paresseuse qu'elle ne fait même pas son âge.

---

— Comment les autres hommes font-ils pour vivre sans toi?

---

— Quand je te pose une question embarrassante, tu la répètes toujours avant d'y répondre : «Qu'as-tu fait de cinq à six?» «— Ce que j'ai fait de cinq à six?...» Est-ce ainsi que tu prends ton élan pour mentir?

---

Il y a des femmes dont l'infidélité est le seul lien qui les attache encore à leur mari.

---

Les honnêtes femmes sont inconsolables des fautes qu'elles n'ont pas commises.

---

Son sommeil était de beaucoup ce qu'il [elle] avait de plus profond.

---

Dans le métro, une dame offusquée :

— Monsieur, vous allez trop loin!

— Madame, je ne demande pas mieux que de me rapprocher.

On ne rend jamais les livres prêtés. C'est qu'il est plus aisé de les retenir que ce qui est dedans.

---

Une Parisienne regardant polker sa fille :

— Ce que c'est que la musique! Comme nous crierions si nous voyions nos filles ainsi entre les bras des hommes, sans musique!

---

D'une demoiselle à qui on reproche sa légèreté :

— Est-ce ma faute à moi si mon cœur fuit?

***

*Faits divers (ou Le Musée des Erreurs)*

L'eau gagne tous les trottoirs, l'indignation publique aussi.

---

Hier matin un attroupement se formait sur notre plage. La cause en était un jeune homme tout nu, donnant tous les signes de la folie. Fouillé, il n'a été trouvé porteur d'aucun papier et sans le sou.

---

Monsieur Philippon, commissaire de police, a procédé à une perquisition au domicile de Jorris. Il y a découvert sept bicyclettes et une quantité de pièces détachées. Tout ce joli monde a été envoyé au dépôt.

---

Mardi a été bénie l'union de Monsieur Vere Brabazon Ponsonly avec Mademoiselle Roberte de Neuflize, régent de la Banque de France et de la Baronne, née Dolfuss, dont l'abondance des matières nous a empêché de rendre compte hier.

Dans le prétoire : «Jugez, Messieurs, de l'étonnement, de la douleur de l'honorable témoin quand, rentrant de l'atelier, il trouva sa femme au lit, la tête fendue et la porte défoncée...»

---

Monsieur le Préfet quitte la salle. La plupart des conseillers l'avaient d'ailleurs imité quelques instants auparavant.

---

«Le vieux gentilhomme se promenait tout seul dans son parc, les mains derrière le dos, en lisant son journal.» (Ponson du Terrail.)

---

Du même : «À sa vue, le visage du nègre pâlit affreusement. Il se précipita vers la fenêtre un pistolet dans chaque main et de l'autre il s'écria : Enfer et damnation!»

---

«Là, je m'amusais à voir voler les pingouins et les mouettes.» (Chateaubriand, *Souvenirs d'enfance.*)

---

«Devant moi, les épaules de Rouletabille sanglotaient...» (Gaston Leroux, *Le Parfum de la Dame en noir.*)

---

«Il est onze heures, répéta le personnage muet.» (Balzac, *Scènes de la vie privée, La Bourse.*)

---

«Je n'y vois plus clair, dit la vieille aveugle.» (*Ibidem, Beatrix.*)

« Puis c'était un capitaine, le bras gauche arraché, le flanc droit percé jusqu'à la cuisse, étalé sur le ventre, qui se traînait sur les coudes. » (Zola, *La Débâcle.*)

---

Du même, dans *L'Argent* : « Jeantrou avait gardé sur le cœur les coups de pied au derrière de la baronne. »

***

*Histoires de théâtre*

Pierre Brasseur avait créé un rôle de roi aux Variétés. Le jour de la dernière, un admirateur lui demande :

— Est-ce un rôle que vous regretterez?

— Pas précisément, mais la situation.

---

— Monsieur Raimu, êtes-vous heureux de cette revue?

— Elle n'est pas plus mauvaise qu'une autre, seulement elle ne porte pas sur le public.

— Comment se fait-il?

— Ça se fait qu'il n'y a pas de public.

---

La grande comédienne Clairon portait une rivière de diamants sur un profond décolleté. Une jeune actrice dit à Sophie Arnould :

— Une rivière de cette longueur, je ne trouve pas cela distingué : elle descend trop bas.

— Dame, dit Sophie, elle retourne à sa source.

---

De Tristan Bernard, au public clairsemé mais furieux d'une revue à grand spectacle qui fait un four :

— Prenez garde, nous sommes plus nombreux que vous.

Un auteur s'impatientait des libertés que le grand Frédéric Lemaître prenait avec son texte :

— Monsieur, vous piétinez mon texte!

— C'est pour que ça me porte bonheur.

---

Une belle affiche de province remarquée par Pauline Carton [1] :

LE PARADIS PERDU

Les rôles d'Adam et Ève seront tenus par
les acteurs de la création.

---

— Ce que vous me dites de cette jeune femme m'étonne, elle me paraissait respirer la vertu.

— Possible, dit Feydeau, mais elle s'est essoufflée, voilà tout.

---

Une jeune actrice à Tristan Bernard :

— Maître! Je vous en prie, aidez-moi à trouver un nom de théâtre dont on se souvienne facilement et qui m'aide à devenir célèbre.

— Voyons mon enfant... Quel est votre prénom?

— Maud.

— Maud... Maud... Eh bien, Maud Cambronne!

---

Dialogue de coulisses :

— Comment va Blanche?

— Toujours couchée.

— Alors elle doit gagner bien de l'argent.

1. Dans *Le Théâtre de Carton*.

Dialogue authentique avec Fernand Raynaud. Un jour qu'il essayait d'exprimer son admiration pour Raymond Devos, à l'issue de l'émission que «La joie de vivre» lui consacrait, Fernand eut ce mot définitif :

— Devos c'est le plus grand : il a l'idée, il écrit la musique, il la joue, il signe la mise en scène… Il fait tout de A à Z. Et moi, moi… Moi…, bégayait Fernand, moi j'm'arrête à Q!

# La carrière

Odette Laure commence sa carrière par la chanson et se produit dans les plus grands cabarets de music-hall jusqu'en 1959.

Chez Susy Solidor, Micheline Grandier, au Liberty's, au Théâtre de Belleville, chez Gilles à Paris et à Lausanne, au Drap d'Or, à l'ABC, à Bobino, à l'Olympia, aux Capucines, à l'Orée du Bois.

Elle fait de nombreux tours de chant au États-Unis et au Canada.

<u>Théâtre</u>

1952 : *Vice versa*, de Marcel Frank, mise en scène de Christian Gérard. Théâtre Fontaine.

1958 : *La Brune que voilà*, de et mise en scène de Robert Lamoureux. Théâtre des Variétés.

1966 : *Boudu sauvé des eaux*, de René Fauchoix, mise en scène de Jean-Laurent Cochet. Théâtre des Capucines.

1970 : *Zozo*, de Jacques Mauclair, mise en scène de Jean-Pierre Darras. Comédie Saint-Martin.

1971 : *Les Femmes savantes*, de Molière, mise en scène de Jean Meyer. Théâtre des Célestins, Lyon.

— *Du côté de chez l'autre*, adaptation de Francis Weber, mise en scène de Jean-Laurent Cochet. Théâtre de la Madeleine.

1972 : *Le noir te va si bien*, de Jean Marsan, mise en scène de Jean Le Poulain. Théâtre Antoine.

1974 : *Le Mari, la femme et la mort*, de et mise en scène d'André Roussin. Théâtre Antoine.

— *Le Péril bleu ou Méfiez-vous des autobus*, de et mise en scène de Victor Lanoux. Théâtre des Mathurins.

1975 : *Chat*, de István Örkény adapté par Vercors, mise en scène de Jean-Laurent Cochet. Théâtre du Gymnase.

1976 : *La Frousse*, de Julien Vartet, mise en scène de René Clermont. Studio des Champs-Élysées.

1977 : *La Dame de chez Maxim's*, de Georges Feydeau, mise en scène de Jean Meyer. Théâtre des Céléstins, Lyon.

— *La Ménagerie de verre*, de Tennessee Williams, mise en scène de Marcel Lupovici. Théâtre 347.

1978 : *Lundi, la fête*, de Franco Brusati, mise en scène de Jacques Rosny. Théâtre Michel.

— *Les Folies du samedi soir*, de Marcel Mithois, mise en scène de Jacques Rosny. Théâtre La Bruyère.

1980 : Odette Laure conçoit un spectacle musical pour les Rencontres du Palais-Royal, *Les Femmes de ma vie*.

1982 : *Chéri*, de Colette, mise en scène de Jean-Laurent Cochet. Théâtre du Palais-Royal.

1984 : *Revenu de l'Étoile*, de Jean Obey, mise en scène de Jean-Luc Moreau. Théâtre Saint-Georges.

— *On m'appelle Émilie*, de Maria Pacôme, mise en scène de Jean-Luc Moreau. Théâtre Saint-Georges.

1985 : *Joyeuses Pâques*, de Jean Poiret, mise en scène de Pierre Mondy. Théâtre du Palais-Royal.

1986 : *Ce sacré bonheur*, de Jean Cosmos, mise en scène de Michel Fagadau. Théâtre Montparnasse.

1987 : *La Chambre d'ami*, de et mise en scène de Marc Camoletti. Théâtre Michel.

1989 : *La Station Champbaudet*, de Eugène Labiche, mise en scène de Jean Bouchaud. Théâtre de Boulogne-Billancourt.

1992 : *Ma Colette*, de Dany Laurent, mise en scène d'Annie Sinigalia. Théâtre d'Asnières.

Opérette

1950 : *Faut marier maman*, de Guy Lafarge, mise en scène de Pierre Dux. Théâtre de Paris.

1972 : *Il était une fois l'opérette*, de Jean Poiret. Rencontres du Palais-Royal.

— *Véronique*, d'André Messager, mise en scène de Jean-Laurent Cochet. Opéra-Comique.

1976 : *Ciboulette*, de Renaldo Hahn, mise en scène de Jean-Laurent Cochet. Opéra-Comique.

Télévision

1963 : *Quand on est deux*, de Jean Cosmos et Jean Chatenet, réalisation de Jacques Cornu.

1976 : *Ce sacré fantôme*, réalisation de Pierre Sabbagh.

1978 : *Banlieue est sud-est*, de René Fallet, réalisation de Gilles Grangier.

1981 : *Les Dames de cœur*, de Michèle Ressi, réalisation de Paul Siegrist.

1982 : *Week-End au paradis*, de Jean Cosmos, réalisation de Guy Lefranc.

1984 : *Le Blockhaus*, de Patrick Cauvin, réalisation de Philippe Monnier.

— *Madame et ses flics*, de Didier Van Cauvlaert, réalisation de Roland Bernard.

1985 : *La Bague au doigt*, de Marcel Mithois, réalisation d'Agnès Delarive.

— *Bon anniversaire Juliette*, de et réalisation de Marcel Bozzufi.

— *Le Fantôme du zouave*, de René de Obaldia.

1989 : *Pour le restant de leurs jours*, de Patricia Highsmith, réalisation de Peter Kassovitz.

1997 : *Le Grand Banc*, réalisation d'Hervé Baslé.

Présentation d'un grand nombre d'émissions de télévision, notamment :

« La joie de vivre », d'Henri Spade.

« Rendez-vous avec... », de Jacqueline Joubert.

«Jeu de métiers», d'André Gillois.
«36 chandelles», de Jean Nohain.
«Au-delà de l'écran», d'André Leclerc et Jean Nohain.
«Plaisir d'amour», d'Odette Laure et Jean-Laurent Cochet.

Cinéma

1949 : *La Marie du port*, de Marcel Carné, avec Jean Gabin.

1950 : *Lady Paname*, d'Henri Jeanson, avec Suzy Delair.

1952 : *La Fête à Henriette*, de Julien Duvivier, avec Dany Robin.

1953 : *La Pocharde*, de Georges Combret, avec Pierre Brasseur.

1954 : *Le Grand Jeu*, de Robert Siodmak, avec Gina Lolobrigida.

1956 : *Mitsou*, de Jacqueline Audry, avec Danièle Delorme.

1958 : *L'École des cocottes*, de Jacqueline Audry, avec Dany Robin.

1972 : *Le Viager*, de Pierre Tchernia, avec Michel Serrault.

1977 : *Moi, fleur bleue*, d'Eric Le Hung, avec Judy Foster et Jean Yanne.

1983 : *Le Braconnier de Dieu*, de Jean-Pierre Darras, avec Pierre Mondy.

1985 : *Les Nanas*, d'Annick Lanoë, avec Marie-France Pisier.

1988 : *Le Périgord noir*, de Nicolas Ribowski, avec Roland Giraud et Jean Carmet.

1989 : *Daddy Nostalgie*, de Bertrand Tavernier, avec Dirk Bogarde et Jane Birkin.

Odette Laure a obtenu le grand prix de l'Académie du disque français en 1954, ainsi que le trophée Dussane en 1977, pour son interprétation dans *La Ménagerie de verre*, de Tennessee Williams.

# Crédits photographiques

Mon enfance, ma famille
1-2. © Collection particulière.
3. © Photo-Lipnitzki/Collection particulière.
4-5-6. © Collection particulière.

La chanson
1. © Collection particulière.
2. © Teddy Piaz/Collection particulière.
3. © Collection particulière.
4. © RCA/Collection particulière.
5. © Vogue/Collection particulière.
6. © RCA/Collection particulière.
7-8. © Collection particulière.

L'Amérique
1-2-3. © Collection particulière.

Le théâtre
1. © Collection particulière.
2. © George Henri/Collection particulière.
3. © Photo-Lipnitzki/Collection particulière.
4. © Le Studio/Collection particulière.
5. © Nicolas Treatt/Collection particulière.
6. © Agence de Presse Bernand/Collection particulière.
7. © David Cande/Collection particulière.
8. © Agence de Presse Bernand/Collection particulière.

Le cinéma
1. © Raymond Voinquel/Collection particulière.
2. © Studio Limot/Collection particulière.
3-4-5-6-7. © Collection particulière.
8. © F.R. FAES/Collection particulière.

LA TÉLÉVISION
1. © Collection particulière.
2. © PAT/Collection particulière.

LES AMIS, LES AMOURS
1-8. © Collection particulière.

PORTRAIT
© M. Pelletier/Sygma.

# Table

CET OUVRAGE A ÉTÉ COMPOSÉ
PAR LES ÉDITIONS FLAMMARION

*Cet ouvrage a été réalisé par la*
*SOCIÉTÉ NOUVELLE FIRMIN-DIDOT*
*Mesnil-sur-l'Estrée*
*pour le compte des Éditions Flammarion*
*en juin 1997*

*Imprimé en France*
Dépôt légal : mai 1997
N° d'édition : FF 738602 - N° d'impression : 38877